U0330117

第六卷

冯契文集

中国古代哲学的逻辑发展 下

增订版

冯 契 ◎ 著

华东师范大学出版社

·上海·

冯契在发言

1　出访香港中文大学在客座公寓会见汤一介教授 (1992 年)

2　《中国古代哲学的逻辑发展·下》初版书影

于光远先生（右二）去看望冯契夫人赵芳瑛（1996 年）

提　要

　　本书论述宋至清代(鸦片战争前)的中国哲学发展过程。

　　宋代以降,儒学主要以理学的形式重新取得了独尊的地位。在这总趋势下,存在着不同学派的争论。既有理学内部不同的派别之争,又有与理学相对立的学派——从王安石的"荆公新学"到陈亮、叶适的"事功之学",直至明清之际王夫之、黄宗羲、顾炎武等批判宋明理学的思潮。这些不同学派的争论,是围绕着这一时期哲学论争的中心"理气(道器)"之辩和"心物(知行)"之辩而展开的,对于哲学论争中心的不同回答,形成了三个主要哲学派别:以张载、王夫之为代表的气一元论,以程颐、朱熹为代表的理一元论,以陆九渊、王守仁为代表的心一元论。

　　张载在气一论的基础上总结了魏晋以来的"有无(动静)"之辩,同时开启了"理气(道器)"之辩。佛学在讨论"空有"关系时,总是涉及到"心"和"物"(法)的关系。到宋代,"心物"关系越来越同"知行"关系结合在一起。程朱理学讲"理在气先"、"知先于行",是先验论;陈亮、叶适讲"事功之学",提出"理在事中",强调"行",有经验论倾向。陆王心学讲"心即理","知行合一",也是先验论，但不同于程朱，特别夸张了主观能动性。王学向左发展，产生了李贽的异端思想，他用相对主义反对独断论。最后，王夫之对"理气（道器）"之辩和"心物（知行）"之辩作了批判的总结，达到了朴素唯物主义和朴素辩证法的统一。而同时的黄宗羲和顾炎武对宋明理学的总结则分别具有唯心辩证法和直观唯物论的色彩；之后的戴震对理学的批判则有更多的直观唯物论和形而上学的倾向，这预示着类似西方机械唯物主义阶段的近代哲学即将到来。

Summary

This volume is about the development of Chinese philosophy from the Song to Qing Dynasties(before the Opium War).

From the Song Dynasty on Confucianism regained its hegemony primarily in the form of the Doctrines of Li (Principle), or the so-called Neo-Confucianism. Against this general background there were disputes among different schools of thought, not only disputes within the Neo-Confucian Movement, but also disputes between the New-Confucian Schools and those schools which opposed them—from Wang Anshi's New Learning to Chen Liang's and Ye Shi's utilitarianism, as well as those at the turn of the Ming and Qing Dynasties, such as Wang Fuzhi, Huang Zongxi and Gu Yanwu. All these debates mainly focused on the problem of the relation between"*li*"(principle) and "*qi*"(the material force) or the relation between "*Dao*"(the Way) and "*qi*" (the concrete things), and the problem of the relation between "*xin*" (mind/heart) and "*wu*"(matter) or the relation between "*zhi*"(knowledge) and "*xing*"(action). Different answers to these questions led to the shaping of three philosophical schools: the monism of material force represented by Zhang Zai and Wang Fuzhi, the monism of principle represented by Cheng Yi and Zhu Xi, and the monism of mind represented by Lu Jiuyuan and Wang Shouren. Zhang Zai, on the basis of the monism of material force, summed up the debate on "being v. non-being(movement v. tranquility)"beginning in the Wei and Jin Dynasties, and opened meanwhile the debate on "principle v. material force (Dao v. concrete things)". Buddhist schools were always concerned with the relationship between "mind" and "matter" (*dharma*) when discussing the relation between "emptiness"and "existence". During the Song Dynasty the problem of the relation between "mind" and "matter" was more closely associated with the problem of the relation between "knowledge"and "action". The Cheng-Zhu Neo-Confucianism showed their apriorist tendency by maintaining that "principles are prior to things". Chen Liang and Ye Shi took a utilitarian and empiricist position by arguing for the immanence of principles in facts and the importance of action. The Lu-Wang doctrine of mind maintained that "mind is nothing but principle" and that knowledge is identical with action. This is also a sort of apriorism, which is nevertheless different from Cheng-Zhu's doctrine in its overstating the active role of the subject. Development of Wang Shouren's doctrine towards the Left resulted in Li Zhi's heretical thought which opposed relativism to dogmatism. Finally, Wang Fuzhi arrived at a unity of naive materialism and naive dialectics by his critical summing-up of the debate on"principlev. material force(Dao v. concrete things)"and on"mind v. matter(knowledge v. action)". Wang's contemporaries, Huang Zongxi's and Gu Yanwu, made summing-up of the Song-Ming Neo-Confucianism with their ideas which smacked of idealistic dialectics and perceptual materialism respectively. Later, Dai Zhen criticized Neo-Confucianism in a way which is more tended to be perceptual materialism and metaphysics. This, in a way, forebodes the coming of a trend in modern Chinese philosophy which is similar to mechanical materialism in the West.

目　录

第二篇
秦汉——清代（鸦片战争以前）（下）

第八章
理学盛行与对理学的批判

第九章
中国古代哲学的总结阶段 …………………… 199

THE LOGICAL DEVELOPMENT OF ANCIENT CHINESE PHILOSOPHY
(Volume 3)

Contents

Chapter IX

The Summing-Up Stage of Ancient Chinese Philosophy / 199

第二篇

秦汉——清代（鸦片战争以前）（下）

第八章
理学盛行与对理学的批判

第一节　理学的兴起与哲学论争的发展

自汉末以来，先是玄学盛行，尔后儒、道、释长期鼎立，互相作用。到宋代，随着中国封建社会进入后期，儒学主要以理学的形式得到复兴，并逐步地又取得了独尊的地位；同时，唯物主义对理学唯心主义也进行了反复的斗争。这是宋元明时期哲学斗争的特点。

理学家并不把自己看作是汉儒的继承者，而是以直接接续孔孟道统为己任。如程颐的《明道先生墓表》写道：

> 周公没，圣人之道不行；孟轲死，圣人之学不传。道不行，百世无善治；学不传，千载无真儒。无善治，士犹得以明夫善治之道，以淑诸人，以传诸后；无真儒，天下贸贸焉莫知所之，人欲肆而天理灭矣。先生生千四百年之后，得不传之学于遗经，志将以斯道觉斯民。……辨异端，辟邪说，开历古

　　之沉迷。圣人之道得先生而后明，为功大矣。[1]

　　这就是理学家关于中国历史传统的基本观点。"孟轲死，圣人之学不传"，这本是韩愈的话，但理学家在接受韩愈的"道统"说后，却又把韩愈一脚踢开，把孟子之后1400年都归入"圣学不传"、"人欲肆而天理灭"的时代。理学家们打着"辨异端，辟邪说"的旗号，其实却吸取了佛教、道教的思想。例如邵雍的《先天图》和周敦颐的《太极图》都渊源于道教，可以上溯到宋初道士陈抟；[2]二程、张载都"出入于老、释"甚久，然后才"返而求之六经"。不过，理学家不讲"出世间"。他们坚持纲常名教，认为只有在伦理关系中才能培养理想人格，这确实是儒家的一贯立场。站在儒家的立场上吸取佛、道的思想资料来建立理论体系，以适应后期封建社会中官僚地主阶级统治的需要，这是理学家的基本态度。

　　理学兴起有它的社会原因。唐末的黄巢起义对门阀士族的残余势力是一次大扫荡。自五代以后，门第观念淡薄了。史书上说"取士不问家世，婚姻不问阀阅"[3]，正反映了这种变化。官僚地主阶级替代门阀士族取得了统治地位，租佃关系普遍发展，农民对地主的人身依附关系进一步削弱。自唐中叶至宋初，实际上在封建生产关系内部完成了一次较大的调整，从而促进了生产的发展和商品经济的增长。但是阶级矛盾也迅速地尖锐化起来。北

---

[1] 程颐：《明道先生墓表》，《河南程氏文集》卷十一，王孝鱼点校：《二程集》上册，中华书局2004年版，第640页。

[2] 李申所著《易图考》（北京大学出版社，2001年）认为《先天图》和《太极图》源自陈抟的说法是不可靠的，应视作邵雍和周敦颐自己的创作（见该书第42、256页）。

[3] 郑樵：《氏族略第一》，《通志》卷二十五，第1册，中华书局1987年版，第439页。

宋王朝一开始就实行"不抑兼并"的政策,纵容大地主、大官僚随意以购买的方式兼并土地,把日益繁重的赋税和徭役压到农民的身上,迫使自耕农沦为佃户或客户。[①]　于是,宋朝开国不久爆发的王小波、李顺起义,便针锋相对地提出"均贫富"的口号:"吾疾贫富不均,今为汝均之。"以后,全国各地的农民起义连绵不断,沉重打击了宋王朝。"均贫富"口号的提出,标志着农民反对地主阶级的斗争达到了一个新的阶段。在这以前的中国封建社会前期,农民起义主要是反对人身依附关系;自王小波、李顺的起义开始,中国封建社会后期的农民起义则以反对财产不均为主要目标。

宋王朝统治者特别在官制、兵制方面强化了专制主义,这首先是为了统治农民,同时也为了避免重蹈藩镇割据的覆辙。在兵制方面,宋太祖赵匡胤"杯酒释兵权",皇帝亲自掌握军队;在官制方面,中央政府全面地控制地方政府,大大地加强了中央集权的统治。但是皇帝要通过庞大的官僚机构来进行统治,因此官僚地主阶级是政权的实际掌握者。文彦博说:"为与士大夫治天下,非与百姓治天下也。"[②]就是说,皇帝与官僚地主一起统治天下百姓。官僚地主阶级内部又有不同的集团,各集团都竭力兼并,扩大自己势力,通过各种途径攫取宋王朝的财政收入,这实际上又削弱了中央集权的基础。同时,北宋还面临着尖锐的民族矛盾,经常

---

① 北宋把户口分为主户、客户两类。主户又分五等,一等户是大地主,包括享有免税、免役特权的"形势户"(王公、大官僚等),人数很少,却占据了全国大部分土地。宋仁宗时全国耕地的十分之七掌握在这些人手里。二、三等户是中小地主。四、五等户是自耕农、半自耕农。没有土地的叫客户,即佃户。佃户与四、五等户是主要劳动力。

② 李焘:《神宗·熙宁四年》,《续资治通鉴长编》卷二百二十一,第 9 册,中华书局 2004 年版,第 5370 页。

遭到辽和西夏的武装侵扰。北宋统治者采取了屈辱退让的政策，每年向辽和西夏统治集团奉献大量白银和绢帛，这就更加深了宋王朝的危机。

宋王朝统治者中的有识之士懂得巩固政权一定要抑制兼并，"存恤主户"，"主户苟众，而邦本自固"。① 就是说，只有扶植一下中小地主和自耕农，才能增加国家财政收入，使皇权巩固。但官僚地主的兼并必然会促使自耕农破产，甚至侵害中小地主利益。这样，地主阶级内部就产生了保守派与改革派的斗争。王安石是改革派的代表，他在《兼并》一诗中气愤地说，"俗儒不知变，兼并可无摧"，"兼并乃奸回（奸邪）。奸回法有诛"。② 他认为只有实行变法，打击大地主兼并势力，才能改变宋王朝积贫积弱的局面。当然，王安石的变法措施并未从根本上触动封建统治，只是做了一些局部的改良，以挽救宋王朝的危机。他在《上皇帝万言书》中说："盖汉之张角，三十六万同日而起，而所在郡国，莫能发其谋；唐之黄巢，横行天下，而所至将吏，无敢与之抗者。汉、唐之所以亡，祸自此始。"③可见他倡导变法就是要使宋朝避免汉唐那样的被农民起义所推翻的命运。尽管如此，王安石的变法使大官僚、大地主的兼并土地、逃税免税受到了一定的抑制，有利于生产的发展，使宋在抵抗辽、西夏方面的力量有所增强，因此在当时还是有积极作用的。

---

① 吕大钧：《民议》，吕大临等撰，陈俊民辑校：《蓝田吕氏遗著辑校》，中华书局1993年版，第597页。
② 王安石：《兼并》，秦克、巩军标点：《王安石全集》，上海古籍出版社1999年版，第421页。
③ 王安石：《上皇帝万言书》，《王安石全集》，第11页。

总之，一方面有要求"均贫富"的农民起义，另一方面有地主阶级内部要求改革的斗争，在这样的历史背景下产生了理学。理学的奠基人是通常被称为"北宋五子"的周敦颐、邵雍、程颢、程颐、张载。（加上司马光，就是"六先生"，朱熹有《六先生象赞》。）他们在政治上的基本倾向是保守的。司马光、二程、邵雍都反对王安石变法。

理学作为封建社会后期大地主阶级的意识形态，其根本的政治、伦理思想反映在"存天理，灭人欲"的口号中。周敦颐说："无欲故静。"[①]程颐说："礼即是理也。不是天理，便是私欲。"[②]以为"天理"和"人欲"是不可并存的，灭净了"人欲"，便都是"天理"；而所谓"天理"，其实就是封建礼教，就是董仲舒讲的"三纲五常"。二程说："父子君臣，天下之定理，无所逃于天地之间。"[③]他们把君臣、父子、夫妇之间的封建等级关系说成是永恒的不可改变的"定理"，使之具有形而上学的尊严。这无非是把封建主义的政权、族权、夫权归于神权，把这四条极其沉重的封建绳索更紧地套在人民的脖子上。理学家把"天理"和"人欲"说成是"不能并存"、"不容并立"的，把一切违反封建统治秩序的思想和行为都说成是"人欲"，是违背"天理"的，是罪恶的，这首先是针对着农民"均贫富"的要求。道学家道貌岸然，宣扬禁欲主义，其实他们自己何尝清心寡欲，只不过是想禁绝老百姓的"物欲"罢了。

另一方面，"存天理，灭人欲"的口号也是针对地主阶级改革

---

① 周敦颐：《太极图说》，陈志明点校：《周敦颐集》，中华书局 2009 年版，第 6 页。
② 程颐：《河南程氏遗书》卷十五，《二程集》上册，第 144 页。
③ 程颢、程颐：《河南程氏遗书》卷五，《二程集》上册，第 77 页。

派的。"理欲"之辩是从"王霸"、"义利"之辩发展而来的。汉以来儒法合流，王霸杂用是地主阶级的基本策略。就这一点来说，地主阶级各集团都是一致的。王安石主张："约之以礼，裁之以法。"①二程也说："圣王为治，修刑罚以齐众，明教化以善俗。……虽曰尚德而不尚刑，顾岂偏废哉？"②可见，二程和王安石都主张德刑两手不能偏废。但"王霸"之辩又和"义利"之辩联系着。就义与利、理与欲的关系来说，理学家和王安石有所不同。程颢专门写了《论王霸》的札子，用"天理"和"私欲"来区分"王"和"霸"，说王道"得天理之正"，而霸者"用其私心"③。熙宁变法时，程颢上疏反对，说如果王安石的变法侥幸有所成就的话，那么"兴利之臣日进，尚德之风浸衰，尤非朝廷之福"④。司马光在《与王介甫书》中则引用孔子的"君子喻于义，小人喻于利"和孟子的"仁义而已，何必曰利"等语句来责备王安石"大讲财利之事"。王安石回答说："举先王之政以兴利除弊，不为'生事'；为天下理财，不为'征利'。"⑤王安石公开主张功利主义，他说："理财乃所谓义也。一部《周礼》，理财居其半，周公岂为利哉？"⑥在他看来，理财就是义，义和利是统一的，变法就是为了富国强兵，就是兴功利，这并不是"好利"（私利）。他对神宗说："至于为国之体，摧兼并，收其赢余，以兴功利，以救艰厄，乃先王政事，不名为好利也。"⑦这种主张被

---

① 王安石：《上皇帝万言书》，《王安石全集》，第 3 页。
② 程颐：《论政篇》，《河南程氏粹言》卷一，《二程集》下册，第 1212 页。
③ 程颢：《论王霸劄子》，《河南程氏文集》卷一，《二程集》上册，第 450—451 页。
④ 程颢：《再上疏》，《河南程氏文集》卷一，《二程集》上册，第 458 页。
⑤ 王安石：《答司马谏议书》，《王安石全集》，第 73 页。
⑥ 王安石：《答曾公立书》，《王安石全集》，第 73 页。
⑦ 李焘：《神宗·熙宁五年》，《续资治通鉴长编》卷二百四十，第 10 册，第 5828 页。

旧党认为是"霸者之事",是出于私欲。其实,理学家并非是真的超功利。他们之所以反对新法,是因为新法"抑兼并",触犯了官僚地主阶级的既得利益。

以上说明,理学作为封建专制主义的工具,适应官僚地主阶级的需要,所以在封建社会后期得以盛行和占据统治地位。不过,我们对这一时期的哲学要作具体分析:在正统派理学①开始形成时,便有了"荆公新学"与理学相对立。王安石著《三经新义》,也利用注经的方式来宣传自己的理论。同时,在理学内部也有唯物主义(如张载)和唯心主义(如二程等)之分。而且从宋到明,始终存在着进步思想家和唯物主义者反对理学唯心主义的斗争。所以在儒学复兴的总趋势下,实际上有着不同学派的争论,因此促进了哲学的发展。

在宋元时期,随着生产力的发展,科学技术取得了丰硕成果,达到了中国古代科学史的发展高峰。火药、指南针、活字印刷三大发明,都在宋代完成,而后传播到国外。北宋还产生了像沈括这样伟大的科学家,他的成就是多方面的。宋元之际连续产生了秦九韶、李冶、杨辉、朱世杰等杰出的数学家,写下了中国数学史上最光辉的一页。也是在这时期,医学上出现"金元四大家"(刘完素、张从正、李杲、朱震亨为代表的四个学派)的争鸣,以及宋慈的法医学著作。元代的天文学家郭守敬,明代的律学家朱载,都有杰出的成就。此外,在地学、农学、音韵学、史学等方面,也取得了不少成就。大体上说,中国人在明代中叶以前,在许多科学领

---

① 本书用"正统派理学"一词,指由"北宋五子"奠基而由朱熹完成的理学体系,它后来被宋元明清的统治者奉为正统。

域内处于世界领先地位。科学的进步就是对宗教、唯心主义的打击。王安石、张载、沈括等人的唯物主义思想都同当时自然科学的发展分不开，而朱熹等人则利用和歪曲当时的科学资料来论证唯心主义，使唯心主义取得了更为精致的形式。

同时，有一点特别值得注意：宋元明时期的儒者（不论是否理学家）继承和发扬了儒家的重视教育的优良传统。这时期除了官办的国子监和州县学校外，各地兴办了许多书院，这是宋明教育的一大特点。在这些书院中讲学的多数是理学家，教材主要是四书五经。这当然是为地主阶级统治的需要培养人才。但文化教育水平的提高却有助于社会的进步。讲学风气盛行，辩论、讨论也盛行，形成了不同的学派，这对学术发展起了促进作用。这些讲学者们往往从自己的教育实践中概括出一些与认识论、伦理学有关的原理，其中包含有合理的成分。

从儒家经学的发展史来说，宋学（包括理学和荆公新学等）的出现也有积极的一面。汉学讲训诂，宋学讲义理；汉人拘守师法，宋学则主张以理为准，因此不拘泥于旧注。当然，宋人以自己的意思删改经文，颇为主观武断。但宋学确实没有汉学那样烦琐，并对经书提出了较大胆的怀疑。例如，朱熹曾怀疑《古文尚书》及孔《传》①，还说《诗经》中有些篇是"淫诗"，《春秋》并非字字有微言大义等。

正是上述种种历史条件，促使哲学论争本身有了新的发展。

---

① 朱熹对《古文尚书》提出质疑："孔壁所出《尚书》如《禹谟》、《五子之歌》、……等篇，皆平易，伏生所传（指《今文尚书》）皆难读。如何伏生偏记得难底，至于易底全不记得。"（《朱子语类》卷七十八，《朱子全书》第16册，第2625页）又说："《尚书》注并序，某疑非孔安国所作。"（同上书，第2633页）

魏晋以来的"有无（动静）"之辩，经过长期争论，到这时由张载作了批判的总结，接着便发展为"理气（道器）"关系问题的争论。这和"天理"、"人欲"之争有着直接联系，同时也是因为随着科学的发展，逻辑思维要求人们更深入、更多方面地考察关于规律（"理"）的范畴。列宁说过："规律的概念是人对于世界过程的统一和联系、相互依赖和总体性的认识的一个阶段。"①前已讲到，唐人已经在考察"理"与"事"、"势"与"数"等范畴，到宋代以后，"理气（道器）"之辩便成了哲学论争的中心之一。同时，佛学作了多方面考察的"心"与"物"（法）的关系问题，这时也越来越同"知行"之辩结合在一起，而且宋人还着重对"格物致知"问题展开了讨论。这也是同科学反对僧侣主义的斗争密切相关的。理学唯心主义者教人拱手静坐，空谈心性，不求真知，脱离实践；正是为了反对这种僧侣主义倾向，所以"心物（知行）"之辩成了哲学论争的又一中心。同这两个哲学论争的中心相联系，"天人"、"名实"之辩也仍以不同形式继续着。例如人道观上的"性"（天性和德性）与"习"（习气和习行）的关系问题，逻辑学上的"象"（范畴）与"道"（宇宙发展法则）的关系问题，也都得到了比以前更为深入的考察。

第二节　正统派理学的奠基

所谓"北宋五子"，除张载外，都是唯心主义者。正统派理学唯心主义的体系到二程（程颢、程颐）基本建立，而周敦颐是二程

---

① 列宁：《黑格尔〈逻辑学〉一书摘要》，《列宁全集》第 55 卷，人民出版社 1990 年版，第126 页。

的老师，邵雍是二程的好友，他们也被认为是理学的奠基者。在这一节中，我们将这四个人的哲学思想放在一起进行论述。

一、周敦颐的宇宙论以及"主静"说

周敦颐（公元 1017 年—1073 年），字茂叔，道州营道（今湖南道县）人。曾作过几任州县官吏。晚年筑室于庐山下的小溪上，名濂溪书堂，后人称为濂溪先生。朱熹推崇他为理学的开创人。宋淳祐元年，被追封为汝南伯。元延祐六年，被追封为道国公。主要的哲学著作有《太极图说》和《通书》（即《易通》）。① 明代将这两部著作编刻于《性理大全》内，清康熙更将他的著作列在御纂《性理精义》的卷首，"颁布学宫"。

"太极图"传自陈抟，与道教修炼内丹之术有关。② 周敦颐把原是方士讲炼内丹过程的图改造成为儒者讲宇宙论的图，并解释说：

> 无极而太极。太极动而生阳，动极而静，静而生阴。静极复动。一动一静，互为其根。分阴分阳，两仪立焉。阳变

---

① 周敦颐的著作据《宋史·艺文志》著录只有《太极通书》1 卷，《明史·艺文志》著录有《周敦颐濂溪集》7 卷，《明史·艺文志补》著录宋版《周濂溪集》。现在通行的《周濂溪集》（又称为《周子全书》，或《周元公集》）多以康熙四十七年张伯行参校的正谊堂本为依据。周敦颐的著作在流传中说法不一，其弟子潘兴嗣在《濂溪先生墓志铭》中说："作《太极图》、《易说》、《易通》数十篇，诗十卷，今藏于家。"一般认为：《太极图》即《太极图说》；朱熹关于《通书》即《易通》的说法是可信的，而《易说》已佚。也有人根据潘说，认为"所谓《太极图易说》就是《太极图说》"，周的著作可能只有《太极图说》和《通书》两种。

② 据宋朱震《汉上易传》：陈抟以太极图授种放，放授穆修，修授周敦颐。（见朱震《汉上易传表》、《汉上易传》，九州出版社 2012 年版，第 1 页）清朱彝尊的《经义考》说："无极图，乃方士修炼之术耳，……周子取而转易之，……更名之曰太极图。"（朱彝尊《经义考》卷二百八十三，林庆彰等主编：《经义考新校》，第 10 册，上海古籍出版社 2010 年版，第 5125 页）

阴合，而生水、火、木、金、土。五气顺布，四时行焉。五行，一阴阳也；阴阳，一太极也；太极，本无极也。五行之生也，各一其性。无极之真，二五之精，妙合而凝，"乾道成男，坤道成女"，二气交感，化生万物。万物生生，而变化无穷焉。[①]

第一句"无极而太极"，据宋代史馆所撰国史的《周敦颐传》，应为"自无极而为太极"[②]，虽然周敦颐没有说明"无极"与"太极"的涵义，但在他看来，无极在先，太极在后，这显然包含有"自无生有"的意思。这是一种"贵无"说。接着他说"太极动而生阳"，"静而生阴"，以为阴阳之气是从太极的动静产生的，这显然又是从精神实体（"太极"）产生物质（气）的唯心主义理论。周敦颐在唯心主义的前提下提出了他的宇宙形成论：自无生有，太极生阴阳，阴阳分立而形成天地，阴阳变化、结合而产生五行，二气五行互相作用而化生万物，变化无穷。同时，他说："五殊二实，二本则一。是万为一，一实万分。"[③]认为五行各殊其性，统一于阴阳，而阴阳的本原则是同一"太极"，所以万物是统一的，而"一"为万物所分有。但周敦颐实际上是把"一"和"万"割裂开来的，这表现在他讲的"神"和"物"的对立上。他说：

> 动而无静，静而无动，物也。动而无动，静而无静，神也。

---

① 周敦颐：《太极图说》，《周敦颐集》，第3—5页。
② 朱熹所定《太极图说》第一句是"无极而太极"。朱熹认为，不应有"自"、"为"二字，国史所载非《太极图说》原本。清毛奇龄著《太极图说遗议》，认为宋代国史所载是可信的，所引是原本。
③ 周敦颐：《通书·理性命第二十二》，《周敦颐集》，第32页。

> 动而无动，静而无静，非不动不静也。物则不通，神妙万物。①

意思是说，具体的物或动或静，动静不同时存在；而太极的作用则是神妙的，它"一动一静，互为其根"，而且"动而无动，静而无静"，因为"太极，本无极也"。这种认为在具体事物中动静互相排斥，而宇宙本原则超乎动静的观点，是形而上学的。

自魏晋以来，玄学和佛学中的"有无（动静）"之辩主要是本体论上的争论，汉朝人的宇宙形成论则主要由道教学者加以继承和发展。周敦颐和邵雍，正是通过接受道教的影响，又提出宇宙形成论的问题。虽然他们的观点是唯心主义的，但激发人们去探讨宇宙的起源、演变与结构方面的问题，却是有意义的。

周敦颐又从上述宇宙论推演出人道观。《太极图说》写道：

> 惟人也，得其秀而最灵。形既生矣，神发知矣。五性感动，而善恶分，万事出矣。圣人定之以中正仁义（自注：圣人之道，仁义中正而已矣），而主静（自注：无欲故静），立人极焉。②

这里谈到了人性与"人极"。周敦颐说："性者，刚柔、善恶，中而已矣。"③认为人性有刚善、刚恶、柔善、柔恶与中和五种，这实际上还是持善（分刚柔）、恶（分刚柔）、中的"性三品"说，同韩愈的主张相似。他同韩愈一样，很强调师道，说："故圣人立教，俾人自易其

---

① 周敦颐：《通书·动静第十六》，《周敦颐集》，第 27 页。
② 周敦颐：《太极图说》，《周敦颐集》，第 6 页。
③ 周敦颐：《通书·师第七》，《周敦颐集》，第 20 页。

恶,自至其中而止矣。故先觉觉后觉,暗者求于明,而师道立
矣。"①就是说,通过教育和师友的帮助,人可以改过迁善,达到中
道。道德是可以教育而成的,圣人已经为人类确立了"人极"作为
教育的目标。所谓"人极"即人的标准,其要求是在人伦关系上以
仁义中正为准则,在自我修养上则能"主静"、"无欲"。正是以此
为目标,所以应"志伊尹之所志,学颜子之所学"②:伊尹一心想帮
助圣君治天下,行仁义之道;颜渊则一心想学圣人,"不迁怒,不贰
过",非常注意自我修养。《通书》又写道:

> "圣可学乎?"曰:"可。"曰:"有要乎?"曰:"有。""请闻
> 焉。"曰:"一为要。一者,无欲也。无欲则静虚、动直。静虚
> 则明,明则通;动直则公,公则溥。明通公溥,庶矣乎!"③

宋明儒者都肯定圣人可学而至。如何通过"学"以达到圣人之道,
这是他们讨论得很热烈的问题。周敦颐给的答案就是:圣学的最
主要之点在于"无欲"、"主静"。一个人如果能真正"无欲",那便
心灵虚静,于是在认识上便自然明理通达,而在行动上便自然正
直无私。这样就达到了"寂然不动,感而遂通"的"诚"的境界,而
成为圣人了。这种宣扬作"无欲故静"④的"圣人"的观点,有着浓
厚的僧侣主义气味。

---

① 周敦颐:《通书·师第七》,《周敦颐集》,第 20 页。
② 周敦颐:《通书·志学第十》,《周敦颐集》,第 23 页。
③ 周敦颐:《通书·圣学第二十》,《周敦颐集》,第 31 页。
④ 周敦颐:《太极图说》,《周敦颐集》,第 6 页。

二、邵雍的先天象数之学

邵雍（公元 1011 年—1077 年），字尧夫，祖上是河北范阳人，幼年随父迁到河南共城（今河南辉县）。曾隐居苏门山百源之上，后人称百源先生。后居洛阳，与司马光、二程交往甚密，司马光等曾送他一座大宅园。屡次授官不赴。死后，宋哲宗赐号康节，因此又称康节先生。邵雍的"先天图"也传自陈抟[①]。他和周敦颐一样，着重讲宇宙形成论，不过周敦颐主五行说，邵雍则主八卦说。著有《皇极经世》和《伊川击壤集》。[②]

邵雍根据《易传》，以为世界第一原理是"太极"。但他说："心为太极。"[③]所以实际上也就是以"心"为世界第一原理。《皇极经世》又写道：

> 太极一也，不动；生二，二则神也。神生数，数生象，象生器。[④]

就是说，从一生二，"不动"的太极表现为神妙的变化，于是神生数，数生象，象生万物。这一过程，说得更详细点，就是太极生两仪，两仪生四象，四象生八卦，"八卦相错，然后万物生焉"[⑤]。而用

---

① 此据《宋史·朱震传》："陈抟以先天图传种放，放传穆修，修传李之才，之才传邵雍。"

② 《皇极经世》，凡 12 卷，其中最重要的是《观物内篇》和《观物外篇》。据说，《内篇》为邵雍自著，《外篇》为其子邵伯温和其弟子所记述。此书的注解，主要有：清黄畿的《皇极经世书传》，王植的《皇极经世直解》。《击壤集》（又称《伊川击壤集》）是邵雍的诗集，有清刻本、《四部丛刊》本。

③ 邵雍：《皇极经世·观物外篇》，郭彧点校：《邵雍集》，中华书局 2010 年版，第 152 页。

④ 同上书，第 162 页。

⑤ 同上书，第 107 页。

"数"来描述,那就是:

> 一分为二,二分为四,四分为八,八分为十六,十六分为三十二,三十二分为六十四。……十分为百,百分为千,千分为万,犹根之有干,干之有枝,枝之有叶,愈大则愈少,愈细则愈繁,合之斯为一,衍之斯为万。[1]

这同汉代《易纬》的象数之学的基本观点相似,只不过邵雍用"加一倍法"[2]构造出来的象数体系,显得更加整齐而已。当然,《皇极经世》中也包含有一些科学资料和一些有价值的猜测(如"先天图"中的八卦、六十四卦排列次序,包含有数学上的二进位制思想的萌芽等),不容忽视;但从总体上说,邵雍的"先天学"是一个主观虚构的体系。他说:

> 先天学,心法也,故图皆自中起,万化万事生乎心也。[3]

邵雍以为,由"心"构造出来的图式、象数已先天地决定了宇宙万物。他通过加减乘除的运算得出"日月星辰之变数一万七千二十四,谓之动数。水火土石之化数一万七千二十四,谓之植数"。二者相乘,得出"二万八千九百八十一万六千五百七十六,谓之动植

---

① 邵雍:《皇极经世·观物外篇》,《邵雍集》,第 107—108 页。
② 程颢语,见程颢、程颐:《河南程氏外书》卷十二,《二程集》上册,第 428 页。
③ 邵雍:《皇极经世·观物外篇》,《邵雍集》,第 159 页。

通数"①。还虚构了所谓"元、会、运、世"的世界年表，说"天开于子，地辟于丑，人生于寅"②。人类历史则划分为"皇、帝、王、伯"③几个阶段，一代不如一代，最终达到世界末日，天地毁灭。然后又将开辟新的天地，诞生新的人物，经历新的循环。如此等等，显然都是想入非非的奇谈怪论。

邵雍也从他的宇宙论推演到人生，说：

> 性者道之形体也，……心者性之郭郭也，……身者心之区宇也，……物者身之舟车也。④

这里讲了天道、人性、心灵、身体和外物的关系：人性是天道的具体化，心灵是人性的所在地，身体是心灵的住宅，外物是身体的运载工具。而天道也就是"天命"，他说：

> 天使我有是之谓命，命之在我之谓性，性之在物之谓理。⑤

他以为，在物之理与在我之性其实是一回事，因此，认识事物之"理"，就在于"反观"自己的本性。他说：

---

① 邵雍：《皇极经世·观物内篇》，《邵雍集》，第 40 页。
② 此语见朱熹：《朱子语类》卷四十五，朱杰人等主编：《朱子全书》第 15 册，上海古籍出版社、安徽教育出版社 2002 年版，第 1592 页。
③ 邵雍：《皇极经世·观物内篇》，《邵雍集》，第 13 页。
④ 邵雍：《伊川击壤集·序》，《邵雍集》，第 179—180 页。
⑤ 邵雍：《皇极经世·观物外篇》，《邵雍集》，第 163 页。

　　　　圣人之所以能一万物之情者,谓其圣人之能反观也。所
以谓之反观者,不以我观物也。不以我观物者,以物观物之
谓也。①

　　　　以物观物,性也;以我观物,情也。性公而明,情偏
而暗。②

"以物观物"一语似乎不错,但邵雍以为要"以物观物"必须反观,
因为"性之在物之谓理",所以反观本性,就能"观之以理"③,对物
来说就是"以物观物"④。邵雍把"情"与"性"截然对立起来,以为
有情则"以我观物",使人蔽而伤性。正如周敦颐强调"无欲",邵
雍强调"忘情",以为只有"情累都忘"⑤,才能真正反观本性。

　　他写《乐物吟》说:"万物于人一身,反观莫不全备。"⑥以为只
要通过反观,就能穷尽万物之理。而"天下之数出于理"⑦,所以真
正穷了理,就能运用"数"进行类推,无所不知,无所不能。他说:

　　　　能循天理动者,造化在我也。⑧

　　　　天有四时,地有四方,人有四支。是以指节可以观天,掌
文可以察地。天地之理具乎指掌矣,可不贵之哉!⑨

---

① 邵雍:《皇极经世·观物内篇》,《邵雍集》,第49页。
② 同上书,第152页。
③ 同上书,第49页。
④ 同上注。
⑤ 邵雍:《伊川击壤集·序》,《邵雍集》,第180页。
⑥ 邵雍:《伊川击壤集》卷十九,《邵雍集》,第509页。
⑦ 邵雍:《皇极经世·观物外篇》,《邵雍集》,第148页。
⑧ 同上书,第156页。
⑨ 同上书,第117页。

这完全是道士的神话，使我们很自然地联想起《阴符经》和李筌。

三、程颢、程颐的天理观与"复性"说

正统派理学的真正奠基人是程颢、程颐。

程颢（公元 1032 年—1085 年），字伯淳，河南洛阳人。做过几任地方官吏，后任监察御史里行。

程颐（公元 1033 年—1107 年），字正叔，程颢之弟，曾任国子监教授和崇政殿说书。晚年受到排挤，放归四川，后又遇赦复官。

在北宋的政治斗争中，程颢曾表示赞助王安石变法，但不久即改变态度。二程都站在旧党司马光等一边，反对新法。在学术思想上，他们极力攻击王安石的"新学"，称"介甫之学"是当时的"大患"。同时，又批评张载的"关学"。他们长期在洛阳讲学，其学派被称为"洛学"。后人称程颢为明道先生，称程颐为伊川先生。二程的言论和著作，后人编为《二程全书》①。

二程在思想作风上颇有差别，但在哲学的基本观点上是一致的。他们以"天理"为世界第一原理。程颢说：

---

① 《二程全书》：包括《二程遗书》、《二程外书》、《明道文集》、《伊川文集》、《程氏经说》、《伊川易传》、《二程粹言》。其中《遗书》是二程的弟子记下的二程语录，由朱熹加以综合编定。《外书》是《遗书》的补编或续编。《文集》是二程的诗文杂著。《经说》是二程对一部分儒家经典的解说和发挥。以上 4 种，在宋代均单独刊行，也曾有人把它们合在一起刊行，称《程氏四书》。《易传》是程颐对《易经》的注释。《粹言》是二程弟子杨时用比较文雅的语言将二程的语录加以改写而成，后又由张栻重新编次。这两种在宋元时也都单独刊行。明清两代，人们把它们和前 4 种合并刊行，称《二程全书》。《二程全书》以清末金陵书局涂宗瀛刻本较善。中华书局以涂刻本为底本，校以他本，编定为《二程集》（王孝鱼点校）。

> 吾学虽有所受，天理二字却是自家体贴出来。[1]

二程曾受学于周敦颐，但是以"天理"二字作为根本宗旨，却是程颢根据自己的体验提出来的。那么，什么是所谓天理呢？程颐说：

> 莫之为而为，莫之致而致，便是天理。[2]

孟子曾说过"莫之为而为者，天也；莫之致而致者，命也"。程颐说这"便是天理"，可见他们兄弟"体贴"到的天理，不过是唯心主义天命论的另一种说法罢了。

二程没有像周敦颐和邵雍那样费心思去构造宇宙起源和演变的图式，而着重对天理进行本体论的探讨。二程说：

> 天理云者，这一个道理，更有甚穷已？不为尧存，不为桀亡。人得之者，故大行不加，穷居不损。这上头来，更怎生说得存亡加减？是佗元无少欠，百理具备。[3]

> "寂然不动，感而遂通"者，天理具备，元无欠少，不为尧存，不为桀亡。父子君臣，常理不易，何曾动来？因不动，故言"寂然"；虽不动，感便通，感非自外也。[4]

---

[1] 程颢、程颐：《河南程氏外书》卷十二，《二程集》上册，第 424 页。
[2] 程颐：《河南程氏遗书》卷十八，《二程集》上册，第 215 页。
[3] 程颢、程颐：《河南程氏遗书》卷二上，《二程集》上册，第 31 页。
[4] 同上书，第 43 页。

"不为尧存，不为桀亡"二语本是荀子《天论》中的话，二程借用来说明天理是客观的，它不以尧、桀的意志为转移，不因为人们的"大行"或"穷居"而有所增损。但荀子说"天行有常"是指物质的自然界的运动规律，而二程说的"寂然不动，感而遂通"的"天理"则是指客观的精神实体，两者有着原则的区别。而且二程以为，这个精神实体所具备的"百理"，主要是君臣、父子等纲常之理，那是永恒不变的。所以，他们所说的天理，无非就是封建伦理的形而上学化。

二程用他们的唯心主义的天理观来反对唯物主义的气一元论。他们用"形而上"与"形而下"来区分理与气、道与器。程颢说：

> "形而上者谓之道，形而下者谓之器。"若如或者以清虚一大为天道，则（自注：一作此）乃以器言而非道也。①

这段话是批评张载的。张载用"清、虚、一、大"形容气之本体及其作用，以为气化过程就是天道。程颢认为张载说的气化过程是形而下之器（具体事物），而非形而上之道（抽象原理）。他以为虽然道与器不容分割，但不能以器为道。程颐也说：

> 离了阴阳更无道，所以阴阳者是道也。阴阳，气也。气是形而下者，道是形而上者。形而上者则是密也。②

---

① 程颢：《河南程氏遗书》卷十一，《二程集》上册，第 118 页。
② 程颐：《河南程氏遗书》卷十五，《二程集》上册，第 162 页。

这里的"密"即《易传》所说的"退藏于密"之"密"。"密是用之源"①，指无声无臭的本源。程颐以为，阴阳与道虽不可分离，但道是阴阳之气与万物变化之所以然，"所以然"与"然"不能混为一谈。气分阴阳相互作用，一开一阖而有种种变化，都是形而下者。而其所以然之理，则是形而上者。形而上者是运动变化的本源。他说，"有理则有气"②，"道则自然生万物"③。阴阳之气、天地万物都是从道（理）产生出来的。程颢也说：

冬寒夏暑，阴阳也；所以运动变化者，神也。④

程颢说阴阳、寒暑的运动变化的所以然者是神，程颐说所以阴阳者是道，二者在实质上并无差别。因为在讲到形而上的领域时，二程以为："盖上天之载，无声无臭，其体则谓之易，其理则谓之道，其用则谓之神。"⑤阴阳之气和天地万物的运动变化，都出于易道或天理的神妙的作用，因此，阴阳变化的所以然者可谓之理，亦可谓之神。

二程也从他们的天道观推演到人性论。他们认为"天命之性"就是理，但又认为应从理和气的关系来讨论人性，说：

---

① 程颐：《河南程氏遗书》卷十五，《二程集》上册，第157页。
② 程颐：《易说·系辞》，《河南程氏经说》卷一，《二程集》下册，第1030页。
③ 程颐：《河南程氏遗书》卷十五，《二程集》上册，第149页。
④ 程颢：《河南程氏遗书》卷十一，《二程集》上册，第121页。
⑤ 程颢、程颐：《河南程氏遗书》卷一，《二程集》上册，第4页。

　　　　论性，不论气，不备；论气，不论性，不明。二之则不是。①

这是说，既应该区分"天命之性"（理）和气禀，又应该从二者的结
合来考察人性。关于这一点，程颐讲得很多。他说：

　　　　凡言性处，须看他立意如何。且如言人性善，性之本也；
　　生之谓性，论其所禀也。孔子言性相近，若论其本，岂可言相
　　近？只论其所禀也。②
　　　　孟子言人性善是也。虽荀、扬亦不知性。孟子所以独出
　　诸儒者，以能明性也。性无不善，而有不善者才也。……才
　　禀于气，气有清浊。禀其清者为贤，禀其浊者为愚。③

程颐以为，"人性善"，是讲性之本，而"生之谓性"，是讲气禀。从
"性出于天"来说，"性即理也，所谓理，性是也"④，所以人性无有不
善；而从"才禀于气"来说，则因气有清浊，便有贤愚、善不善之分。
"生之谓性"、"才禀于气"，本来是朴素唯物主义者的命题。古代
的唯物主义者往往把人质性、才能上的差别归之于生理禀赋的不
同，也就是归之于先天的原因，因此不免滑到唯心论去。程颐则
从唯心主义观点出发，把"性即理"和"才禀于气"两个命题结合在
一起，从而就把孟子的性善说和董仲舒、韩愈的性三品说综合起

---

① 程颢、程颐：《河南程氏遗书》卷六，《二程集》上册，第 81 页。
② 程颐：《河南程氏遗书》卷十八，《二程集》上册，第 207 页。
③ 同上书，第 204 页。
④ 程颐：《河南程氏遗书》卷二十二上，《二程集》上册，第 292 页。

来了(用"性即理"来讲性善,用气禀来讲上中下之别),形成了比前人更为完整的先验论的人性学说。后来,朱熹又对此作了进一步的阐发。

从"天人"之辩来说,二程主张唯心主义的天人合一论。他们以为"心、性、天,只是一理";"自理言之谓之天,自禀受言之谓之性,自存诸人言之谓之心"①。他们从先验论出发,以为人心中具有天赋的理性或天理,只不过由于气禀所限,人欲所蔽,因而就使人心丧失明觉,理性变得昏暗。所以学习、修养的功夫,就在于去人欲,存天理,"胜其气,复其性"②。程颢说:

> 道即性也。若道外寻性,性外寻道,便不是。圣贤论天德,盖谓自家元是天然完全自足之物,若无所污坏,即当直而行之;若小有污坏,即敬以治之,使复如旧。所以能使如旧者,盖为自家本质元是完足之物。③

程颢在这里所说,同李翱以及禅宗的说法很相似。他以为天赋德性或自家本质是完全自足的,污坏之处(人欲所蔽)只须用"敬"的方法加以修治,使之"复如旧",亦即"复其性",便可以直道而行了。什么是敬呢?"主一之谓敬。"④就是要一心存天理,让心中有"主"。其实亦即禅宗说的"常惺惺"的意思。不过,二程以为释氏

---

① 程颐:《河南程氏遗书》卷二十二上,《二程集》上册,第 296—297 页。
② 程颐:《河南程氏遗书》卷十九,《二程集》上册,第 252 页。
③ 程颢、程颐:《河南程氏遗书》卷一,《二程集》上册,第 1 页。
④ 程颐:《河南程氏遗书》卷十五,《二程集》上册,第 169 页。

不明天理，所以根本错了。

程颢在谈到"明理"与"敬"的关系时说：

> 学者须先识仁。仁者，浑然与物同体。义、礼、智、信皆仁也。识得此理，以诚敬存之而已，不须防检，不须穷索。①
>
> 学者不必远求，近取诸身，只明人理，敬而已矣，便是约处。②

他所谓"明人理"也即是识得"仁"之理。明白"天人合一"的道理，识得自己与物浑然同体，良知良能完全具足，那便用不着向外寻求，只须用敬存养，自然能"复其性"。如果说，程颢讲"明理"比较笼统，那么，程颐讲"穷理"就比较细密了。程颐在回答"进修之术何先"的问题时说：

> 莫先于正心诚意。诚意在致知，"致知在格物"。格，至也，如"祖考来格"之格。凡一物上有一理，须是穷致其理。穷理亦多端，或读书，讲明义理；或论古今人物，别其是非；或应事接物而处其当，皆穷理也。……须是今日格一件，明日又格一件，积习既多，然后脱然自有贯通处。③

程颐提出的"格物"说后来由朱熹作了很多发挥，形成了程朱派的

---

① 程颢、程颐：《河南程氏遗书》卷二上，《二程集》上册，第16—17页。
② 同上书，第20页。
③ 程颐：《河南程氏遗书》卷十八，《二程集》上册，第188页。

"格物"理论。"格物"被解释为"穷理","今日格一件,明日又格一件",一旦豁然贯通,便觉悟到"己与理一"①。程颐以为,"涵养须用敬,进学则在致知"②,这两方面的功夫是不能偏废的。如果不"格物穷理"以"致知",便欲"用敬"、"诚意",那就是"躐等"。例如讲孝道,"须是知所以为孝之道,所以侍奉当如何,温凊当如何,然后能尽孝道也"③。只有认识了理,才能自觉地循理而行。"顺理而行,是为义也。若只守一个敬,不知集义,却是都无事也。"④所以他说:

> 须是识在所行之先,譬如行路,须得光照。⑤
>
> 故人力行,先须要知。……譬如人欲往京师,必知是出那门,行那路,然后可往。如不知,虽有欲行之心,其将何之?⑥

他强调行为要有正确认识的指导,这有其合理之处。但作出"知在行先"的概括,却是唯心主义观点。而且,虽然他说"穷理亦多端","一草一木皆有理,须是察"⑦,却不要人去探求客观世界的规律性知识。他说:

① 程颐:《河南程氏遗书》卷十五,《二程集》上册,第143页。
② 程颐:《河南程氏遗书》卷十八,《二程集》上册,第188页。
③ 同上书,第206页。
④ 同上注。
⑤ 程颢、程颐:《河南程氏遗书》卷三,《二程集》上册,第67页。
⑥ 程颐:《河南程氏遗书》卷十八,《二程集》上册,第187页。
⑦ 同上书,第193页。

　　　物我一理，才明彼即晓此，合内外之道也。①

　　　闻见之知，非德性之知。物交物则知之，非内也，今之所
谓博物多能者是也。德性之知，不假闻见。②

他贬低"博物多能"为"闻见之知"，包含有反对科学的倾向。他对
客观的物理世界不感兴趣，认为重要的是要唤醒"德性之知"。天
理本来在我心中，而物我一理，"观物理以察己"③，"格物"也有助
于唤醒心中的天理。其实，"格物之理，不若察之于身，其得尤
切"④。

　　程颐在《颜子所好何学论》中说："颜子所独好者，何学也？学
以至圣人之道也。"⑤那么，如何"学"以至圣人之道呢？周敦颐说
"主静"（无欲），邵雍说"反观"（忘情），程颢说"识得此理，以诚敬
存之"，程颐说"涵养须用敬，进学则在致知"⑥。这些理学家都自
以为通过他们所说的"涵养"与"为学"的功夫，便可以达到圣人的
精神境，因而具有"孔颜乐处"，"受用"不尽。他们不仅自己这
样做功夫，而且也教导学生这样做。

　　人们在培养世界观的过程中，确实既要提高理性认识，也要
注意自我修养，所以理学家们说的"穷理"与"用敬"，也不是没有
一点道理。那么，他们是不是真的有"圣贤气象"，有非常崇高的

———————

① 程颐：《河南程氏遗书》卷十八，《二程集》上册，第 193 页。
② 程颐：《河南程氏遗书》卷二十五，《二程集》上册，第 317 页。
③ 程颐：《河南程氏遗书》卷十八，《二程集》上册，第 193 页。
④ 程颐：《河南程氏遗书》卷十七，《二程集》上册，第 175 页。
⑤ 程颢、程颐：《颜子所好何学论》，《河南程氏文集》卷八，《二程集》上册，第 577 页。
⑥ 程颐：《河南程氏遗书》卷十八，《二程集》上册，第 188 页。

精神境界呢? 那就很难说了。程颐说:"凡有利心,便不可。如作一事,须寻自家稳便处,皆利心也。"①似乎他是一个丝毫不替自家打算的人,但是《伊川易传》中讲"时中",却说了许多处世妙决。如说处于上下闭隔之时,"若晦藏其知,如括结囊口而不露,则可得无咎,不然则有害也"②;又说"贤者在下,岂可自进以求于君? 苟自求之,必无能信用之理"③。如此等等,说明他是一个非常老于世故的人,处处从利害关系即从"自家稳便处"来考虑问题,以求"随时而动,从宜适变"④。而且,在讲到德教与刑罚两手时,他还特别强调了刑罚一手,说:

> 发下民之蒙,当明刑禁以示之,使之知畏,然后从而教导之。自古圣王为治,设刑罚以齐其众,明教化以善其俗,刑罚立而后教化行。虽圣人尚德而不尚刑,未尝偏废也。故为政之始,立法居先,治蒙之初,威之以刑者,所以说去其昏蒙之桎梏,桎梏谓拘束也。不去其昏蒙之桎梏,则善教无由而入。既以刑禁率之,虽使心未能喻,亦当畏威以从,不敢肆其昏蒙之欲,然后渐能知善道而革其非心,则可以移风易俗矣。⑤

对老百姓首先要威之以刑,使他们"不敢肆其昏蒙之欲",然后才能逐渐接受教化,"革其非心"。这同《商君书》中"刑生德"的论调

---

① 程颐:《河南程氏遗书》卷十六,《二程集》上册,第 173 页。
② 程颐:《周易上经上》,《周易程氏传》卷一,《二程集》下册,第 710 页。
③ 同上书,第 719 页。
④ 程颐:《周易上经下》,《周易程氏传》卷二,《二程集》下册,第 784 页。
⑤ 程颐:《周易上经上》,《周易程氏传》卷一,《二程集》下册,第 720 页。

完全一样。可见，在这位道学家的"圣贤气象"的面纱后面，是一副对"下民"非常残忍、冷酷的法官面孔。这种残忍尤其表现在他对待妇女的态度上：

> 问："孀妇于理似不可取（娶），如何？"曰："然。凡取，以配身也。若取失节者以配身，是己失节也。"又问："或有孤孀贫穷无托者，可再嫁否？"曰："只是后世怕寒饿死，故有是说。然饿死事极小，失节事极大。"①

就是说，一个男人若娶寡妇为妻，便是违反"天理"，等于自己也失节。孤孀贫苦无依，受冻饿死，是极小的事；而再嫁失节，却是不能宽恕的罪恶。从程颐开始，道学家们用"饿死事极小，失节事极大"来反对寡妇再嫁，这把软刀子真不知杀害了多少人！

　　总起来说，周、邵、二程在儒家立场上吸收佛、道的思想，为正统派理学奠定了基础。二程的先验主义的天理观和"复性"说，是正统派理学在哲学上的根本主张。周、邵也持先验论，和二程相通，他们的特点在于都以"太极"为第一原理构造了宇宙形成论，一个讲阴阳五行说，一个讲先天象数之学。后来朱熹继承和发展了二程的学说，并把二程的本体论和周、邵的宇宙论统一起来，还吸取了张载的某些思想，形成了一个庞大的唯心主义体系，使正统派理学达到完成的形态。

---

① 程颐：《河南程氏遗书》卷二十二下，《二程集》上册，第301页。

第三节　张载对"有无(动静)"之辩的总结
——以气一元论阐发对立统一原理

自魏晋以来,"有无(动静)"之辩长期成为天道观上论争的中心问题。玄学和佛学唯心主义都以"虚静"为世界第一原理;虽然不断遭到唯物主义者的批判,却未真正地被驳倒。向秀、郭象提出了有无统一的思想,却陷入了相对主义。柳宗元、刘禹锡向荀子复归,开辟了解决这一论争的途径,但他们未作充分论证,而且和佛学唯心主义划不清界限。只有到了张载,才在唯物主义的基础上,运用"体用不二"和对立统一的原理,对"有无(动静)"之辩作了一个比较正确的总结。此后,天道观上的这一论争就发展为"理气(道器)"之辩了。

一、保守的理学家和勇于追求真理的学者

张载(公元 1020 年—1077 年),字子厚,凤翔郿县(今陕西眉县)横渠镇人。后人称横渠先生。中进士后历任丹县云岩县令,签书渭州判官公事,崇文院校书和同知太常礼院等职。青年时代学习过兵法,曾计划联络一些人组织武装力量夺回被西夏统治集团占领的洮西地区。在签书渭州判官公事任上,协助当时渭州军帅蔡挺筹划边防事务。是宋代的著名理学家之一,因讲学关中,其学派被称为"关学"。主要哲学著作有《正蒙》和《易说》。此外还有《经学理窟》、《语录》,为其弟子记录而成。明代沈自彰编为

《张子全书》。[1]

张载与二程、司马光这些理学家不完全一样。在政治上，张载不像旧党那样竭力反对王安石，但也不赞成他的变法措施，基本态度也是保守的。张载在《易说·系辞下》中说，"变法须是通"[2]，尧舜就是能"通其变，使民不倦"[3]，所以不能够"顿革"，即变得太快。他以为周礼已是最完备的了，说："历代文章，自夫子而损益之，见其礼而知其政，闻其乐而知其德，不可加损矣。"[4]意思是，周礼虽不可损益，但仍应"与时顺通"[5]、"趋时尽利"[6]，即根据周礼来采取一些适时的改良办法。他鉴于当时由于土地兼并而造成的严重的社会危机，主张恢复井田制，说："治天下不由井地，终无由得平。周道止是均平。"[7]并且还计划"买田一方，画为数井"，进行小规模的试验。这实际上只是一种空想，但说明张载比较关心现实，意识到了土地兼并问题的严重性。

在"理欲"之辩上，张载说："上达反天理，下达徇人欲者与！"[8]"今之人[9]灭天理而穷人欲，今复反归其天理。古之学者便立天

---

[1] 沈自彰编的《张子全书》，并不完备。其中《语录》只是节抄本，《文集》亦不完全。中华书局编定的《张载集》（1978年版），以沈自彰《张子全书》官刻本为底本，与郿县本、朱轼刻本、《正谊堂丛书》本及《张子抄释》等互校，同时以《周易系辞精义》（《古逸丛书》本）参校，是目前较好的本子。

[2] 张载：《横渠易说·系辞下》，章锡琛点校：《张载集》，中华书局2006年版，第212页。

[3] 同上注。

[4] 同上书，第213页。

[5] 同上书，第205页。

[6] 同上书，第209页。

[7] 张载：《经学理窟·周礼》，《张载集》，第248页。

[8] 张载：《正蒙·诚明篇第六》，《张载集》，第22页。

[9] "人"，原作"性"，从中华书局校本校改。

理,孔孟而后,其心不传,如荀、扬皆不能知。"①他把"天理"和"人欲"对立起来,同二程相似。不过他又说:"饮食男女皆性也,是乌可灭?"②所以他不讲"灭人欲"或"无欲",而只反对"穷人欲"或"徇人欲"。张载虽不像周敦颐和二程那样有禁欲主义色彩,但他在《西铭》中所说的"理"却受到二程很高的评价。程颢说:"孟子以后,未有人及此。……要之仁孝之理备于此。"③程颐说:"《西铭》明理一而分殊。"④可见就"理"来说,张载和二程有一致之处。《西铭》把封建的伦理纲常形而上学化,说"乾称父,坤称母",人人都是天地所生;大君是"宗子",大臣是"家相",封建宗法制度是天然合理的;最后说:"富贵福泽,将厚吾之生也;贫贱忧戚,庸玉汝于成也。存,吾顺事;没,吾宁也。"⑤意思是说,不论是富贵还是贫贱,都应服从命运的安排;活着的时候顺从封建统治秩序,死了就安安静静地休息。总之是要人们安于现状,服服帖帖地接受统治。正是这种保守的态度,使得张载成为理学的奠基人之一。

不过,张载既是个保守的理学家,又是个勇于追求真理的学者。他比较关心民间疾苦,还研究了自然科学。他在天文学理论方面(特别是地动说),作出了独特的贡献;在教育方面,也提出了一些很好的见解。他曾深入研究佛、老,对佛、老唯心主义作了较深刻的批判。正是这些条件,使他在哲学上的基本倾向是唯物主义。同时,他是个气质刚毅的人,自称:"刚则守得定不回,进道勇

① 张载:《经学理窟·义理》,《张载集》,第 273 页。
② 张载:《正蒙·乾称篇第十七》,《张载集》,第 63 页。
③ 程颢、程颐:《河南程氏遗书》卷二上,《二程集》上册,第 39 页。
④ 程颐:《答杨时论西铭书》,《河南程氏文集》卷九,《二程集》上册,第 609 页。
⑤ 张载:《正蒙·乾称篇第十七》,《张载集》,第 63 页。

敢。载则比他人自是勇处多。"①这种个性特点也影响到他的学风。他刻苦精思，"著《正蒙》时，处处置笔砚，得意即书"②。正是这种苦功，使他在理论上能获得较高的成就。

二、"由太虚有天之名，由气化有道之名"

张载在哲学上的突出贡献，是明确地提出"理依存于气"的观点，在气一元论的基础上比较正确地解决了"有无（动静）"之辩。

张载以气为世界第一原理，这当然是主张"崇有"论。他在《正蒙·乾称》篇中说：

> 凡可状，皆有也；凡有，皆象也；凡象，皆气也。气之性本虚而神，则神与性③乃气所固有。……（自注：舍气，有象否？非象，有意否？）④

就是说，可以摹写（认识）的对象都是"有"，"实有"的都是"象"，"象"都是"气"。没有物质（"气"）就没有种种现实的"物象"，没有"物象"就不会有人的概念（"意"）。这是唯物主义的气一元论。张载又说："有无虚实通为一物者，性也。"⑤他讲气的本性是虚而神，就是说，气本身就是"有无"、"虚实"的统一体，具有阴阳不测的神妙之德。他提出了"虚空即气"或"太虚即气"的命题，说：

---

① 张载：《近思录拾遗》，《张载集》，第 377 页。
② 程颢：《传闻杂记》，《河南程氏外书》卷十二，《二程集》，上册，第 427 页。
③ "性"，中华书局校本谓：疑当作"虚"，承上"本虚而神"言。
④ 张载：《正蒙·乾称篇第十七》，《张载集》，第 63 页。
⑤ 同上注。

　　　　知太虚即气，则无无。……诸子浅妄，有有无之分，非穷
　　理之学也。①

意思是说，不能把"有"和"无"对立起来，分割开来，空无一物的
"无"是没有的。"太虚即气"，这话包含有两重意义：一是说广大
的天空是无形的，但充满着细微的物质，"太虚"是指物质的广延
性。这是对刘禹锡的"空者，形之希微者也"论点的发展。二是说
"太虚无形，气之本体"②。张载以为，从本体来说，气虚而无形；从
作用来说，气的运动（聚散）表现为万物的生灭、变化，而这种运动
是有规律的。他说：

　　　　由太虚，有天之名；由气化，有道之名。③

就"体"而言，"太虚即气"，可称为天；就"用"而言，气的运动变化
是有规律的，可称为"道"。体用不二，"一于气而已"④。
　　张载在"有无"统一、"体用不二"的气一元论的基础上，批判
佛、道的唯心主义。他说：

　　　　知虚空即气，则有无、隐显、神化、性命通一无二，顾聚

─────────

① 张载：《正蒙·太和篇第一》，《张载集》，第 8—9 页。
② 同上书，第 7 页。
③ 同上书，第 9 页。
④ 张载：《正蒙·神化篇第四》，《张载集》，第 15 页。

散、出入、形不形，能推本所从来，则深于《易》者也。若谓虚能生气，则虚无穷，气有限，体用殊绝，入老氏"有生于无"自然之论，不识所谓有无混一之常；若谓万象为太虚中所见之物，则物与虚不相资，形自形，性自性，形性、天人不相待而有，陷于浮屠以山河大地为见病之说。此道不明，正由懵者略知体虚空为性，不知本天道为用，反以人见之小因缘天地。①

这里，他既批评了老子、王弼"贵无"说的客观唯心论，又批评了禅宗的主观唯心论。他运用的武器是唯物主义的"体用不二"的原理，认为气之体是"有无"、"虚实"的统一，气之用（即物质的运动）则为万物的"聚散"、"出入"之"所从来"。他指出，老子的"有生于无"、"虚能生气"的观点，是把"虚"、"无"看作是无限的，而把物质运动看作是有限的②，将"体"与"用"截然割裂开来。又认为，佛教的"万象为假有"、"心体本虚空"的观点，则是将现象（形）和本质（性）、人的认识（人）和真实世界（天）看作是没有联系的，把山河大地看作是主观的幻觉。但不论是老子还是佛教，都是把"体"、"用"割裂开来，片面地夸大"体"的"虚"，而不懂得一切真实的作用都本于天道，都是实体自己运动的表现。他们把人的主观强加于客观，成了唯心论。

张载把批判的锋芒更多地指向佛教。他着重批判了佛学的

---

① 张载：《正蒙·太和篇第一》，《张载集》，第8页。
② 王夫之《张子正蒙注·太和篇》："老氏以天地如橐籥，动而生风，是虚能于无生有，变幻无穷；而气不鼓动则无，是有限矣。"（《船山全书》第12册，第24页）

缘起理论,在《正蒙·大心》篇中写道:

> 释氏不知天命而以心法起灭天地,以小缘大,以末缘本,其不能穷而谓之幻妄,真所谓疑[①]冰者与! 自注:夏虫疑冰,以其不识。
>
> 释氏妄意天性而不知范围天用,反以六根之微因缘天地。明不能尽,则诬天地日月为幻妄,蔽其用于一身之小,溺其志于虚空之大,所以语大语小,流遁失中。其过于大也,尘芥六合;其蔽于小也,梦幻人世。谓之穷理可乎? 不知穷理而谓尽性可乎? 谓之无不知可乎?[②]

他指出,佛教的根本错误在于"以心法起灭天地",佛教各派都以为天地万物是因缘和合而成的,而各种因缘则归结到"六根之微",于是说"万法唯识"、"三界唯心"。这样"以小缘大,以末缘本","以人见之小因缘天地",怎么可能认识客观规律呢? 不能认识客观世界,于是便说世界是幻相,人生如梦境,而反以为"虚空"才是真如(天性),并说虚空之大可纳于芥子等等,这又怎么能叫做"尽性"、"无不知"呢? 张载揭露了佛家"缘起"说的唯心主义本质,确实抓住了要害。

张载讲"太虚即气",气是"有无"的统一,亦即是动静的统一。他在谈到"气化"时说:

---

① "疑"旧作"凝",此据中华书局校本校改。
② 张载:《正蒙·大心篇第七》,《张载集》,第26页。

　　气块然太虚，升降飞扬，未尝止息，《易》所谓"纲缊"，庄生所谓"生物以息相吹"、"野马"者与！此虚实、动静之机，阴阳、刚柔之始。①

　　天行何尝有息？正以静，有何期程？此动是静中之动，静中之动，动而不穷，又有甚首尾起灭？自有天地以来以迄于今，盖为静而动。天则无心无为，无所主宰，恒然如此，有何休歇？②

他以为，"太虚"的气是永恒地运动着的，可用"纲缊"、"野马"（"春日泽中游气"）等形象化的语言来形容它。而这种运动（"气化"）正是动静的统一。这包含有两层意思：一是说自然界的运动是"无为"、统一（贞一）、恒然地合乎规律的，所以是"静中之动"；正因为如此，它才永无止息之期，无所谓"首尾起灭"；若"有为"、杂乱，那便不能这样。二是从气之本体和万物的关系来说，气有"聚散"、"阖辟"，"阖户，静密也，辟户，动达也"。③ 这里的"动静"，"阖辟"是相对的，气本身具有动静的矛盾契机，表现为万物变化中的动静的对立。但是"一动一静，是道之常，专于动静则偏也"④。是说，一阖一辟，一动一静，并无断续之时。张载在解释复卦时说：

　　剥之与复，不可容线，须臾不复，则乾坤之道息也，故适

---

① 张载：《正蒙·太和篇第一》，《张载集》，第 8 页。
② 张载：《横渠易说·上经·复》，《张载集》，第 113 页。
③ 张载：《横渠易说·系辞上》，《张载集》，第 203 页。
④ 同上注。

尽即生,更无先后之次也。①

物体形溃反原,可说是"剥"。反原,便有新生之机复活,"适尽即生",所以不能在剥与复、静与动之间划一条线。在他看来,即动即静,即静即动,运动不穷,生生不已,所以说"天地之大德曰生"②。

那么,运动的源泉、生生不已的动力是什么呢? 唯物主义者讲"体用不二",就是说物质自己运动,运动的原因在物自身。哲学发展到唐宋之际,对"故"的考察深入了。柳宗元、刘禹锡指出事物运动的原因是其内部的矛盾,王安石讲"耦中有耦",张载更深入地探讨了动因问题,明确指出物质的运动变化是一个对立统一的过程。

张载也主张"莫为"说,反对"或使"说。他以天体运行为例,说:"凡圜转之物,动必有机;既谓之机,则动非自外也。"③"机",就是动因。这是说,一切天体都由于内在的动因而作圆转运动。从整个物质世界来说,气本身包含"虚实、动静之机,阴阳、刚柔之始"④。这里所谓的"机"、"始",也就是讲运动变化的动因、源泉。正因为气本身具有虚实、阴阳的矛盾,所以"屈伸无方,运行不息,莫或使之"⑤。张载在《易说》中说:

---

① 张载:《横渠易说·上经·复》,《张载集》,第113页。
② 同上注。
③ 张载:《正蒙·参两篇第二》,《张载集》,第11页。
④ 张载:《正蒙·太和篇第一》,《张载集》,第8页。
⑤ 张载:《正蒙·参两篇第二》,《张载集》,第12页。

> 乾坤，天地也；易，造化也。圣人之意莫先乎要识造化，既识造化，然后其①理可穷。彼唯不识造化，以为幻妄也。不见《易》则何以知天道？不知天②道则何以语性？……盖易则有无动静可以兼而不偏举也。③④

是说，有了天地、乾坤的矛盾，就有生生不已的"造化"。圣人首先要人认识"造化"，即认识运动的源泉与演化的过程，然后才能认识天道。而佛教不识"造化"，不知源泉，所以认为世界是虚幻的。他讲易就是"造化"，就是"有无"、"动静"的统一，不能偏举其一。这里张载提出了"造化"就是对立统一的思想。他说：

> 一物两体，气也；一故神（自注：两在故不测），两故化（自注：推行于一）。此天之所以参也。⑤
>
> 神，天德，化，天道。德，其体，道，其用，一于气而已。⑥

就是说，气是对立统一的物质实体。就"体"来说，气是统一的，而又两在于阴阳，神妙莫测，即天德；就"用"来说，一阴一阳、一阖一辟，变化无穷，而又构成统一过程，即"天道"。"体"是一而二的，"用"是二而一的，"体用不二"即是对立统一的运动。

---

① "其"，原作"有"，依《周易系辞精义》校改。以下所据《周易系辞精义》，均为《古逸丛书》本。

② "天"字原无，依《周易系辞精义》补。

③ 此句依中华书局校本，自佚文移入。

④ 张载：《横渠易说·系辞上》，《张载集》，第206页。

⑤ 张载：《正蒙·参两篇第二》，《张载集》，第10页。

⑥ 张载：《正蒙·神化篇第四》，《张载集》，第15页。

张载又区分了物质运动过程中的变和化。他说："变,言其著;化,言其渐。"①"变"是指显著的变动,"化"是指"推行有渐",即不停顿的变化。

> "变则化",由粗入精也,"化而裁之谓之变",以著显微也。"化而裁之存乎变",存四时之变,则周岁之化可裁;存昼夜之变,则百刻之化可裁。"推而行之存乎通"②,推四时而行,则能存周岁之通,推昼夜而行,则能存百刻之通。③

张载所谓"化",相当于我们现在讲的绝对运动。在他看来,绝对和相对的差别本是相对的,绝对运动("化")自然地可以裁分为不同过程、阶段,如一年可分四季,百刻可分昼夜,阶段之间的变动是显著的,这就是"化而裁之存乎变"。转过来说,四时合乎规律地推移,正体现了"周岁之化"的贯通,昼夜合乎规律地交替,正体现了"百刻之化"的贯通,这就是"推而行之存乎通"。这样,由于矛盾而引起的不停顿的运动,分为阶段、过程,形成各式各样的物体,统一的物质就分化为万物了。张载在这里已接触到了绝对运动与相对静止的关系,后来王夫之对此作了进一步的阐明。

在讲到分化的万物时,张载也强调了矛盾。他说:

> 造化所成,无一物相肖者,以是知万物虽多,其实一物;

---

① 张载:《横渠易说·上经·乾》,《张载集》,第 70 页。
② 此句原无,依《正蒙·天道》篇补。
③ 张载:《横渠易说·系辞上》,《张载集》,第 208 页。

无无阴阳者，以是知天地变化，二端而已。[①]

在"造化所成"即由矛盾运动而造成的世界，万物纷繁复杂，没有两个东西绝对相同，但又"其实一物"，即统一于气。任何一物皆具有阴阳的矛盾，所以天地万物的变化，无非是一阴一阳的对立统一。

张载以为，万物处于相互作用之网中，他把相互作用称为"感"。他说：

> 天性，乾坤、阴阳也，二端故有感，本一故能合。天地生万物，所受虽不同，皆无须臾之不感，所谓性即天道也。[②]

就事物本身来说，一切事物都具有矛盾，都以阴阳为其天性，阴阳二端相互作用，构成统一体。而就事物之间的关系来说，则"感之道不一：或以同而感，圣人感人心以道，此是以同也；或以异而应，男女是也，二女同居则无感也；或以相悦而感，或以相畏而感；……又如磁石引针，相应而感也"[③]。总之，感有多样的方式，一切事物"有动必感，咸感而应"，没有一刻不发生相互影响。所以世界是一个普遍联系的相互作用之网，没有孤立的事物，具体事物都在同异、屈伸、有无"相感"的关系网中。

张载有时用"攻取"来解释"相感"（"取"即互相吸引，"攻"即

---

① 张载：《正蒙·太和篇第一》，《张载集》，第10页。
② 张载：《正蒙·乾称篇第十七》，《张载集》，第63页。
③ 张载：《横渠易说·下经·咸》，《张载集》，第125页。

互相排斥）。他说：

> 天地之气，虽聚散、攻取百涂，然其为理也顺而不妄。[①]

就是说，气的运动变化，凝聚和离散，吸引和排斥，虽有各种方式，但都是有规律的。"聚散"、"攻取"的一般规律是什么呢？张载说：

> 气本之虚则湛一[②]无形，感而生则聚而有象。有象斯有对，对必反其为；有反斯有仇，仇必和而解。[③]

是说，清通无形的气由于阴阳的相互作用而聚集为种种形象，这些形象互相对立（"对"），互相排斥（"反"），互相斗争（"仇"），并通过斗争而达到"和而解"。张载在这里用了两个"必"字，以为所表述的是必然规律。但他最后得出的"仇必和而解"的结论不完全正确。因为事物的矛盾有的经过排斥、斗争而达到和解，有的则是一方战胜另一方而得以解决。张载认为"形聚为物，形溃反原"[④]，气聚而为万物，万物又散而为"太虚"，所以最后必然要"和而解"，回到"太虚"去。这说明他并不懂得矛盾的解决是事物达到新的更高的阶段，他没有"发展是前进上升运动"的思

---

① 张载：《正蒙·太和篇第一》，《张载集》，第 7 页。
② "一"原作"本"，中华书局校本谓："本"字涉上"本"而误，依《正蒙·诚明》篇"湛一气之本"句改为"一"。
③ 张载：《正蒙·太和篇第一》，《张载集》，第 10 页。
④ 张载：《正蒙·乾称篇第十七》，《张载集》，第 66 页。

想，未能克服循环论。这是马克思主义以前的辩证法所共有的缺点。

张载的天道观基本上达到朴素唯物主义与朴素辩证法的统一，但也包含有一些不够确切的表述并掺有一些唯心主义杂质。这特别表现在他的气一元论的泛神论倾向上。他说："天之知物不以耳目心思，然知之之理过于耳目心思。"①又说："虚明照鉴，神之明也。"②以为"天"具有智慧、神明，这就把"天"说成是精神性的东西，成了上帝的别名。不过，这不是宗教家的上帝，而是泛神论者的上帝（神即自然界）。他又说："鬼神者，二气之良能也。"③"鬼神，往来、屈伸之义。"④以为"物之初生，气日至而滋息"，是气之"伸"，叫作神；而"物生既盈，气日反而游散"，是气之"归"，叫做鬼。⑤ 这当然不是鬼神迷信，但是这样解释鬼神，却给宗教留下了地盘。

三、张载和二程的"理气（道器）"之辩

张载和二程有密切交往，在学术思想上互有影响。但也有争论，主要表现于"理气（道器）"之辩。

世界统一于"气"还是"理"？张载以为是气，二程则以为是理。二程批评张载说：

---

① 张载：《正蒙·天道篇第三》，《张载集》，第 14 页。
② 张载：《正蒙·神化篇第四》，《张载集》，第 16 页。
③ 张载：《正蒙·太和篇第一》，《张载集》，第 9 页。
④ 张载：《正蒙·神化篇第四》，《张载集》，第 16 页。
⑤ 见张载：《正蒙·动物篇第五》，《张载集》，第 19 页。

立清虚一大为万物一源,恐未安。①

又语及太虚,曰:"亦无太虚。"遂指虚曰:"皆是理,安得谓之虚? 天下无实于理者。"②

张载说:"太虚即气",并说:"太虚为清,清故无碍,无碍故神。"③又说:"'神无方','易无体',大且一而已尔。"④张载用"清、虚、一、大"形容气的本体及其作用,以为气是万物的本源。程颢反对这种观点。而程颐则直截了当地否定张载所说的"太虚",说宇宙的实体就是"理"。按照二程的说法,"天者理也"⑤,"天为万物之祖"⑥,所以理是万物的本源。而张载则以为理是气之条理,理依存于物。他说:

理不在人皆在物,人但物中之一物耳,如此观之方均。⑦

阴阳者,天之气也(自注:亦可谓道)。……生成覆帱⑧,天之道也(自注:亦可谓理)。……损益盈虚,天之理也(自注:亦可谓道)。……道得之同,理得之异(自注:亦可互见)。⑨

---

① 程颢、程颐:《河南程氏遗书》卷二上,《二程集》上册,第 21 页。
② 程颢、程颐:《河南程氏遗书》卷三,《二程集》上册,第 66 页。
③ 张载:《正蒙·太和篇第一》,《张载集》,第 9 页。
④ 张载:《正蒙·神化篇第四》,《张载集》,第 15 页。
⑤ 程颢、程颐:《河南程氏遗书》卷十一,《二程集》上册,第 132 页。
⑥ 程颢、程颐:《周易上经上》,《周易程氏传》卷一,《二程集》下册,第 698 页。
⑦ 张载:《张子语录·语录上》,《张载集》,第 313 页。
⑧ "帱",南宋吴坚刻本为"露",今据吕柟《张子抄释》改。
⑨ 张载:《张子语录·语录中》,《张载集》,第 324 页。

显然，张载对"理气（道器）"关系问题作了明确的唯物主义的回答。在张载的天道观中，"道"和"理"二词可以互换，不过通常说的"理"是指具体事物的损益盈虚的规律；"道"是指自然造化的总原理。但不论道还是理，都不能离开物质的矛盾运动。

> 太和所谓道。……不如野马、细缊，不足谓之太和。语道者知此，谓之知道；学《易》者见此，谓之见《易》。不如是，虽周公才美，其智不足称也已。[①]

张载所谓"道"就是指自然界的和谐的秩序，也就是气化的过程。离开了如野马、细缊的气，就无所谓和谐的秩序，无所谓"道"。无所谓"易"，也谈不上圣人的智慧了。"其智不足称也已"云云，可以看作是对包括二程的理学唯心论者的评语。

张载所谓的"气化"之道，就是指气的聚与散。他说：

> 气之为物，散入无形，适得吾体；聚为有象，不失吾常。太虚不能无气，气不能不聚而为万物，万物不能不散而为太虚。循是出入，是皆不得已而然也。[②]

"不得已而然"即必然。这就是说，气"聚为万物"又"散入无形"，是必然的自己的运动。"形聚为物，形溃反原。"[③]物象纷繁，运动

---

① 张载：《正蒙·太和篇第一》，《张载集》，第 7 页。
② 同上注。
③ 张载：《正蒙·乾称篇第十七》，《张载集》，第 66 页。

不失常道,而"反原"就是回到气的本体。这样聚散、隐显,循环不已,都是必然的合乎规律的运动。这种说法虽然未能克服循环论,但包含有物质不灭的思想的萌芽。程颐特别反对张载这一理论,说:

> 凡物之散,其气遂尽,无复归本原之理。天地间如洪炉,虽生物销铄亦尽,况既散之气,岂有复在? 天地造化又焉用此既散之气? 其造化者,自是生气。①

程颐以为,物体消散,气就没有了;天地造化,不断地有气新生。在程颐那里,气是一种无定量的质料,有生有灭,可增可减,所以总是有限的;而"天理"却不能"存亡加减",是永恒的、无限的。因此,张载批评道家"谓虚能生气,则虚无穷,气有限,体用殊绝"②,这对程颐也是适用的。而气从何而生呢? 程颐在回答这个问题时又陷入了矛盾:他一则说"屈伸往来只是理,不必将既屈之气,复为方伸之气。生生之理,自然不息"③,以为有理便自然生气,这是理在气先的主张;再则又说"真元之气,气之所由生"④,以为人身体中有一个"真元",自然生气。这便又成了理气二元论了。

　　张载以为天地万物的变化是对立统一的过程。二程也常说"万物莫不有对,一阴一阳,一善一恶"⑤等等。这是不是辩证法

---

① 程颐:《河南程氏遗书》卷十五,《二程集》上册,第 163 页。
② 张载:《正蒙·太和篇第一》,《张载集》,第 8 页。
③ 程颐:《河南程氏遗书》卷十五,《二程集》上册,第 167 页。
④ 同上注。
⑤ 程颢:《河南程氏遗书》卷十一,《二程集》上册,第 123 页。

呢？不是。因为二程虽然承认天地间有种种对立的现象，但并不认为矛盾是运动的源泉，也不认为对立统一是变化发展的规律。程颐说：

> 所以阴阳者道，既曰气，则便是①二。言开阖，已②是感，既二则便有感。所以开阖者道，开阖便是阴阳。③

他承认气有一阴一阳、一开一阖的变化和相互作用，但是认为气所以一阴一阳、一开一阖的原因则是道，而并非阴阳、开阖的对立。而且，二程讲"有对"，归结到中庸之道。他们说：

> 中之理至矣。独阴不生，独阳不生，偏则为禽兽，为夷狄，中则为人。中则不偏，常则不易。惟中不足以尽之，故曰中庸。④
>
> 中庸天理也。不极天理之高明，不足以道乎中庸。中庸乃高明之极耳，非二致也。⑤

就是说，对待矛盾采取不偏不倚、调和折衷的办法，是出于不变的常道；能够运用中庸、时中的办法来处理事务，正是因为自己掌握了天理。对待各种对立的现象，要择乎中庸；而"己与理一"，则是

---

① "是"，徐刻本作"有"，此从吕刻本。
② "已"，徐刻本作"便"，此从吕刻本。
③ 程颐：《河南程氏遗书》卷十五，《二程集》上册，第160页。
④ 程颢：《河南程氏遗书》卷十一，《二程集》上册，第122页。
⑤ 程颢、程颐：《论道篇》，《河南程氏粹言》卷一，《二程集》下册，第1181页。

处于"无对"的地位。这就是所谓"极高明而道中庸"。二程虽讲"有对"，但他们所追求的却是"此道与物无对，大不足以名之"①，"天人本无二，不必言合"②，也就是一切对立的消泯。这是形而上学的观点。

正是从"天人无二"、"与物无对"的观点出发，程颢指斥张载的理论有漏洞：

> 神无方，故易无体。若如或者别立一天，谓人不可以包天，则有方矣，是二本也。③
>
> 气外无神，神外无气。或者谓清者神，则浊者非神乎？④

这里两个"或者"都是指张载。程颢以为张载把"天"了解为自然界，说人不可以包天，就是在人和天之间划分了界限，因而成了"二本"。程颢还以为神是"所以运动变化者"，清浊之气的运动都出于神，所以不能只说清者神。程颢从唯心主义一元论的观点批评了张载。

张载讲天道，基本上是唯物主义观点。他说：

> 气与志，天与人，有交胜之理。⑤

---

① 程颢、程颐：《河南程氏遗书》卷二上，《二程集》上册，第17页。
② 程颢、程颐：《河南程氏遗书》卷六，《二程集》上册，第81页。
③ 程颢：《河南程氏遗书》卷十一，《二程集》上册，第121页。
④ 同上注。
⑤ 张载：《正蒙·太和篇第一》，《张载集》，第10页。

这是重述了刘禹锡的论点。但是，张载在天人关系问题上并未能把唯物主义的一元论贯彻下去。他说："神者，太虚妙应之目。"①赋予天（太虚）以精神的属性。又说："成吾身者，天之神也。"②因此，从神来说，他以为"天人之本无二"③，这就陷入唯心主义的"天人合一"论了。不过我们是从唯物主义一元论的观点来批评张载的理论漏洞，这与程颢对张载的批评是根本不同的。

四、"变化之理须存乎辞"

张载说："吾学既得于心，则修其辞命，辞无差，然后断事。"④他比较重视"辞命"，要求"辞无差"，也就是要求合乎逻辑。

对逻辑思维能否把握宇宙发展法则，即言、意能否把握道的问题，玄学与佛学作了许多探讨，也提出了种种责难。到了禅宗，这个问题就显得更尖锐了。禅宗主张"不立文字，直指本性"，以为"说似一物即不中"，任何语言都不足以表达"真如"，只能用"对法"来暗示。但如果真的"不立文字"，这就等于说，不需要逻辑思维，也不需要哲学了。

张载批评禅宗说：

> 遁辞者无情，只是他自信，元无所执守。见人说有，己即说无，反入于太高⑤；见人说无，己则说有，反入于至下。或太

---

① 张载：《正蒙·太和篇第一》，《张载集》，第9页。
② 张载：《正蒙·大心篇第七》，《张载集》，第25页。
③ 张载：《正蒙·诚明篇第六》，《张载集》，第22页。
④ 吕大临：《吕大临横渠先生行状》，载张载：《张载集》，第383页。
⑤ "高"字南宋吴坚刻本作"无"，今据吕柟《张子抄释》改。

高,或太下,只在外面走,元不曾入中道,此释老之类。①

这里,张载指斥禅宗的"对法"并不是"中道",而是一种"遁辞"。他以为"遁辞"和质疑有区别,如果心中有疑,见人说有,己即说无,那是可以的。但"遁辞"是支吾搪塞之辞,只在语言上兜圈子("在外面走"),心中并没有真理,却自以为"无所执"就是"中道"。

不仅是禅宗,而且许多"贵无"论者都以为"言不尽意",名言不足以表达道。张载不同意这种看法,以为语言、概念是能够把握变化之道的。他说:

学未至乎②知德,语皆有病。形而上者,得辞斯得象矣,故变化之理须存乎辞。言,所以显变化也。《易》有圣人之道四焉③,而曰"以言者尚其辞",辞者,圣人之所重④。⑤

"拟之而后言,议之而后动",不越求是而已。此⑥皆著爻象之辞所以成变化之道,拟议以教之⑦也。⑧

是说,在理论尚未成为自己的德性时,说话难免有毛病,但是变化之理还是要用语言来表达。所以要"尚其辞","辞不可以不修"⑨。

① 张载:《张子语录·语录上》,《张载集》,第314页。
② "乎"原作"于",据《周易系辞精义》校改。
③ "四焉"原脱,据《周易系辞精义》增补。
④ "重"原为"以圣",依《周易系辞精义》删改。
⑤ 张载:《横渠易说·系辞上》,《张载集》,第198页。
⑥ 原在"此"字前有"自"字,在"此"字后有"以下"两字,均据《周易系辞精义》删。
⑦ "之"原作"人",据《周易系辞精义》校改。
⑧ 张载:《横渠易说·系辞上》,《张载集》,第193页。
⑨ 同上书,第198页。

张载以为，《易》关于爻象的判断，都是对变化之道的"拟议"，这些判断都不外乎是要"求是"，即要探求深入到实际的道理，以指导人的言行。怎样才能深入到"形而上"（无形）的领域呢？张载的回答是："形而上者，得辞斯得象。"这个"象"指"易象"，即关于形而上的易道的范畴。张载说："《系辞》所以论《易》之道，既知《易》之道，则《易》象在其中，故观《易》必由《系辞》。"①这里讲到了辞、象、道三者的关系。他以为，《易》的《系辞》是论述易道的，人们通过辞（判断）来把握易道，也就把握易象（范畴）了，因为道无非是象的联系。

张载说："象，谓一卦之质。"②"象"就是指每一卦的实质、原理。它不限于见闻所及，但依存于气化的过程。他说：

> 有变③则有象，如乾健坤顺，有此气则有此象可得而言；若无则直无而已，谓之何而可？是无可得名。故形而上者，得辞斯得象，但于不形中得以措辞者，已是得象可状也。……若以耳目所及求理，则安得尽！如言寂然湛然亦须有此象。有气方有象，虽未形，不害象在其中。④

就是说，《易》的卦象如乾、坤等，它们不是见闻所得的现象，也不是空无。若是空无所有，那就"无可得名"。但说"乾健"、"坤顺"、

---

① 此段话据中华书局校本，由佚文移入《易说·系辞上》。见张载：《横渠易说·系辞上》，《张载集》，第176页。
② 同上书，第180页。
③ "变"字原脱，据《周易系辞精义》补。
④ 张载：《横渠易说·系辞下》，《张载集》，第231页。

"寂然"、"湛然",这些措辞都是无形中"得象可状"。它们都是气之象,即物质运动的范畴。《正蒙·神化》有类似的一段话:"所谓气也者,非待其蒸郁凝聚,接于目而后知之;苟健、顺、动、止、浩然、湛然之得言,皆可名之象尔。然则象若非气,指何为象?时若非象,指何为时?"①也是说健、顺、动、止这些范畴都是象,都是依存于气(物质)的。《易》的每一卦代表一个"时",每一个"时"都是范畴。运用这些范畴以及对这些范畴所作的判断(辞),就可以拟议变化之道。

那么,用来拟议易道的最基本的范畴是什么?《易传》说:"一阴一阳之谓道。""参天两地而倚数,观变于阴阳而立卦。"对此,张载发挥说:

> 地所以两,分刚柔男女而效之,法也;天所以参,一太极两仪而象之,性也。一物两体者②,气也。一故神(自注:两在故不测),两故化(自注:推行于一)。此天之所以参也。两不立则一不可见,一不可见则两之用息。两体者,虚实也,动静也,聚散也,清浊也,其究一而已。③

最基本的范畴("象")是"一"("太极")和"两"("两仪"),统一的气两在于阴阳,叫做"神",阴阳两体推行于一,叫做"化",这是就天或气之本性来说的。"效法"(遵循)这对立统一的原理,具体的事

---

① 张载:《正蒙·神化篇第四》,《张载集》,第16页。
② "者"字原脱,据《周易系辞精义》补。
③ 张载:《横渠易说·说卦》,《张载集》,第233页。

物便有刚柔、男女、寒暑、鬼神等等的对立。而从气之本体与万物之间的关系来说，则虚实、动静、聚散、清浊也都是对立的统一。

上述关于对立统一思想的论断，确实都具有"兼体而无累"[①]的辩证性质。不过张载以为表达"神"、"化"的论断还有区别：

> 神为不测，故缓辞不足以尽神，化为难知，故急辞不足以体化。[②]

对此，王夫之的注释说："不测者，有其象，无其形，非可以比类广引而拟之。指其本体，曰诚，曰天，曰仁，一言而尽之矣。化无定体，万有不穷，难指其所在，故四时百物万事皆所必察，不可以要略言之，从容博引，乃可以体其功用之广。"[③]如说"阴阳不测之谓神"，"一阴一阳之谓道"，"一物而两体，其太极之谓欤"[④]等等，都在于用一言指明本体，这就是"急辞"。而在谈到"化"时，为要说明"推行有渐为化"[⑤]，便须"比类广引而拟之"[⑥]，这就要用"缓辞"。前面已讲了张载如何解释"化而裁之存乎变，推而行之存乎通"，那是就客观过程来说的。就主观思维而言，张载在解释"化而裁之谓之变，推而行之谓之通"二语时则说：

---

① 张载：《正蒙·乾称篇第十七》，《张载集》，第 65 页。
② 张载：《正蒙·神化篇第四》，《张载集》，第 16 页。
③ 王夫之：《张子正蒙注·神化篇》，《船山全书》编辑委员会编：《船山全书》第 12 册，岳麓书社 2011 年版，第 79 页。
④ 张载：《正蒙·大易篇第十四》，《张载集》，第 48 页。
⑤ 张载：《正蒙·神化篇第四》，《张载集》，第 16 页。
⑥ 王夫之：《张子正蒙注·神化篇》，《船山全书》第 12 册，第 79 页。

乾坤交通①，因约裁其化②而指③别之，则名体各殊④，故谓之变。推⑤行其变，尽利而不遗，可谓通矣。⑥

意思是说，统一的物质由于乾坤的矛盾运动而分化为阶段、过程，形成各式各样的物体，人们可以用不同的名称、概念加以指别，作出裁断，以显示变化之理。而一经把握变化之理，则在理论上"顺至理以推行，知无不合"⑦，在实践上"推行其变，尽利而不遗"，这就叫作"通"了。这里触及了"名"、"辞"、"推"三者的辩证关系问题，张载没有详细讨论，后来由王夫之作了许多发挥。

以上所说，基本上是《易传》的逻辑思想的进一步发展，是相当深刻的。不过张载也同《易传》一样，唯理论的倾向使他在方法论上陷入先验主义，这特别表现在他的推理学说上。他说：

今盈天地之间皆物也，如只据己之闻见，所接几何，安能尽天下之物？所以欲尽其心也。穷理则其间细微甚有分别，至如徧⑧乐，其始亦但知其大总，更去其间比较，方尽其细理。若便谓推类，以穷理为尽物，则是亦但据闻见上推类，却闻见安能尽物？今所言尽物，盖欲尽心耳。⑨

---

① "通"，原作"变"，依《周易系辞精义》改。
② "化"，原作"变"，依《周易系辞精义》改。
③ "指"，中华书局校本谓：《精义》亦脱，依下衍文补。
④ "则名体各殊"，中华书局校本谓：《精义》亦脱，依下衍文补。
⑤ "推"字下原有一"而"字，依《周易系辞精义》删。
⑥ 张载：《横渠易说·系辞上》，《张载集》，第206—207页。
⑦ 张载：《横渠易说·上经·乾》，《张载集》，第80页。
⑧ "徧"，中华书局校本谓：疑"礼"字之误。
⑨ 张载：《张子语录·语录下》，《张载集》，第333页。

张载以为，"穷理"有一个逐步扩充的过程，这是正确的。譬如礼乐，开始时只知个大体，经过比较分析，才知其细理，这是依据闻见进行推类。但他以为这还不能叫作"尽物"，真正要"尽物"，在于"尽心"；而他所谓的"尽心"，就是尽量扩展自己的"德性之知"，这种德性之知"不萌于见闻"。这样讲"推类"，便陷入先验论去了。《程氏遗书》卷十中有一段记载说：

> 二程解"穷理尽性以至于命"："只穷理便至于命。"子厚谓："亦是失于太快，此义尽有次序。须是穷理，便能尽得己之性，则推类又尽人之性；既尽得人之性，须是并万物之性一齐尽得，如此然后至于天道也。"①

虽然张载肯定物理是客观存在的，并认为"穷理"有个次序，因而和二程有区别；但他以为既"尽得己之性"（亦即"尽心"），那么就能通过推类以"尽人之性"、"尽物之性"以至达到"天道"，即获得关于绝对真理的认识。这是先验主义的思辨。

要防止和克服先验主义的错误，在逻辑上必须坚持荀子提出的"符验"。张载讲推类，未免忽视了这一要求。不过，张载批评了禅宗的"对法"，对逻辑思维能否把握宇宙发展法则的问题作了肯定的回答，以为运用对立统一的范畴（"象"）和论断（"辞"）足以拟议变化之道，无疑使得"言意（象道）"关系问题的讨论深入了一步。

---

① 程颢、程颐：《河南程氏遗书》卷十，《二程集》上册，第 115 页。

五、"知礼成性,变化气质"

张载说:

> 由太虚,有天之名;由气化,有道之名;合虚与气,有性之名;合性与知觉,有心之名。①

可以说,这四句话概括了张载的整个哲学体系。前两句讲的理与气、道与器的关系,是天道观问题;后两句讲的心与性,是关于伦理学和认识论问题。

在张载那里,伦理学和认识论是统一的。张载以为,由于气化,生成天地万物:"浮而上者阳之清,降而下者阴之浊"②;"游气纷扰,合而成质者,生人物之万殊"③。人是禀气之清者,物是禀气之浊者。人的气质往往各有所偏,有刚柔、缓急、才与不才的差别;但气"虚而神"的本性,却是人人生来都有的。所谓"合虚与气,有性之名",这里的"气"是指气禀、气质,"虚"是指气的本性,气的虚而神的本性在人的气禀之中就是人性。张载对"气质之性"与"天地之性"加以区别,说:

> 形而后有气质之性,善反之则天地之性存焉。④
> 天所性者通极于道,气之昏明不足以蔽之;天所命者通

---

① 张载:《正蒙·太和篇第一》,《张载集》,第 9 页。
② 同上书,第 8 页。
③ 同上书,第 9 页。
④ 张载:《正蒙·诚明篇第六》,《张载集》,第 23 页。

　　极于性，遇之吉凶不足以戕之；不免乎蔽之戕之者，未之
学也。①

在张载看来，每个人都有"天地之性"，天赋予人的性与天道相通，从这个角度讲，人性无有不善，德性是天赋的。但人为什么有恶呢？一是由于气质有所偏，即生理条件不同；二是由于遭遇不好，受习俗和环境的影响。他说："性犹有气之恶者为病，气又有习以害之，此所以要鞭辟②至于齐，强学以胜其气习。"③他以为，教育是万能的，如果一个人肯努力学习，就能战胜习俗的影响，变化气质，使天地之性明白起来。他说：

　　　　为学大益在自求变化气质。④

吕大临《横渠先生行状》也说：

　　　　学者有问，多告以知礼成性变化气质之道，学必如圣人而后已。⑤

张载区分了"天地之性"与"气质之性"，教人要善于"反之本"，这同二程讲"性即理"和"才禀于气"，教人要"复其性"，显然有相通

---

① 张载：《正蒙·诚明篇第六》，《张载集》，第21页。
② "辟"，南宋吴坚刻本为"后"，今据吕柟《张子抄释》校改。
③ 张载：《张子语录·语录下》，《张载集》，第329—330页。
④ 张载：《张子语录·语录中》，《张载集》，第321页。
⑤ 吕大临：《吕大临横渠先生行状》，载张载：《张载集》，第383页。

之处。不过张载经常讲"成性"，而不是像二程那样喜欢讲"复如旧"；他把学习看作是一个凭借"知"和"礼"来变化气质以成就德性的过程，这同二程讲"识得此理，以诚敬存之"，"涵养须用敬，进学则在致知"，是有明显区别的。

那么，张载所谓"知"是什么呢？张载说：

> 有无一，内外合（自注：庸圣同），此人心之所自来也。[①]

这话是对"合性与知觉，有心之名"的解释。"有无一"是指虚和气统一为性，"内外合"是指通过耳目心知把握事理，使主观与客观达到统一。但在心和物的关系问题上，张载的理论是存在着矛盾的。

一方面，他说：

> 感亦须待有物，有物则有感，无物则何所感！[②]
>
> 闻见不足以尽物，然又须要他。耳目不得则是木石，要他便合得内外之道，若不闻不见又何验？[③]

这里的"感"指感觉。以为感觉有待于外界对象（物），合内外之道首先要靠感觉经验。这是唯物论的反映论观点。他又认为耳目闻见之知是有局限的，光凭眼睛还不能把握太阳有多少万里高；

---

① 张载：《正蒙·乾称篇第十七》，《张载集》，第 63 页。
② 张载：《张子语录·语录上》，《张载集》，第 313 页。
③ 同上注。

光凭耳朵，还不能把握雷声有多少万里远。他要求不要"以耳目见闻累其心"①，障碍了对事物的认识。他说：

> 盈天地之间者，法象而已；文理之察，非离不相睹也。方其形也，有以知幽之因；方其不形也，有以知明之故。②

这里所谓"离"，即"明"，指气聚成形，人的眼睛就能看见。而形溃反原，气散入太虚，人的眼睛看不见，就称为"幽"。仰观俯察，获得关于天文地理的知识，都属于"明"的领域。既察文理，便要根据理来推知"幽之因"；而不见其形，便又要根据理来推知"明之故"。这样"显者则微之使求其原，幽者则阐之使见其用"③，就达到了"知微知彰"，也即微与显、体与用的统一的认识。这些都是唯物主义的见解。

但是另一方面，张载在认识论上又陷入了唯心主义。他不能正确认识感性和理性的关系，把"见闻之知"和"德性之知"割裂开来，说：

> 见闻之知，乃物交而知，非德性所知；德性所知，不萌于见闻。④

> 诚明所知乃天德良知，非闻见小知而已。⑤

---

① 张载：《正蒙·大心篇第七》，《张载集》，第 25 页。
② 张载：《正蒙·太和篇第一》，《张载集》，第 8 页。
③ 张载：《横渠易说·系辞下》，《张载集》，第 226 页。
④ 张载：《正蒙·大心篇第七》，《张载集》，第 24 页。
⑤ 张载：《正蒙·诚明篇第六》，《张载集》，第 20 页。

这是唯心论的先验论的说法,和二程完全一样。张载还认为,达到"德性之知",要经过"因明致诚,因诚致明"的过程。他说:"儒者则因明致诚,因诚致明,故天人合一,致学而可以成圣,得天而未始遗人。"①由"明"致"诚","明"是指"穷理",这样就可唤醒"诚"——"天地之性"本身具有的真理;而由"诚"到"明",是指用本心具有的真理来认识事物的道理。经过这样的反复过程,就能达到"天人合一"的境界,成为《西铭》所描写的天地的孝子贤孙,也就是成了圣人。

张载讲"以礼教人"。他所谓"礼"是广义的,说:

> 盖礼之原在心,礼者圣人之成法也。除了礼天下更无道矣。欲养民当自井田始,治民则教化刑罚俱不出于礼外。五常出于凡人之常情,五典人日日为,但不知耳。②

就是说,经济(井田制)、政治(治民之道)、道德(五常、五典)都包括在圣人的礼教之中。"礼",就是全部封建统治制度,也就是理学家要维护的事业。他说:"非知,德不崇;非礼,业不广。"③"知",就在于达到"德性之知";没有"知",便没有自觉的德性。"礼",就是圣人的成法;没有"礼",就没有举而措之天下之民的事业。张载说:"礼所以持性"④,观礼、习礼,也具有修养的意义。他说:

① 张载:《正蒙·乾称篇第十七》,《张载集》,第65页。
② 张载:《经学理窟·礼乐》,《张载集》,第264页。
③ 张载:《横渠易说·系辞上》,《张载集》,第191页。
④ 张载:《经学理窟·礼乐》,《张载集》,第264页。

> 盖礼者滋养人德性，又使人有常业，守得定，又可学便可
> 行，又可集得义。①

这样讲"滋养"（即涵养），不致像周敦颐、二程的"主静"、"用敬"说那样流于空疏。当然，他所谓"但拂去旧日所为，使动作皆中礼，则气质自然全好"②，无非是孔子的"克己复礼"的意思，在本质上也是保守的。

张载以为，"知"与"礼"结合，就能"成性"，即造就理想人格。他说：

> 夫《易》，圣人所以崇德广业，以知为德，以礼为业也。
> ……天地设位，故易行乎其中，知礼成性，则道义自此出也③，
> 道义之门，盖④由仁义行也。⑤
>
> 学不能自信而明者，患在不自⑥勉尔。当守道不回，如川
> 之流，源泉混混，不舍昼夜，无复回却，则自信⑦自明，自得之
> 也。《易》曰："继之者善也。"惟其⑧能相继而不已者，道之善
> 也；至于成性，则不勉而中，不思而得，从容中道矣。故⑨曰：

① 张载：《经学理窟·学大原上》，《张载集》，第279页。
② 张载：《经学理窟·气质》，《张载集》，第265页。
③ 此句原为"自此而出也"，依《周易系辞精义》删"而"字。
④ "盖"，原为"者"，依《周易系辞精义》校改。
⑤ 张载：《横渠易说·系辞上》，《张载集》，第191页。
⑥ "自"，依《周易系辞精义》增补。
⑦ "自信"，依《周易系辞精义》增补。
⑧ "其"，依《周易系辞精义》增补。
⑨ "故"字，原作"易"，依《周易系辞精义》校改。

　　"成性存存,道义之门。"①

这两段话都是解释《易传》的"成性存存,道义之门"的。张载以为,从天道来说,天地设位而易行乎其中;从人道来说,那便要以知为德、以礼为业,两者结合而成就人的德性,道义就由德性产生出来,这时人的行为都能自觉地"由仁义行"。同时,张载以为,人首先必须凭意志力"自勉",只有勉勉而不息、继继而不已地为善,盈科而进,不舍昼夜,才能达到"成之者性也"。一旦真正成性了,那就自信、自明,使道义出于自然而毫不勉强了。张载很强调意志的作用,说:

　　　　有志于学者,都更不论气之美恶,只看志如何。"匹夫不可夺志也",唯患学者不能坚勇。②
　　　　人若志趣不远,心不在焉,虽学无成。……须是自求,己能寻见义理,则自有旨趣,自得之则居之安矣。③

张载基本上恢复了先秦儒家关于理性和意志、自觉原则和自愿原则统一的思想。他以为,人能凭意志力,通过学习来提高认识,"自求变化气质",所以天生的气质并无决定意义,人能自主地选择"知礼成性"的道路,靠主观努力和师友的帮助来把自己培养成完美的人格。

---

① 张载:《横渠易说·系辞上》,《张载集》,第 192 页。
② 张载:《张子语录·语录中》,《张载集》,第 321 页。
③ 张载:《经学理窟·义理》,《张载集》,第 273 页。

　　当然，张载的理想人格也无非是"存，吾顺事，没，吾宁也"的顺从天命的人。"成性"也就是与"天命"为一。所以他也有宿命论倾向。不过，张载讲"命"，和二程也有差别。张载说：

　　　　性通极于无，气其一物尔；命禀同于性，遇乃适然焉。人一己百，人十己千，然有不至，犹难语性，可以言气；行同报异，犹难语命，可以言遇。①

这里的"气"指人的气质，"无"指太虚无形。张载以为，天命为性，人们经过千百倍的努力而不能"至命"，乃是气质尚未变化之故；至于具有同样德行的人遭遇不同，或富贵，或贫贱，那只能归之于偶然。可见，他同荀子、王充一样，区别了命与遇、必然与偶然。程颐反对作这样的区别。

　　　　问："命与遇何异？"先生曰："人遇不遇，即是命也。"曰："长平之战，四十万人死，岂命一乎？"曰："是亦命也。只遇着白起，便是命当如此。又况赵卒皆一国之人。使是五湖四海之人，同时而死，亦是常事。"又问："或当刑而王，或为相而饿死，或先贵后贱，或先贱后贵，此之类皆命乎？"曰："莫非命也。既曰命，便有此不同，不足怪也。"②

程颐把理性归之于天命，把遇不遇、贵贱贫富也都归之命当如此。

----

① 张载：《正蒙·乾称篇第十七》，《张载集》，第64页。
② 程颐：《河南程氏遗书》卷十八，《二程集》上册，第203页。

这样,他的理论就成了极端的宿命论。相比之下,张载的宿命论观念要淡薄得多。

张载"知礼成性"的学说,在认识论上有唯物主义因素,在伦理学上,主张德性的培养要靠理智与意志、自觉原则与自愿原则的统一,这也是合理的见解。他的"为学大益在自求变化气质"的命题,在教育上是有积极意义的。不过,从总体上看,这毕竟是一种唯心主义理论。这里有理论思维的教训:首先,古代的唯物主义往往用气禀来解释知识、才能和德性的起源,就不可避免地陷入唯心论的先验论。张载说"合虚与气,有性之名",也是如此。其次,张载是个唯理论者,他轻视见闻之知,看不到理性知识(他所谓德性之知)对感性经验的依赖关系,因此导致唯心论。第三,最根本的问题在于他要培养的理想人格是封建地主阶级的"圣贤",这种立场使他不自觉地把封建礼教形而上学化为天命和天地之性,又强调通过学习礼教和提高认识能回复天地之性。这种先验论的构造理论体系的方法,使他陷入了宿命论。

第四节　王安石"荆公新学"与理学的对立

王安石不仅是北宋时期著名的政治改革家,而且也是一位唯物主义的哲学家。他为了替变法革新提供理论根据而编写《三经新义》等书,形成了所谓"荆公新学",与理学相对抗。

王安石(公元 1021 年—1086 年),字介甫,号半山,江西临川人。庆历进士。仁宗嘉祐三年(1058 年)上万言书,主张改革政治。神宗熙宁二年,被任为参知政事,次年拜相,积极推行青苗、均输、市易、免役、农田水利等新法，后遭阻碍辞职。封荆国公。赐谥文。其诗文颇能揭露时弊，体现了政治主张和抱负。散文也颇雄健，为唐宋八大家之一。现存著作主要有《临川先生文集》①或《王文公文集》②、《临川集拾遗》、《三经新义》中的《周官新义》残卷③及《道德经注》辑本④。

一、反对复古主义和天人感应论

同当时的政治斗争相联系，"新学"对理学唯心主义的斗争首先表现在反对复古思想和天人感应论上。"天变不足畏，祖宗不足法，人言不足恤"⑤，这三句话，不管其来历如何，确实显示了王安石战斗的唯物主义精神。这实际上是"古今"之争、"天人"之辩的继续。自董仲舒讲"奉天而法古"以来，用天命和祖先的名义维护统治秩序，反对变革，是儒家正统派的一贯主张。司马光等人也是如此，他们说"祖宗之法，不可变也"，指责王安石变更祖宗旧法是罪恶。王安石针锋相对地说："祖宗之法未必尽善，可革则革。"⑥他写了一篇短文《太古》，痛斥复古主义者是"归之太古，非

---

① 《临川先生文集》：有《四部丛刊》影明本，中华书局排印本。
② 《王文公文集》：有影宋刊本、上海人民出版社 1974 年《王文公文集》排印本。
③ 《三经新义》中的《周礼新义》为王安石作，已佚。清修《四库全书》时从《永乐大典》中辑出，分 16 卷，称《周官新义》，有清刻本。他指导儿子王雱作的《诗经新义》和《书经新义》已佚。
④ 《道德经注》早已散佚。仅散见于李霖的《道德真经取善集》、彭耜的《道德真经集注》和刘惟永的《道德真经集义》等书中。中华书局 1979 年出版容肇祖的《王安石老子注辑本》，即据上述几种编辑而成。
⑤ 脱脱等：《宋史》卷三百二十七，第 30 册，中华书局 1977 年版，第 10550 页。
⑥ 司马光：《议辨策问·学士院试李清臣等策目》，李文泽等校点：《司马光集》卷七二，第 3 册，四川大学出版社 2010 年版，第 1472 页。

愚则诬"①。认为,如果以为"太古之道"可以行之万世,那么后人就用不着发明创造,而应返回到远古时代去过"与禽兽朋"②的生活。这岂非愚蠢可笑?

同时,守旧派还借口"天变"攻击新法。程颢在《再上疏》中说:"天时未顺,地震连年,四方人心日益摇动",希望皇帝"仰测天意,俯察人事"。③ 他用天人感应论来反对王安石。旧党造了很多谣言,说"天雨土,地生毛,天鸣,地震",这些"天地之变"都应归罪于王安石的变法。还说:"旱由安石所致,去安石,天必雨。"④

王安石坚决予以驳斥,说:

> 水旱常数,尧、汤所不免。……但当益修人事以应天灾。⑤

> 天文之变无穷,人事之变无已,上下傅会,或远或近,岂无偶合? 此其所以不足信也。⑥

所有这些复古主义和天人感应论的谰言,有什么值得"恤"的呢? 所以他说:"当于义理,何恤乎人言!"⑦认为对反对变法的流言蜚语应理所当然地加以蔑视。

---

① 王安石:《太古》,《王安石全集》,第248页。
② 同上注。
③ 程颢、程颐:《再上疏》,《河南程氏文集》卷一,《二程集》上册,第458页。
④ 脱脱等撰:《宋史》卷三百二十七,第30册,第10548页。
⑤ 李焘:《神宗·熙宁七年》,《续资治通鉴长编》卷二百五十二,第10册,第6147—6148页。
⑥ 李焘:《神宗·熙宁八年》,《续资治通鉴长编》卷二百六十九,第11册,第6597页。
⑦ 毕沅编著:《神宗·熙宁二年己酉七月至三年庚戌六月》,《续资治通鉴》卷六十七,第四册,中华书局2006年版,第1673页。

王安石不恤守旧派的"流俗"之言，但他决不是一个违众自用、固执偏见的人。同理学唯心主义者相比，他的眼界要宽阔得多。他在《答曾子固书》中说：

> 然世之不见全经久矣，读经而已，则不足以知经。故某自百家诸子之书，至于《难经》、《素问》、《本草》、诸小说，无所不读，农夫女工，无所不问，然后于经为能知其大体而无疑。①

他以为，要完整地把握儒家经典和圣人之道，就必须了解诸子百家（包括佛、道），具备广博的科学知识，所以他"无所不读"，还向农夫女工请教。正因为这样，他就有可能接触社会现实，受到当时生产和科学技术上的成就的影响，从中吸取符合客观实际的思想，从而成为杰出的政治改革家和唯物主义哲学家。

二、"耦中有耦"——运动变化的源泉

在"理气"之辩上，与二程的理一元论相对立，王安石同张载一样，主张气一元论。他以为道就是气。他说：

> 道有体有用。体者，元气之不动。用者，冲气运行于天地之间。②

---

① 王安石：《答曾子固书》，魏晓红解评：《王安石集》，山西古籍出版社 2004 年版，第 166 页。本文在《王安石全集》中未见收录。

② 王安石：《老子注·道冲章第四》，容肇祖辑：《王安石老子注辑本》，中华书局 1979 年版，第 8 页。

以为道的本体是物质性的元气,元气分阴阳,"阴阳之中有冲气"①,"阴"、"阳"、"冲"三气具体化为五行,形成万物。他又说:

> 五行,天所以命万物者也。
>
> 五行也者,成变化而行鬼神,往来乎天地之间而不穷者也。②

就是说,万物是由金、木、水、火、土五种物质元素构成的。五行运行不息,神妙莫测,万物是由于五行在天地间的变化而产生的。这是传统的朴素唯物主义的宇宙论。不过,王安石把本体说成是不动的,而且说"静为动之主"③,实际上把体用割裂开来了,没有正确地解决动静关系问题。

尽管如此,王安石关于自然界运动变化的动力问题的论述却具有辩证法思想。他在《洪范传》中讲万物变化的原因时说:

> 盖五行之为物,其时、其位、其材、其气、其性、其形、其事、其情、其色、其声、其臭、其味,皆各有耦,推而散之,无所不通。一柔一刚,一晦一明,故有正有邪,有美有恶,有丑有好,有凶有吉,性命之理、道德之意皆在是矣。耦之中又有耦焉,而万物之变遂至于无穷。④

---

① 王安石:《天下有始章第五十二》,《王安石老子注辑本》,第45页。
② 王安石:《洪范传》,《王安石全集》第207页。
③ 王安石:《重为轻根章第二十六》,《王安石老子注辑本》,第30页。
④ 王安石:《洪范传》,《王安石全集》,第208页。

这是说，事物运动变化的原因是有"对"有"耦"。如性有柔刚，形有晦明，事有吉凶，情有美恶等等，都是对耦的、矛盾的、而"耦之中又有耦"，这就是万物变化的源泉，所以说"性命之理，道德之意，皆在是矣"。

王安石还认为"时"、"位"、"材"、"气"、"性"、"形"等许多范畴，都是五行和万物的存在形式，从《洪范》说的"水曰润下，火曰炎上，木曰曲直，金曰从革，土爰稼穑"，就可以把许多范畴概括出来，而用以概括的方法是："推类而反之"。他说：

> 润者，性也。炎者，气也。上下者，位也。曲直者，形也。从革者，材也。稼穑者，人事也。……水言润，则火熯，土溽，木敷，金敛，皆可知也。火言炎，则水冽，土烝，木温，金清，皆可知也。水言下，火言上，则木左，金右，土中央，皆可知也。推类而反之，则曰后，曰前，曰西，曰东，曰北，曰南，皆可知也。木言曲直，则土圜，金方，火锐，水平，皆可知也。金言从革，则木变，土化，水因，火革，皆可知也。土言稼穑，则水之井洫，火之爨冶，木、金之械器，皆可知也。[1]

例如，"水曰润下"是说润是水的属性，进行类推，则火有熯（燥）的属性，土有溽（温）的属性，木可以扩展，金可以收敛，由此可知事物的属性有熯与溽、敷与敛的对立。又如，"水曰润下，火曰炎上"，是说二者有空间位置的不同，举一反三，则有左、右、前、后、

四方和中央等，由此可知事物的位置也包含有种种的对立。同样，事物的"气"（气质）、"材"（性能）、"形"（形体）以及人事，用"推类而反之"的方法，都可知"各有其耦"。而且"耦之中又有耦"，如"木言曲直"，是木之"形"有耦；而"寒之气坚，故其味可用以耎；热之气耎，故其味可用以坚。风之气散，故其味可用以收；燥之气收，故其味可用以散"①等等，则是说水（寒）、火（热）、木（风）、金（燥）各自包含有"气"和"味"的矛盾。正是由于"耦中有耦"，所以"万物之变遂至于无穷"。

王安石以为万物的变化可区分为"变"（如木燃烧成火，腐烂成土）、"化"（如土能成为干燥的或湿润的）、"因"（如水和味而随之或甜或苦）、"革"（如火能使柔变为刚，或使刚变为柔）、"从革"（如金不能自化，要靠火的外力来变革它）等运动形式。而总起来看，由矛盾引起的变化是新事物不断代替旧事物的过程。他说：

> 有阴有阳，新故相除者，天也；有处有辨，新故相除者，人也。②

王安石以为"新故相除"是自然界和人类社会的一般发展规律，这就为变法提供了理论根据。当然，其辩证法是不彻底的，他虽然肯定"有耦"、"有对"是普遍的存在，是变化的原因，但又说"惟圣人乃无对于万物"，"入神则无对于天地之间矣"③。把"无对"看作

---

①　王安石：《洪范传》，《王安石全集》，第 209 页。
②　王安石著，张宗祥辑录，曹锦炎点校：《王安石〈字说〉辑》，福建人民出版社 2005 年版，第 27 页。
③　王安石：《天下皆知章第二》，《王安石老子注辑本》，第 4 页。

是最高的境界，便陷入了形而上学。

三、在"心物（知行）"、"天人（性习）"之辩上反对先验论

到宋代，心物关系问题和知行关系问题密切结合，成为认识论领域的论争中心。"荆公新学"与理学在哲学上的对立，特别表现在"心物（知行）"之辩和"天人（性习）"之辩上。

二程说："只心便是天，尽之便知性，知性便知天，当处便认取，更不可外求。"①以为人心莫不有良知良能，惟蔽于人欲，才失去了"天德"；所以只要"用敬"、"致知"，"灭人欲"去唤醒先天具有的天理，就能"知性"、"知天"，达到"浑然与物同体"的神秘境界。因此，在知行关系问题上，他们主张知先于行，"人力行，先须要知"②。

同这种唯心主义的先验论相反，王安石肯定物质是第一性的，精神是第二性的。他说：

> 心生于气，气生于形。形者，有生之本。③
>
> 是故天至高也，日月星辰阴阳之气可端策而数也；地至大也，山川丘陵万物之形、人之常产可指籍而定也。④

一方面，形是"本"，精神依存于人的形体；另一方面，天地万物是

---

① 程颢、程颐：《河南程氏遗书》卷二上，《二程集》上册，第 15 页。
② 程颐：《河南程氏遗书》卷十八，《二程集》上册，第 187 页。
③ 王安石：《礼乐论》，《王安石全集》，第 249 页。
④ 王安石：《礼乐论》，《王安石全集》，第 252 页。

客观存在的,而人可以认识它们。王安石以为人天生就具有感觉和思维的能力,但是他更强调后天的锻炼。

> 夫人莫不有视、听、思。目之能视,耳之能听,心之能思,皆天也。然视而使之明,听而使之聪,思而使之正,皆人也。[①]

虽然王安石并不懂得意识是社会实践的产物,但他把人的聪明才智归结于后天的学习、锻炼,主张借人力来发展人的天赋的本能,这就用朴素唯物主义反对了先验论。

王安石继承和发挥了荀子"明于天人之分"的思想。他认为道有本有末,说:

> 本者,出之自然,故不假乎人之力而万物以生也;末者,涉乎形器,故待人力而后万物以成也。[②]

这里的"本"是指自然,"末"是指人力的制作和创造。在他看来,天道自然,是无为、无言的;而人类所需的各种器物以及礼、乐、刑、政等,则"必待于人之言也、人之为也"[③]。王安石虽深受老子的影响,但他批判了老子的"以无为用"的主张,认为"无"的作用产生于"有",只讲"无",就什么也不存在,哪里还有什么"无"的作用呢? 王安石指出,只有经过人工的琢削,制成车辐和毂,才可以

---

① 王安石:《治人事天章第五十九》,《王安石老子注辑本》,第51页。
② 王安石:《老子》,《王安石全集》,第231页。
③ 王安石:《老子》,《王安石全集》,第231页。

说："三十辐共一毂，当其无，有车之用。""如其废毂辐于车，废礼乐刑政于天下，不坐求其无之为用也则亦近于愚矣。"①王安石强调社会进步要依靠人力、人为，也就是强调"行"。

王安石还把"性"和"习"的关系问题突出地提了出来，这是同"天人"之辩密切联系着的。

他从强调"习"、人为的观点来讲"成性"，说：

> 五事，人所以继天道而成性者也。②

"五事"，即"貌、言、视、听、思"五个方面的人事："貌曰恭，言曰从，视曰明，听曰聪，思曰睿。"依靠后天的学习、锻炼来发展人的聪明智慧，达到了"明作哲，聪作谋"，以至"睿作圣"，那便是培养成圣人的德性了。这是"习以成性"的观点，同先验论的"复性"说相对立。"成性"是指后天成就的德性。至于天性，王安石说：

> 五常不可以谓之性。③
>
> 有情然后善恶形焉，而性不可以善恶言也。④

他认为，天性不具有"五常"（仁义礼智信），不能以善恶言，这就反对了二程的"性即理"和"气质之性有善恶"的说法。

---

① 王安石：《老子》，《王安石全集》，第 231 页。
② 王安石：《洪范传》，《王安石全集》，第 207 页。
③ 王安石：《原性》，《王安石全集》，第 235 页。
④ 同上注。

　　王安石以为，虽然情自性生，但喜、怒、爱、恶、欲有善有不善，那是后天的"习"养成的。他在《原性》中批评了孟、荀、杨、韩，说："诸子之所言，皆吾所谓情也、习也，非性也。"①还对孔子说的"惟上智与下愚不移"作了新的解释：

　　　　曰：习于善而已矣，所谓上智者；习于恶而已矣，所谓下愚者；一习于善，一习于恶，所谓中人者。上智也、下愚也、中人也，其卒也命之而已矣。有人于此，未始为不善也，谓之上智可也；其卒也去而为不善，然后谓之中人可也。有人于此，未始为善也，谓之下愚可也；其卒也去而为善，然后谓之中人可也。惟其不移，然后谓之上智；惟其不移，然后谓之下愚。皆于其卒也命之，夫非生而不可移也。②

就是说，上智、下愚并非天生不可改变的，而是后天的"习"即学习、锻炼的结果。一贯地习于善，最后就成为上智；一贯地习于恶，最后就成为下愚；上智、下愚与中人都可以通过学习、锻炼而互相转化。这是发展了荀子的积善成德说，而摈弃了他的性恶说，代之以告子的性无善无恶说。

　　不过，王安石以为，虽然性无善恶，但仁义礼乐也要顺人之性。他批评荀子讲"化性起伪"是过分强调了外力的强制作用。他也举"斫木而为之器"作比喻，器并非树木天生而成的，所以必

---

① 王安石：《原性》，《王安石全集》，第 236 页。
② 王安石：《性说》，《王安石集》，第 284—285 页。此段中"然后谓之上智；惟其不移"，在《王安石全集》中未见收录。

须"削之以斧斤，直之以绳墨"，用人工来改变它。这诚然是"劫之于外而服之以力"；但是，他说：

> 然圣人舍木而不为器，舍马而不为驾者，固亦因其天资之材也。今人生而有严父爱母之心，圣人因其性之欲而为之制焉，故其制虽有以强人，而乃以顺其性之欲也。[①]

这和孟子"顺杞柳之性而为桮棬"的观点相同。王安石还举猿猴为例：猿猴的形状和人相似，但若要用人类的"礼"去约束它们，它们便逃到深山大麓中去了。可见如果天性中没有一点根据，单凭人力是不能"化性起伪"的。他说："礼始于天而成于人。天而无是，则人欲为之者，举天下之物，吾盖未之见也。"[②]

　　在王安石看来，不只是"礼始于天而成于人"，而且人类的全部文化，人的知识、才能、德性都是在自然上面加上人工的结果。因此，关于人的培养教育，即"成性"或"成长"的途径，一方面要注意"顺人之性"，另一方面要强调"习行"。他说：

> 善教者浃于民心，而耳目无闻焉，以道扰民者也。不善教者施于民之耳目，而求浃于心，以道强民者也。扰之为言，犹山薮之扰毛羽，川泽之扰鳞介也，岂有制哉？自然然耳。强之为言，其犹圂毛羽、沼鳞介乎，一失其制，脱然

---

① 王安石：《礼论》，《王安石全集》，第 253 页。
② 同上注。

逝矣。①

王安石主张"以道扰民"，反对"以道强民"。"扰"，安也；"以道扰民"，就是要循循善诱，使人完全自愿地接受教育，感到毫不勉强，就像禽兽安于山野，鱼鳖安于水泽，完全是出于自然。"以道强民"，则是用强制办法施于人之耳目，使人感到受教育是受束缚，就像关在动物园中的鸟兽和养在池塘中的鱼鳖一样，一失控制，便逃走了。自然原则是道家的思想，但道家用它来反对教育。王安石这里讲"善教者浃于民心"，实际上是认为，在教育上要重视自愿原则。

王安石更为强调的是要在人为、习练中来培养人。他在著名的《上皇帝万言书》中认为，变法的关键在于人才，而人才则须"陶冶而成之"②。因而他详细地阐述了"教之、养之、取之、任之"③之道。王安石要培养的是勇于改革、敢于担当天下国家之事的人才，而不是那种"从事于无补之学"④的俗儒。他强调人才决不是靠讲说章句、静坐修养所能培养成的，而要在实际工作中培养和选拔。他说：

> 且人之有材能者，其形何以异于人哉？惟其遇事而事治，画策而利害得，治国而国安利，此其所以异于人者也。⑤

---

① 王安石：《原教》，《王安石全集》，第 277 页。
② 王安石：《上皇帝万言书》，《王安石全集》，第 2 页。
③ 同上书，第 3 页。
④ 同上书，第 5 页。
⑤ 王安石：《材论》，《王安石全集》，第 280 页。

这样的才能，当然只有在治事、画策、治国的活动中才能发挥出来。所以王安石认为，要考察一个人，不能只凭耳闻目见，不能专听私人意见，而必须调查他的言和行。"得其言行，则试之以事。所谓察之者，试之以事是也。"①就是说，只有在工作中进行考察，才能判定是否真有才能和德行，是否名副其实。他还拿马作比喻，说：

> 驽骥杂处，其所以饮水食刍，嘶鸣蹄啮，求其所以异者盖寡。及其引重车，取夷路，不屡策，不烦御，一顿其辔而千里已至矣。当是之时，使驽马并驱方驾，则虽倾轮绝勒，败筋伤骨，不舍昼夜而追之，辽乎其不可以及也，夫然后骐骥騕褭与驽骀别矣。古之人君，知其如此，故不以为天下无材，尽其道以求而试之耳。试之之道，在当其所能而已。②

就是说，如果把劣马和骏马混在一起，饮水吃草，嘶叫踢咬，分辨不出二者有多少差别；但如果让它们拉重车，取平坦大道，那么骏马用不着多鞭策，一拉缰绳，上千里路便赶到了；而劣马却弄得败筋伤骨，远远地落在后面。同样道理，人的才智的贤愚、品德的优劣，也只有在实际工作和行动中才能鉴别。所以贤明的人君决不会说"天下无材"，而是千方百计地"求而试之"，让各种人才在实际工作中受到考察，并尽可能使他们各"当其所能"，使他们的才能充分发挥出来。这就是发现人才、造就人才的正确

---

① 王安石：《上皇帝万言书》，《王安石全集》，第4页。
② 王安石：《材论》，《王安石全集》，第280页。

途径。

王安石在《本朝百年无事札子》中对宋朝百多年来的积弊作了哲学的概括："一切因任自然之理势，而精神之运，有所不加；名实之间，有所不察。"①就是说，主要弊端在于两条：一是一切因循自然，没有发挥人的主观能动性；二是在位者往往名不副实。所以王安石强调人为、行动，因为主观能动性的发挥就表现在行动上，而是否名实相副也只有靠行动来检验。在他看来，理学唯心主义就是叫人因循守旧的理论，所以必须予以驳斥。

王安石在"心物（知行）"之辩和"天人（性习）"之辩上，用朴素唯物主义反对先验论，提出了很好的见解。当然，也有一些唯心主义的杂质，如说："精其理之道，在乎致其一而已。致其一，则天下之物可以不思而得也。"②"去情却欲而神明生矣，修神致明而物自成矣。"③这样讲"神明"、"圣智"，就同先验论划不清界限了。但这些在王安石的哲学思想中毕竟是属于次要的东西。

第五节　沈括《梦溪笔谈》中的科学方法

北宋时期的沈括是中国古代杰出的科学家。他的《梦溪笔谈》④（以下简称《笔谈》）在数学、天文、地学、物理、化学、生物学、

---

① 王安石：《本朝百年无事札子》，《王安石集》，第 228 页。《王安石全集》中未见收录。
② 王安石：《致一论》，《王安石全集》，第 254 页。
③ 王安石：《礼乐论》，《王安石全集》，第 250 页。
④ 《梦溪笔谈》：26 卷，又《补笔谈》3 卷、《续笔谈》1 卷，合共 30 卷。现存主要的有 1902 年安徽贵池刘世珩及 1934 年商务印书馆（涵芬楼）影印宋写本、《四部丛刊》本、1975 年文物出版社影印元刊本。近人胡道静的《梦溪笔谈校正》，收集了许多校勘和注释资料，可供参考。

医药学、工程技术等许多领域，都作出了创造性的贡献，是一部百科全书式的著作。

从哲学上说，沈括也是王安石"新学"的积极支持者。《笔谈》显示了鲜明的唯物主义观点，而这种观点也贯穿于他的科学研究的方法之中。科学方法是哲学和科学的交接点或纽结，沈括的科学方法在中国哲学史上也占有一定的地位。

沈括（公元 1031 年—1095 年），字存中，杭州钱塘（今浙江杭州）人。出身于小官吏家庭，仁宗嘉祐进士。神宗时积极参加王安石变法。历任司天监、翰林学士、权三司使等，后因西北战略要地永乐城失守而连累坐贬，晚年迁居润州（今江苏镇江），筑梦溪园。一生著作很多，惜大部散失，较完整保存下来的除《梦溪笔谈》以外，主要还有《长兴集》①和《苏沈良方》②。

关于"理气"之辩，沈括也主张气一元论。他用气的运动来解释一年四季的阴阳消长、万物生杀变化，以为种种实物都是气凝成的"质"。他说：

> 天地之气，贯穿金石土木，曾无留碍。③

是说，气凝成金石土木等形体，而弥漫于天地间的气又可以贯穿

---

① 《长兴集》：一部综合性的文集，主要是诗文和理论方面的论作。原有 41 卷，已残缺不全，今本存 19 卷，收在《四部丛刊》三编《沈氏三先生文集》中。
② 《良方》：一部珍贵的医药学著作，传本附入苏轼所作医药杂说，故名《苏沈良方》。今本作 10 卷，收在商务印书馆 1933 年出版的《丛书集成》初编中。
③ 沈括：《梦溪笔谈二六·药议》，杨渭生编：《沈括全集》中编，浙江大学出版社 2011 年版，第 537 页。

这些形体而无留碍。这样讲"气",确已颇近似现代科学中"场"的范畴。

沈括以为,气的运动是有规律的,是人们可以认识的。他说:

> 医家有五运、六气之术。大则候天地之变,寒暑、风雨、水旱、暝蝗,率皆有法,小则人之众疾,亦随气运盛衰。今人不知所用,而胶于定法,故其术皆不验。……大凡物理有常,有变。运气所主者,常也,异夫所主者,皆变也。常则如本气,变则无所不至,而各有所占。[1]

"五运"指五行的运行,"六气"指风、热、湿、火、燥、寒六种气候。《内经》已经提出"五运"、"六气"的理论。沈括以为,根据这种理论,从自然界的气候变化、水旱灾害,到人的各种疾病如何随气运盛衰而变化等,都有方法可以进行推断。他以为,"理"就是客观事物的规律,是"常"和"变"的统一,既要看到在一定阶段内为"本气"所决定的"常",也要看到在此阶段内尚有受其他各种因素影响而产生的"变"。但不论"常"还是"变",都是可以进行推测的。沈括在这里讲了方法论的唯物主义前提,明确地肯定理是依存于物或气的,物理作为科学研究的对象,"有常有变",所以不能"胶于定法",而必须灵活运用"法"或"术"。

中国古代的方法论,离不开运用"象"和"数"。邵雍虚构了一个所谓"先天学"的象数体系。对于这类自称能"洞吉凶之变"的

---

[1] 沈括:《梦溪笔谈七·象数一》,《沈括全集》中编,第 329 页。

"荒唐之论"，沈括说："余闻其言怪，兼复甚秘，不欲深诘之。"①虽不深诘，但他还是写了一则故事来讽刺《汉书》言数。他说，曾经有人在土中挖到了一根腐朽的捣衣棒，拿回给乡邻们看，大家都不知何物，感到很惊奇。有个书行经过，说："此灵物也。吾闻防风氏身长三丈，骨节专车。此防风氏胫骨也。"于是乡人信以为真，筑了个"胫庙"来供奉它。古人讲律吕，以十七万七千一百四十七为黄钟之数。《汉书·律历志》以为"此阴阳合德，气钟于子，化生万物者也"。沈括说："殊不知此乃求律吕长短体算立成法耳，别有何义？"班固但见此数浩博，于是便把它神化了，"亦近乎'胫庙'也"②。

沈括从唯物主义观点出发来谈《易》的象数，他说：

> 九七八六之数，阳顺、阴逆之理，皆有所从来，得之自然，非意之所配也。③

就是说，《易》以九为"老阳"、七为"少阳"、八为"少阴"、六为"老阴"，这些数和象以及"阳顺、阴逆"之理，都是从自然过程中概括出来的，并非由人主观随意配合成的。他还说：

> 大凡物有定形，形有真数。方圆端斜，定形也，乘除相

---

① 沈括：《梦溪笔谈七·象数一》，《沈括全集》中编，第 332 页。
② 沈括：《梦溪笔谈五·乐律一》，《沈括全集》中编，第 298 页。
③ 沈括：《梦溪笔谈七·象数一》，《沈括全集》中编，第 331 页。

荡,无所附益,泯然冥会者,真数也。①

同邵雍所说的"神则数,数则象,象则器"相反,沈括说物有其确定的形象(这里主要指空间形式),形象之间有真实的数量关系,这种数量关系可以通过乘除等运算来把握,但运算时不能附益主观成分,而应力求达到思维与实在的一致("冥会")。

沈括在肯定理依存于气、象数得之自然的唯物主义前提下,根据前人的经验和自己的亲身实践,形成了一套行之有效的科学研究方法。在这以前,科学家们有的强调从数量关系来说明世界,如在历法、乐律等领域;有的则侧重对现象进行分类,以把握事物的自然性能,如在农学、医学等领域。南北朝时的祖冲之和贾思勰,在方法论上各有所侧重。沈括在科学上是个多面手,他的方法也比较全面,其主要之点如下:

首先,要进行实际观察和实验,获得第一手资料和数据。从实际出发,详细地占有事实材料,这是唯物主义者的共同的基本态度。沈括的方法论的特色在于:不但处处重视实际情况的调查,而且很重视实验手段,力求在由人控制的条件下来获得确凿的事实和数据。例如,他为了观察声的共振,设计了一个实验:先把琴瑟的弦都调好,使声音和谐,然后剪小纸人放在一根弦上,敲打这根弦的"应弦",纸人就跳动,敲打其他弦时纸人则不动。② 这一简单的实验提供了确凿的事实,验证了"同声相应"的"常理"。③

---

① 沈括:《梦溪笔谈七·象数一》,《沈括全集》中编,第 325 页。
② 沈括:《补笔谈一·乐律》,《沈括全集》中编,第 564 页。
③ 沈括:《梦溪笔谈六·乐律二》,《沈括全集》中编,第 315 页。

沈括在谈到用浑仪测量天体位置时指出：

> 度在天者也，为之玑衡，则度在器。度在器，则日月五星可转乎器中，而天无所豫也。天无所豫，则在天者不为难知也。自汉以前，为历者必有玑衡以自验迹。[①]

天文学家为了观测天体位置，把天球划分为"赤道之度"和"黄道之度"，这些度数本来"在天"，而用浑仪（"玑衡"）进行观测，就成为"在器"了。人们用仪器来观测日月五星及其他天体，把观测所得描绘成图，进行比较分析，这就是在人所控制（"天无所豫"）的条件下来"验"天体运动之"迹"，"在天"的"必当之数"就不难掌握了。沈括自己用浑仪考察"天极不动处"，连续三个月，每夜观测三次，画了二百余张图，就是用的这种方法。他还说：

> 余占天候景，以至验于仪象，考数下漏，几十余年，方粗见真数。[②]

说明他在运用仪器进行观测以把握真实数据方面，是花了多么辛勤的劳动！此外，他还发明了用"分层筑堰"的方法进行地势测量：为了治理汴渠，需要测量汴京（开封）与泗州（汴渠入淮处）之间的地势高低差距。他叫人把汴渠堤外的水沟挖开，使它们互相连接、沟通，再把水沟分成若干段，分层筑堰拦水，

---

① 脱脱等：《宋史》卷四十八，第 4 册，第 955 页。
② 沈括：《梦溪笔谈七·象数一》，《沈括全集》中编，第 325 页。

排列成像台阶一样,然后依次测量得各堰上下水面的高差,把所有高差加起来,就得到了汴渠上下游地势高低的实际数据。^① 这也是一种在由人控制的条件下来测定客观事物间的数量关系的方法。

其次,在掌握了丰富的资料和数据的基础上,进行比类、求故,概括出一般原理。沈括也强调要以事物的本质特征作为分类的根据,例如他在比较几种盐类晶体时,从晶体的形状、色泽、解理、潮解等性能来鉴别太阴玄精(即石膏晶体)的真伪,这是至今仍普遍采用的方法。但沈括运用"类"范畴,尤其注意从个别上升到一般原理。例如,他在太行山看到螺蚌壳的化石和鸟卵形的砾石,断定那里从前曾是海滨。他观察到黄河、漳水、滹沱河、涿水、桑乾河等都是含有大量泥沙的浊流,再参考古书上关于海陆变迁的一些记载,经过比较分析,概括出一般原理:"所谓大陆者(指华北平原),皆浊泥所湮耳。"黄河等浊流"其泥岁东流,皆为大陆之土,此理必然"^②。这样,他便对冲积平原的成因(故)作出了科学的解释。

在这样进行比类、求故,概括出一般原理时,沈括经常运用归纳和演绎相结合,一般与个别相结合的方法。他在详细考察了雁荡诸峰的地貌之后,提出了流水的侵蚀作用是形成雁荡诸峰的原因,说:

　　　原其理,当是为谷中大水冲激,沙土尽去,唯巨石岿然挺

---

① 沈括:《梦溪笔谈二五·杂志二》,《沈括全集》中编,第525页。
② 沈括:《梦溪笔谈二四·杂志一》,《沈括全集》中编,第510页。

立耳。如大小龙湫、水帘、初月谷之类，皆是水凿之穴。……世间沟壑中水凿之处，皆有植土龛岩，亦此类耳。今成皋、陕西大涧中，立土动及百尺，迥然耸立，亦雁荡具体而微者，但此土彼石耳。①

从逻辑说，这里有着从个别到一般又从一般到个别的两个反复：研究雁荡山的地貌而"原其理"，随即又用这个一般原理来说明"水凿之穴"等具体现象；进而把流水的侵蚀作用改变地貌看作更一般的原理，并用来解释成皋、陕西一带的地貌特点。

第三，要运用矛盾分析方法来把握变化法则。沈括在探讨乐律时说：

此皆天理不可易者。古人以为难知，盖不深索之。听其声，求其义，考其序，无毫发可移，此所谓天理也。②

意思是说，科学探索的方法要求从感性事实（"听其声"）中探求其义理，考索其必然而不可改移的运动秩序，亦即"天理"（自然规律）。那么，怎样来"考其序"呢？沈括以为，就乐律来说，就在于把握"阴阳相错，而生变化"的矛盾运动。他详细地阐述了十二律如何"阴阳相生"、"律吕相生"，而拿六吕说，则"钟与吕常相间，常相对。六吕之间，复自有阴阳也"。③ 这也就是王安石说的"耦中

---

① 沈括：《梦溪笔谈二四·杂志一》，《沈括全集》中编，第512页。
② 沈括：《梦溪笔谈五·乐律一》，《沈括全集》中编，第296页。
③ 同上书，第297页。

有耦"的意思。

为要把握自然界的矛盾运动的秩序,沈括也利用"五行"说来"取象"。例如,他曾引《内经·素问》的话"天五行,地五行,土之气在天为湿,土能生金石,湿亦能生金石",用它来解释"烹胆矾则成铜"(在硫酸铜溶液中加铁屑熬煎便生成铜),并举岩洞中水滴成钟乳石、石笋,盐池卤水下面结成阴精石(石膏晶体)等进行类比,以为"皆湿之所化"。[①] 这样的解释虽不能说精密,但包含有可贵的矛盾转化的思想。又如,他在运用"五运六气之术"来预报天气时,指出在同一"运气"下,"其候有从、逆、淫、郁、胜、复、太过、不足之变,其法皆不同"[②],也是要求从矛盾运动中来作具体分析的意思。

沈括从"运数"(度量)来进行矛盾分析时,作出了更为突出的贡献。沈括在谈到天文、历法中运用数学方法时说:"求星辰之行,步气朔消长,谓之'缀术'。谓不可以形察,但以算数缀之而已。"[③]祖冲之父子的《缀术》他大概也没见过,不过他把"缀术"了解为对观测记录进行数学处理,以探索天体运行和节气变化的规律。沈括系统地观察天象,测量时间,历时十多年,才总结出"冬至日行速"、"夏至日行迟"的科学结论,并发明了计算太阳在黄道上运行规律的"圆法"与"妥法"。虽然由于《熙宁晷漏》一书已经失传,对他的"圆法"和"妥法"现已无法详知;但这两种方法都是为了从数量关系来把握太阳在黄道上的矛盾运动,这是可

---

① 沈括:《梦溪笔谈二五·杂志二》,《沈括全集》中编,第 524 页。
② 沈括:《梦溪笔谈七·象数一》,《沈括全集》中编,第 329 页。
③ 沈括:《梦溪笔谈一八·技艺》,《沈括全集》中编,第 436 页。

以肯定的。他以为太阳的运行是均匀而又不均匀的："以言其变，则杪刻之间，消长未尝同；以言其齐，则止用一衰，循环无端，始终如贯，不能议其隙。"[①]就是说，从运动的不均匀方面看，每秒间有消长，各不相同；从运动的均匀方面看，黄道可以看作是同一等差（衰）循环反复，一贯而无间隙。这就把天体运行看作是匀与不匀、连续与间断的矛盾运动，并认为圆法与妥法相结合，就可以从数量上来刻画这种矛盾运动的秩序。至于沈括创立的"隙积术"和"会圆术"，则直接表现出他在数学上的辩证思想。[②]隙积术（后来发展为"堆垛术"）具有用连续模型（"层坛求积"）来处理离散问题（"积罍求和"）的思想，以实代虚，把"虚隙"化为"实体"来计算。会圆术发展了刘徽割圆术中所包含的以直（弦）代曲（弧）的思想，说："凡圆田，既能折之，须使会之复圆"[③]，体现了分与合的辩证关系。这说明沈括很善于运用矛盾分析的方法来解决数学问题。

第四，在以科学法则指导实践时，必须按具体情况灵活运用。根据"大凡物理有常，有变"[④]的观点，沈括强调指出，不能把概括所得的科学结论视为"定法"。他编选了一本《良方》，说：

予所谓良方者，必目睹其验，始著于篇，闻不预也。然人之疾，如向所谓五难者，方岂能必良哉。一睹其验，即谓之

---

① 沈括：《梦溪笔谈七·象数一》，《沈括全集》中编，第 326 页。
② 参见《梦溪笔谈选注》，上海古籍出版社 1978 年版。
③ 沈括：《梦溪笔谈一八·技艺》，《沈括全集》中编，第 436 页。
④ 沈括：《梦溪笔谈七·象数一》，《沈括全集》中编，第 329 页。

良,殆不异乎刻舟以求遗剑者。予所以详著其状于方尾,疾有相似者,庶几偶值云尔。[1]

他所录良方,都非根据传闻,而是亲眼看到效验的。但是诊病、处方、辨药等方面的情况都是很复杂的,所以决不能用刻舟求剑的死板态度来对待良方。沈括在谈到采药不能"拘以定月"时,指出:生物的生长发育虽有其一般规律,但要受各种条件的影响。纬度不同,海拔高低不同,同样的植物在生长发育上就有差异,"如平地三月花者,深山中则四月花"[2]这是就地理条件说的。同一物种还有不同品种,它们的生长发育也有差异,如水稻有早稻、中稻、晚稻等,这是就物性说的。此外,同一块田里的庄稼,施了粪的先出芽,后下种的晚结实。可见人力的因素也影响到作物的生长发育。由于这些条件,所以采药必须因时因地制宜。[3]沈括还讲到"汤、散、丸各有所宜"[4],认为应根据不同的病情和药性,选用不同的剂型。这些,都是具有辩证法因素的思想,和贾思勰有相似之处。

沈括和王安石、张载是同一时代的理论思维的代表。张载用"一物两体"来拟议变化之道,说"道则兼体而无累"[5];王安石说"推类而反之","耦中有耦";沈括的方法论和这些说法显然有相通之处,这无疑是哲学和科学发展到北宋所获得的重大成就之

---

① 沈括:《长兴集二八·良方序》,《沈括全集》上编,第178—179页。
② 沈括:《梦溪笔谈二六·药议》,《沈括全集》中编,第540页。
③ 同上书,第540—541页。
④ 同上书,第541页。
⑤ 张载:《正蒙·乾称篇第十七》,《张载集》,第65页。

一，对宋元时期的科学发展起了重大影响。虽然还不能说沈括的方法是近代实验科学的方法，但同近代实验科学方法确已非常接近。近代科学的方法的特点是：第一，在由人控制条件下进行实验、观察，着重把握确凿的数据；第二，用理论思维的方法提出假说，进行严密的数学推导、论证，再设计实验进行验证。沈括很注重实验手段和对资料进行数学的处理，但他似乎还不懂得通过数学推导或逻辑推理来建立科学假说的重要性。不过在当时的历史条件下，沈括的方法论无疑是最先进的。并且它还有优于近代科学之处，即闪耀着朴素辩证法的光辉。尽管沈括有他的一些历史局限性，如他的著作中也掺杂有一些神怪迷信之类。但从总体上来说，沈括和他的《梦溪笔谈》可称得上是哲学与科学、理论与实际相结合的少数典范之一。

面向实际，深入科学技术领域，便必然有较多的机会和群众接触。恰如宋林灵素在《苏沈内翰良方》序中所说：“公凡所至之处，莫不询究，或医师，或里巷，或小人，以至士大夫之家，山林隐者，无不求访。”①沈括自己也说：“至于技巧器械，大小尺寸，黑黄苍赤，岂能尽出于圣人？百工、群有司、市井、田野之人，莫不预焉。”②他在《梦溪笔谈》中记述了我国古代劳动人民的许多发明创造③，这也是此书可贵处之一。

---

① 林灵素：《苏沈内翰良方序》，载沈括：《沈括全集》下编，第 951 页。
② 沈括：《长兴集七·上欧阳参政书》，《沈括全集》上编，第 51 页。
③ 例如，磁州锻坊的炼钢技术，水中筑长堤法，河工高超的合龙门埽三节施工法，淮南漕渠的复闸，平民毕昇的活字印刷术，木匠喻皓编写的《木经》等等。其中有些是我国古代劳动人民在世界科技史上的宝贵贡献，而在当时的史籍中未有提及，由于沈括的记载才使它们未被埋没。

第六节　朱熹:正统派理学的完成
——客观唯心主义的理一元论体系

　　正统派理学在程颢、程颐两兄弟那里已初步形成,后由南宋朱熹进一步发展,取得了完备的形态。朱熹自称继承了由二程恢复的孔孟的"道统"。他吸取"北宋五子"以及道、释各家的思想资料,建立了庞大的客观唯心主义体系,确实可说是理学的集大成者。

　　朱熹(公元 1130 年—1200 年),字元晦,一字仲晦,号晦庵,别称紫阳。徽州婺源(今属江西)人,侨寓建阳(今属福建)。曾任秘阁修撰等职。著作甚多,现存主要哲学著作有《太极图说解》、《四书集注》①、《通书解》、《西铭解》、《周易本义》等。他平日讲学的问答,后来编为《朱子语类》②(以下简称《语类》)。哲学论文和有关书信都收在《朱子文集大全》③(以下简称《文集》)和《朱子遗书》④中。

---

① 《四书集注》:包括《大学章句》、《中庸章句》、《论语集注》、《孟子集注》,选取了前人的注解又加上自己的注解而成。版本很多,通行的有中华书局《四部备要》本。
② 《朱子语类》:系朱熹弟子黄士毅按朱子的学生记录的言论分类辑成,共 138 卷。后来王佖又编《续语录》40 卷。宋末黎靖德重新编定成书为 140 卷。
③ 《朱子文集大全》:原称《晦庵集》,亦称《朱文公集》。包括《文集》100 卷,《续集》5 卷,《别集》7 卷。原本由朱熹季子朱在编定,后人又有所增补。版本中较好的有《四部丛刊》影印明嘉靖闽刻本。
④ 《朱子遗书》:有初集和二集,包括《近思录》、《大学或问》、《中庸或问》、《论语或问》、《孟子或问》、《论语精义》、《孟子精义》、《伊洛渊源录》等,大部分都有单行本。其中《四书或问》对《四书集注》有许多说明。

一、"千言万语，只是教人明天理，灭人欲"

二程、朱熹的理学，适应了官僚地主阶级的政治需要。它产生在封建社会后期，是一种主要用以对付起义农民和地主阶级改革派的理论。这一点前已论述。

从二程到朱熹，社会形势又有了发展。北宋末年，农民起义规模更大，更趋激烈，南方有方腊起义，北方有宋江起义。方腊用摩尼教的形式组织群众，提出"法平等"的口号，并预言"明王"出世，驱逐黑暗，给当时的社会震动很大。南宋初年，又爆发钟相、杨么起义，提出"等贵贱，均贫富"的口号，这是北宋王小波、李顺、方腊起义口号的发展，较全面地表达了农民在政治上要求平等、经济上要求平均的愿望，也反映了封建社会后期农民起义的水平在提高。与此同时，民族矛盾也日益尖锐。女真贵族灭辽后，于公元 1127 年陷开封，北宋灭亡。南宋王朝在临安建立后，以宋高宗、秦桧为代表的投降派和以岳飞等为首的主战派发生了激烈的斗争。

朱熹生活在这样一个时代，其政治倾向基本上是保守的。他宣传阶级调和，说：

> 佃户既赖田主给佃生籍以养活家口，田主亦藉佃客耕田纳租以供赡家计，二者相须，方能存立。……佃户不可侵犯田主，田主不可挠虐佃户。[①]

① 朱熹：《劝农文》，《晦庵先生朱文公文集》卷一百，《朱子全书》第 25 册，第 4626 页。

这些话说得很好听，其实也是用两手策略对付农民。如果贫民下户"妄行需索，鼓众作闹"，他便主张坚决镇压，"定当追捉根勘，重行决配远恶州军"。[①] 朱熹多次批评王安石变法，欲"正其迷国误朝之罪"。不过，他也认为应适当抑制兼并，主张重新丈量土地，按人口占田，这当然只是空想。但他在做地方官时，推行一种"社仓"制度，困难户可去借粮，利息较低，有利于生产，比王安石的"青苗法"更实际些。在抗金问题上，朱熹反对屈辱和议，痛斥秦桧之罪"万死而不足以赎"[②]，推崇岳飞"直是忠勇"[③]。不过他强调抗战要有准备，而所谓准备，并不是富国强兵，而是要进行德教。他说：

> 中国所恃者德，夷狄所恃者力。……盖以力言之，则彼常强，我常弱，是无时而可胜；不得不和也。以德言之，则振三纲，明五常，正朝廷，励风俗，皆我之所可勉，而彼之所不能者，是乃中国治夷狄之道。[④]

这真是腐儒之论！他在《戊申封事》中又说：

> 区区东南，事有不可胜虑者，何恢复之可图乎？[⑤]

---

① 朱熹：《劝谕救荒》，《晦庵先生朱文公文集》卷九十九，《朱子全书》第25册，第4591页。
② 朱熹：《戊午谠议序》，《晦庵先生朱文公文集》卷七十五，《朱子全书》第24册，第3619页。
③ 朱熹：《朱子语类》卷一百三十二，《朱子全书》第18册，第4123页。
④ 朱熹：《答汪尚书》，《晦庵先生朱文公文集》卷三十，《朱子全书》第21册，第1299页。
⑤ 朱熹：《戊申封事》，《晦庵先生朱文公文集》卷十一，《朱子全书》第20册，第610页。

可见他虽主张抵抗，却颇为消极悲观。

朱熹真正从政的时间并不长，他把毕生精力花在讲学和著述上。而他的讲学和著述的活动都围绕一个中心，就是：

> 圣贤千言万语，只是教人明天理，灭人欲。天理明，自不消讲学。①

就是说，因为人们蔽于"人欲"，不明"天理"，所以他要孜孜不倦地讲学。什么是"天理"、"人欲"呢？他说："非礼勿视、听、言、动，便是天理；非礼而视、听、言、动，便是人欲。"②也即是程颐说的"礼即是理也"的意思。可见，朱熹从事讲学和著述，所讲和所写的千言万语，都是为了维护礼教、维护封建等级制度和专制主义。他毕生很自觉地为这一目标而努力。

不过，朱熹作为教育家和学者，还有其另一面。他是个很博学的人，可称得上是百科全书式的哲学家。他对经学、史学、文学、音韵、自然科学等都有研究，而且都有见解。他长期从事教学，从中概括出的一些认识论和方法论的原理，有其不容忽视的合理因素。他强调博览群书，要有精密分析的头脑，这种学风对于后世也起了积极影响。所以对朱熹和他的哲学要作具体的分析。

---

① 朱熹：《朱子语类》卷十二，《朱子全书》第 14 册，第 367 页。
② 朱熹：《朱子语类》卷四十，《朱子全书》第 15 册，第 1433 页。

二、"理在气先"

就"理气(道器)"之辩来说,朱熹继承和发展了二程的理论。
他说:

> 天地之间,有理有气。理也者,形而上之道也,生物之本
> 也;气也者,形而下之器也,生物之具也。是以人物之生,必
> 禀此理然后有性;必禀此气然后有形。其性其形,虽不外乎
> 一身,然其道器之间分际甚明,不可乱也。[①]

朱熹和二程一样,也说理是形而上之道,气是形而下之器。有形
有象的器,即具体事物是怎样形成的呢? 朱熹以为,理是生物之
"本",即物之所以形成的道理,也就是物的本质(性);气是生物之
"具",即形成为物的材料。"具"或"材料"的意义是相对的,如泥
土相对砖瓦说是制作材料,砖瓦相对房子说是建筑材料等,但用
作材料的总是具体的物(器),所以说"气(质料)也者,形而下之器
也"。朱熹认为,虽然物都是理和气、性和形的统一,但形而上者
与形而下者之间"分际甚明":理是所以为是器者,不会造作,而气
则能酝酿凝聚生物。"理"是形式因,气是质料因。朱熹的这种分
析和古希腊哲学家亚里士多德很相似。他认为,人造物先要有个
概念(如桌子的概念),这是无形迹的;还要有质料(如木料);形式
和质料相结合才能形成器物(如桌子)。推而广之,自然界也如

---

① 朱熹:《答黄道夫》,《晦庵先生朱文公文集》卷五十八,《朱子全书》第 23 册,第 2755 页。

此，草木、鸟兽、万物以至人类的产生，首先要有草木、鸟兽、万物、人类之理，同时还要有质料。"且如天地间人物草木禽兽，其生也，莫不有种，定不会无种了，白地生出一个物事，这个都是气。"①从种子长成草木，从胚胎长成禽兽，便是气的运动变化。可见自然界的一切都是理和气的结合而产生。

朱熹在《大学或问》中讲到物和理的关系，说：

> 至于天下之物，则必各有其所以然之故，与所当然之则，所谓理也。②

> 天道流行，造化发育，凡有声色象貌而盈于天地之间者，皆物也。既有是物，则其所以为是物者，莫不各有其当然之则，而自不容已，是皆得于天之所赋，而非人之所能为也。③

这里朱熹讲了"理"范畴的涵义：一是物之"所以然之故"或物之"所以为是物者"；二是物之"所当然之则"；三是物之必然即"自不容已"者。在朱熹看来，"所以然之故"与"所当然之则"（"当然之则"是指人的有目的的行动应当遵循的准则、规范，首先是道德准则）皆物所"必有"，所以"必然"包括"所以然"与"当然"。他认为自然界的事物都有"当然之则"，而人的活动的准则也具有客观必然性，"理"作为"所以然之故"，既是动力因，也是目的因。朱熹对

---

① 朱熹：《朱子语类》卷一，《朱子全书》第 14 册，第 116 页。
② 朱熹：《四书或问·大学或问上》，《朱子全书》第 6 册，第 512 页。
③ 朱熹：《四书或问·大学或问下》，《朱子全书》第 6 册，第 526 页。

"理"范畴的涵义的考察比前人深入了，但他把规范与规律、"当然之则"和自然界的必然性混为一谈，却是错误的。朱熹也引用孟子举过的例子，说：人们看见小孩子要掉到井里去，皆有怵惕恻隐之心，马上去救他，"此其事'所当然而不容已'者也。然其所以如此者，何故？必有个道理之不可易者"。① 这是讲，在人的活动中，"当然"、"所以然"、"必然"是统一的。自然界也一样，"春生了便秋杀他"②，"阴极了阳便生"③，都是"所当然而不容已"④，有其"所以然而不可易"⑤者。朱熹说"不容已"、"不可易"，是强调理的客观必然性。但不是唯物主义者讲的客观必然性，而是客观唯心论的见解。他说事物的理"皆得于天之所赋，而非人之所能为"，也就是二程说天理"不为尧存，不为桀亡"的意思。

朱熹把理的总和称为"太极"。他说：

> 总天地万物之理，便是太极。⑥
> 太极只是个极好至善底道理。⑦
> 上天之载，无声无臭，而实造化之枢纽、品汇之根柢也。
> 故曰："无极而太极。"非太极之外，复有无极也。⑧

---

① 朱熹：《朱子语类》卷十八，《朱子全书》第 14 册，第 626 页。
② 同上书，第 625 页。
③ 同上注。
④ 同上注。
⑤ 同上注。
⑥ 朱熹：《朱子语类》卷九十四，《朱子全书》第 17 册，第 3127—3128 页。
⑦ 同上书，第 3122 页。
⑧ 朱熹：《太极图说解》，《朱子全书》第 13 册，第 72 页。

太极既是绝对真理("天地万物之理"),又是至善的准则,终极的目标,还是造化的根源,万物之所以生成的总原因。朱熹用"无声无臭"、"无方所、无形状"等来解释"无极"二字,说"无极而太极"即"无形而有理"①,也就是说,"太极"或理是形而上者。

理和气是哪一个在先呢? 朱熹认为,就具体事物来说,理、气是不能分离的,任何具体事物的生成,要有理,也要有气。但是就形而上、下来说,则理在先而气在后。他说:

> 理未尝离乎气。然理形而上者,气形而下者。自形而上下言,岂无先后。②

> 所谓理与气,此决是二物。但在物上看,则二物浑沦,不可分开各在一处,然不害二物之各为一物也;若在理上看,则虽未有物而已有物之理,然亦但有其理而已,未尝实有是物也。③

在朱熹看来,先要有抽象的道理,然后再由具体的质料构成事物;先有事物的形式,后有事物的内容。就理和天地的关系来说,"未有天地之先,毕竟也只是理。有此理,便有此天地"④。就理和各种事物的关系来说,"未有这事,先有这理"⑤,他以为,未有舟车,已先有舟车之理;未有君臣,已先有君臣之理,等等。

---

① 朱熹:《朱子语类》卷九十四,《朱子全书》第 17 册,第 3116 页。
② 朱熹:《朱子语类》卷一,《朱子全书》第 14 册,第 115 页。
③ 朱熹:《答刘叔文》,《晦庵先生朱文公文集》卷四十六,《朱子全书》第 22 册,第 2146 页。
④ 朱熹《朱子语类》卷一,《朱子全书》第 14 册,第 114 页。
⑤ 朱熹:《朱子语类》卷九十五,《朱子全书》第 17 册,第 3204 页。

朱熹在"理气（道器）"之辩上的这种唯心主义的论点，无非是用人制作器物的活动来类比自然界的造化，以说明万物的起源和生成。诚然，人们在造房子之前，确实需要先有房子的概念，通常还按概念画成图纸，然后再动手造房子。但人们关于房子等等的抽象的概念是来自于客观存在，而朱熹却把概念说成是产生万物的形而上的实体。

人的概念要转化为具体的事物，必须经过人的劳动，而朱熹的理是个"净洁空阔的世界，无形迹，他却不会造作"[①]，又怎么产生天地万物呢？虽然朱熹以理为世界第一原理，有别于老、释的"贵无"说。但无形的理如何转化为有形的物？仍然是个困难的问题。朱熹跟着周敦颐说："太极动而生阳，静而生阴。"并解释说：

> 太极之有动静，是天命之流行也。[②]

他把"太极之有动静"（从而生阴阳、五行、万物）归之于"天命"。"天命"又是什么呢？他说：

> 苍苍之谓天。运转周流不已，便是那个。而今说天有个人在那里批判罪恶，固不可；说道全无主之者，又不可。[③]

---

① 朱熹：《朱子语类》卷一，《朱子全书》第 14 册，第 116 页。
② 朱熹：《太极图说解》，《朱子全书》第 13 册，第 72 页。
③ 朱熹：《朱子语类》卷一，《朱子全书》第 14 册，第 118 页。

朱熹否认有能批判罪恶的上帝，但他以为"天地自有个无心之心"①。正因为有个"天地之心"，所以不会发生牛生马，桃树开李花这样的事情。牛生牛，马生马，桃树开桃花，李树开李花，这种自然规律就证明了有"天地之心"在主宰着天地间一切事物。他说：

> 心固是主宰底意，然所谓主宰者，即是理也。不是心外别有个理，理外别有个心。②
>
> 心之理是太极，心之动静是阴阳。③
>
> 唯心无对。④

"心"包括一切，是绝对的，无限的，所以这个"天地之心"就是绝对精神。朱熹虽然不讲粗鄙的鬼神迷信，但他的"理"就是天地万物的主宰者，"天地之心"亦即上帝的别名。这正如恩格斯所说："创世说在哲学家那里，例如在黑格尔那里，往往比在基督教那里还要繁杂和荒唐得多。"⑤黑格尔是如此，朱熹也是如此。

三、"理一分殊"与"物无无对"

朱熹对周敦颐的《太极图说》加以发挥，把传统的阴阳五行学

---

① 朱熹：《朱子语类》卷四，《朱子全书》第 14 册，第 188 页。
② 朱熹：《朱子语类》卷一，《朱子全书》第 14 册，第 117 页。
③ 朱熹：《朱子语类》卷五，《朱子全书》第 14 册，第 218 页。
④ 同上注。
⑤ 恩格斯：《路德维希·费尔巴哈和德国古典哲学的终结》，《马克思恩格斯选集》第 4 卷，人民出版社 1995 年版，第 224 页。

说纳入理学唯心主义体系，构造出一套宇宙形成论。他把"无极而太极"解释为"无形而有理"，以为无形无象的"太极"是"造化之枢纽"，天地万物的总根源。"太极动而生阳，静而生阴"，阴阳二气相磨，又生出金木水火土五种元素，由此构成了天地万物。他说：

> 二气五行，天之所以赋授万物而生之者也。自其末以缘本，则五行之异，本二气之实，二气之实，又本一理之极。是合万物而言之，为一太极而已也。自其本而之末，则一理之实，而万物分之以为体。故万物之中，各有一太极，而小大之物莫不各有一定之分也。①

这就是所谓的"理一分殊"，也就是程朱常常讲的"体用一源，显微无间"。朱熹以为从"用"推到"体"（"自其末以缘本"），则万物归结为五行、阴阳，而"其所以为阴阳者，则又无适而非太极之本然也"。② 从"体"推到"用"（"自其本而之末"），则万物分有太极以为体，但所谓"分之以为体"，并不是说万物在太极里面各取一部分，把太极分割了，而是说万物各有一定之分而又同具有太极的整体，所以说"人人有一太极，物物有一太极"③。为了说明这个道理，朱熹常用"月印万川"来比喻：天上只有一个月亮，印在江湖河川里的千万个月亮虽各不相同，但不是这个月亮的部分，而是同

---

① 朱熹：《通书注·理性命第二十二》，《朱子全书》第 13 册，第 117 页。
② 朱熹：《太极图说解》，《朱子全书》第 13 册，第 73 页。
③ 朱熹：《朱子语类》卷九十四，《朱子全书》第 17 册，第 3122 页。

具这个月亮的全体。这显然是继承了佛教华严宗、禅宗的思想。他直截了当地引用慧能的弟子玄觉的话："一月普现一切水，一切水月一月摄"，称赞"那释氏也窥见得这些道理"①。这样讲"理一分殊"，当然是形而上学的思辨。

不过，朱熹在讲"理一分殊"时，实际上比前人更多地考察了"分殊"一面。他说：

> 论万物之一原，则理同而气异；观万物之异体，则气犹相近而理绝不同也。气之异者，粹驳之不齐；理之异者，偏全之或异。②

这段话是就人和物相比较而言的。人与物同出于一原，但两者的气禀有粹与驳的差别，所以说"理同而气异"；但就人类与禽兽为异类异体来看，那么"以气言之，则知觉运动人与物若不异；以理言之，则仁义礼智之禀，岂物之所得而全哉？"③所以说"气犹相近而理绝不同"。朱熹以为，不仅人与物之理绝不同，而且君臣之理与父子之理，牛之理、马之理与草木之理都不同。他说：

> 天地中间，上是天，下是地，中间有许多日月星辰、山川草木、人物禽兽，此皆形而下之器也。然这形而下之器之中，

---

① 朱熹：《朱子语类》卷十八，《朱子全书》第 14 册，第 607 页。
② 朱熹：《答黄商伯》，《晦庵先生朱文公文集》卷四十六，《朱子全书》第 22 册，第 2130 页。
③ 同上书，第 2129 页。

便各自有个道理，此便是形而上之道。①

　　如这片板，只是一个道理，这一路子怎地去，那一路子怎地去。如一所屋，只是一个道理，有厅，有堂。如草木，只是一个道理，有桃，有李。如这众人，只是一个道理，有张三，有李四，李四不可为张三，张三不可为李四。如阴阳，《西铭》言理一分殊，亦是如此。②

这样讲"理一分殊"，把天地分化为万物、整体分成部分、类属分为种和分为个体都包括在内了。不仅天地间万类"各自有个道理"，而且整体的道理在各部分（如房屋有厅有堂）有其特殊性，类属的道理在各种（如果木有桃有李）、各个体（如众人有张三有李四）也有其特殊性。这样从"分殊"方面讲的"理"，就是所谓"条理"。朱熹说："理如一把线相似，有条理。"③又说："道是统名，理是细目。"④朱熹对"道"和"理"二词的用法和张载相似了，不过他对理的"分殊"的论述是更细密了。

　　朱熹在解释《西铭》的"明理一而分殊"时说："天地之间，理一而已。然'乾道成男，坤道成女，二气交感，化生万物'，则其大小之分，亲疏之等，至于十百千万而不能齐也。"⑤以乾坤为父母，由阴阳二气交感而生成，这是"无物不然"的理；然而生物各有其亲子关系，各有其阴阳交感的特殊性，这便是万有不齐。朱熹讲阴

---

① 朱熹：《朱子语类》卷六十二，《朱子全书》第 16 册，第 2024 页。
② 朱熹：《朱子语类》卷六，《朱子全书》第 14 册，第 240 页。
③ 同上书，第 237 页。
④ 同上书，第 236 页。
⑤ 朱熹：《西铭解》，《朱子全书》第 13 册，第 145 页。

阳交感，表达了一些具有辩证法因素的思想。如说：

> 天地之化，包括无外，运行无穷，然其所以为实，不越乎一阴一阳两端而已。其动静屈伸，往来阖辟，升降浮沉之性，虽未尝一日不相反，然亦不可以一日而相无也。圣人作《易》，以通神明之德，类万物之情，其所以为说者，亦若是焉耳矣。①
>
> 阴阳之道无日不相胜，只管逐些子挨出。这个退一分，那个便进一分。②
>
> 一是一个道理，却有两端，用处不同。譬如阴阳，阴中有阳，阳中有阴；阳极生阴，阴极生阳，所以神化无穷。③

这里讲到了对立的两端"相反而不可以相无"，矛盾着的双方互相斗争，互相渗透，互相转化，于是形成无穷的运动。而《易》就是用来说明这种矛盾运动的。从这些论述中，可以看到朱熹对张载的继承和发挥。张载说"一故神，两故化"，朱熹多次称赞"此说极精"。

不过，朱熹的特色尤在于讲"对"。他说：

> 大抵天下事物之理，亭当均平，无无对者，唯道为无对。

---

① 朱熹：《金华潘文公文集序》，《晦庵先生朱文公文集》卷七十六，《朱子全书》第 24 册，第 3665 页。

② 朱熹：《朱子语类》卷一百二十五，《朱子全书》第 18 册，第 3920 页。

③ 朱熹：《朱子语类》卷九十八，《朱子全书》第 17 册，第 3302 页。

　　然以形而上下论之,则亦未尝不有对也。盖所谓对者,或以左右,或以上下,或以前后,或以多寡,或以类而对,或以反而对,反复推之,天地之间,真无一物兀然无对而孤立者。①

　　　　一便对二,形而上便对形而下。然就一言之,一中又自有对。且如眼前一物,便有背有面,有上有下,有内有外,二又各自为对。虽说"无独必有对",然独中又自有对。②

这是说,一切事物皆处于对待中,都有其对立面。朱熹以为"对"是多种多样的:如形体上的左右,空间上的上下,时间上的前后,数量上的多寡,性质上的相类或相反(如仁义相类而善恶相反)等等都是。"道"是无对的;但从"形而上者谓之道,形而下者谓之器"来说,"道"也是有对的。通常讲的"一"、"独",都是有对的,因为不仅一对二、一对万,而且"一中又自有对",它本身包含着对立面。他还从邵雍那里吸取了"一分为二"的命题,把《易·系辞》所说的"太极生两仪、两仪生四象、四象生八卦"的过程概括为:"此只是一分为二,节节如此,以至于无穷,皆是一生两尔。"③就是说,"一分为二"或"一生两"是一个无穷尽的运动过程。这些论述虽然是抽象的思辨,却包含着合理因素,对后人是富有启发意义的。

　　但是朱熹所说的"有对"、"一分为二"并不是真正的辩证法。他未能区分普通表象所把握的对立和辩证法意义上的矛盾,而

---

① 朱熹:《答胡广仲》,《晦庵先生朱文公文集》卷四十二,《朱子全书》第22册,第1904页。
② 朱熹:《朱子语类》卷九十五,《朱子全书》第17册,第3202页。
③ 朱熹:《朱子语类》卷六十七,《朱子全书》第16册,第2218页。

且，朱熹的整个哲学体系是形而上学。他说：

> "一动一静，互为其根"，命之所以流行而不已也。"动而
> 生阳"，"静而生阴"，"分阴分阳，两仪立焉"，分之所以一定而
> 不移也。[①]

他以为从"天命流行"来说，动与静、阴与阳互相渗透、互相转化；
但阳与阴、天与地既经分立，它们的位置便"一定而不移"了。所
以他说："阴阳有个流行底，有个定位底。"[②]在他看来，自然界中天
地、上下、四方都是定位的，而在人类社会中，"君臣父子，定位不
易，事之常也。"[③]这样，"对"变作固定的模式，封建秩序被视为永
恒的。这是从运动（"流行"）的结果来说的。

从运动的原因来说，朱熹以为，事物之"有对"，有动静、阴阳，
都根源于"理"。他说：

> 有高必有下，有大必有小，皆是理必当如此。如天之生
> 物，不能独阴，必有阳；不能独阳，必有阴；皆是对。这对处，
> 不是理对。其所以有对者，是理合当恁地。[④]

> 有这动之理，便能动而生阳；有这静之理，便能静而生

---

① 朱熹：《太极图说解》，《朱子全书》第 13 册，第 72 页。
② 朱熹：《朱子语类》卷六十五，《朱子全书》第 16 册，第 2157 页。
③ 朱熹：《甲寅行宫便殿奏札一》，《晦庵先生朱文公文集》卷十四，《朱子全书》第 20 册，第
　665—666 页。
④ 朱熹：《朱子语类》卷九十五，《朱子全书》第 17 册，第 3201 页。

阴。既动,则理又在动之中;既静,则理又在静之中。①

这是说,阴阳、高下、大小等等"对处"都是形而下之器,所以阴阳者、所以有对者,则是形而上之"理";动而生阳的本原是动之"理",静而生阴的本原是静之"理";而从本原来说,则冲漠无朕、初无声臭之可言,也就是无所谓动静的。

朱熹实际上也以绝对虚静为世界第一原理。他赞成周敦颐的"主静"说,解释道:

> 此言圣人全动静之德,而常本之于静也。……苟非此心寂然无欲而静,则亦何以酬酢事物之变,而一天下之动哉!故圣人中正仁义,动静周流,而其动也必主乎静。②
>
> 呜呼! 学者能知一阴一阳、一动一静之可以相胜而不能相无,又知静者为主而动者为客焉,则庶乎其不昧于道体,而日用之间有以用其力耳。③

这里,朱熹既讲了"动静周流"、阴阳交感,又讲了"静为主"、"动为客","体立而后用有以行"④。他以为只有达到与虚静的本体合一,才能"酬酢事物之变"。这种"由静制动"⑤的理论,无疑是形而

---

① 朱熹:《朱子语类》卷九十四,《朱子全书》第 17 册,第 3125 页。
② 朱熹:《太极图说解》,《朱子全书》第 13 册,第 75 页。
③ 朱熹:《答徐彦章〈论经说所疑〉》,《晦庵先生朱文公文集》卷五十四,《朱子全书》第 23 册,第 2582 页。
④ 朱熹:《太极图说解》,《朱子全书》第 13 册,第 75 页。
⑤ 朱熹:《周易本义·周易五赞》,《朱子全书》第 1 册,第 167 页。

上学的。

四、"性"、"命"的双重涵义与"复性"说

从天道观推演到人性论，朱熹极推崇张载、二程之说，以为"张、程之说立，则诸子之说泯矣"①。

张载区分"天地之性"与"气质之性"。二程说，"论性不论气不备，论气不论性不明，二之则不是。"朱熹发挥了他们的学说：

> 论天地之性，则专指理言；论气质之性，则以理与气杂而言之。未有此气，已有此性。气有不存，而性却常在。虽其方在气中，然气自是气，性自是性，亦不相夹杂。至论其遍体于物，无处不在，则又不论气之精粗，莫不有是理。②

他说"天地之性"专指理，其实并非是张载的原意，而是同二程的"性即理"之说相合。朱熹以为，"理与气杂"，被安顿在具体的人物中，就成为人物的性。但"道器之间，分际甚明"，所以他又强调性与气"不相夹杂"。从物物有一太极、人人有一太极来说，性"无处不在"，是永恒（常在）的；而气运转流通，屈伸往来，生成人物，有精粗、清浊的不同。朱熹把理（性）比喻为宝珠，说："禀气之清者，为圣为贤，如宝珠在清冷水中；禀气之浊者，为愚为不肖，如珠在浊水中。……物亦有是理。又如宝珠落在至汙浊处。"③但即使

---

① 朱熹：《朱子语类》卷四，《朱子全书》第 14 册，第 200 页。
② 同上书，第 196 页。
③ 朱熹：《朱子语类》卷四，《朱子全书》第 14 册，第 203 页。

落在至污浊处，也还偶尔有些明处，如"虎狼之父子，蜂蚁之君臣"①等等。

朱熹以为理和气都是天赋予的："天以阴阳五行化生万物，气以成形，而理亦赋焉，犹命令也。"②因此，性有双重意义（"天地之性"与"气质之性"），命也有双重意义。

> 问："'天命谓性'之'命'与'死生有命'之'命'不同，何也?"曰："'死生有命'之'命'是带气言之，气便有禀得多少厚薄之不同。'天命谓性'之'命'，是纯乎理言之。然天之所命，毕竟皆不离乎气。③

这里讲"天命谓性"，是指《中庸》第一句，那是专就理而言的。而朱熹所谓"气禀之命"，则不止是决定死生而已。他说：

> 都是天所命。禀得精英之气，便为圣，为贤，便是得理之全，得理之正。禀得清明者，便英爽；禀得敦厚者，便温和；禀得清高者，便贵；禀得丰厚者，便富；禀得久长老，便寿；禀得衰颓薄浊者，便为愚、不肖，为贫，为贱，为夭。天有那气生一个人出来，便有许多物随他来。④

---

① 朱熹：《朱子语类》卷四，《朱子全书》第 14 册，第 203 页。
② 朱熹：《四书章句集注·中庸章句》，《朱子全书》第 6 册，第 32 页。
③ 朱熹：《朱子语类》卷四，《朱子全书》第 14 册，第 208 页。
④ 朱熹：《朱子语类》卷四，《朱子全书》第 14 册，第 208 页。

这是极端的宿命论：不但"理"（封建伦理）是"天命之性"，而且人们之间的贫富、贵贱、贤愚、寿夭等等差别，都是由于天生的气禀不同，一生下地来便命定了的。既然"都是天所命"，那么贫富、贵贱的封建等级是不可改变的，人人都只能安于命运的安排，不可有任何非分之想。朱熹声称"人之禀气，富贵、贫贱、长短，皆有定数寓其中"①，这种理论同农民起义军的"等贵贱，均贫富"的革命口号针锋相对，显然是反动的。

同"天命之性"与"气质之性"相联系，二程已经根据《伪古文尚书·大禹谟》的所谓"十六字心传"②讲"道心"和"人心"，说："人心私欲，故危殆。道心天理，故精微。灭私欲，则天理自明矣。"③朱熹继承和发挥了这种观点。他以为"心"就是知觉灵明，同一个"心"有两种知觉活动：

> 道心是知觉得道理底，人心是知觉得声色臭味底。④
>
> 心之虚灵知觉，一而已矣。而以为有人心、道心之异者，则以其或生于形气之私，或原于性命之正，而所以为知觉者不同，是以或危殆而不安，或微妙而难见耳。⑤

就是说，"道心"原于"天命之性"，所知觉的内容是理，首先是仁义礼智等道德准则；"人心"则生于气质，所知觉的内容是声色臭味

---

① 朱熹：《朱子语类》卷四，《朱子全书》第 14 册，第 213 页。
② "十六字心传"，即："人心惟危，道心惟微，惟精惟一，允执厥中。"
③ 程颐：《河南程氏遗书》卷二十四，《二程集》上册，第 312 页。
④ 朱熹：《朱子语类》卷七十八，《朱子全书》第 16 册，第 2664 页。
⑤ 朱熹：《四书章句集注·中庸章句序》，《朱子全书》第 6 册，第 29 页。

以及饥思食、寒思衣等等。朱熹说人心"生于形气之私",为什么要加上一个"私"字?他说:"如饥饱寒暖之类,皆生于吾身血气形体,而他①人无与,所谓私也。"②他以为口鼻耳目四肢是"属自家体段上,便是私有的物,不比道,便公共。故上面便有个私的根本"③,所以说"人心惟危"。这个"危"是危险的意思,即"易流于不好耳"④。但上智不能无人心,下愚不能无道心;圣人也有饥食渴饮之心,小人也不失恻隐之心。差别在于:圣贤"必使道心常为一身之主,而人心每听命焉,则危者安,微者著"⑤,行动便合乎"天理"了。反之,如果"人于性命之理不明,而专为形气所使,则流于人欲矣"⑥。流于"人欲"("私欲")便是恶。

朱熹关于"道心"与"人心"、"天理"与"人欲"的分辨不能说不细致。他要求"道心常为一身之主"也不能说没有一点道理。但是他所谓"道便公共"是指地主阶级的道理,而把饥食渴饮之心都说成是"生于形气之私",则明显地成了禁欲主义,把人民群众的最起码的物质生活要求都看成是危险的。

朱熹还以为,人的一切教育活动都在于"存天理,灭人欲"。他在解释"大学之道,在明明德,在亲民,在止于至善"时写道:

> 大学者,大人之学也。明,明之也。明德者,人之所得乎

---

① 《朱子全书》中写作"它"字,从文义改作"他"。
② 朱熹:《朱子语类》卷六十二,《朱子全书》第16册,第2012页。
③ 同上注。
④ 朱熹语,见胡广等纂修,周群等校注:《四书大全校注》上册,武汉大学出版社2009年版,第132页。
⑤ 朱熹:《四书章句集注·中庸章句序》,《朱子全书》第6册,第29页。
⑥ 朱熹:《朱子语类》卷六十二,《朱子全书》第16册,第2014页。

天，而虚灵不昧，以具众理而应万事者也。但为气禀所拘，人欲所蔽，则有时而昏；然其本体之明，则有未尝息者。故学者当因其所发而遂明之，以复其初也。……言明明德、新民，皆当止于至善之地而不迁。盖必其有以尽夫天理之极，而无一毫人欲之私也。①

这段话有以下几个要点：第一，人生来具有天赋的明德，即灵明的心本然地具备天理，或者说具有天地之性。"性便是心之所有之理，心便是理之所会之地。"②朱熹以为，一切道理，首先是三纲五常，每个人都先天地具备，可以用来应付万事而得当。第二，在具体的个人身上，明德又为"气禀所拘，人欲所蔽"，犹如明镜蒙上了尘垢，变得昏晦了，因而需要做"存天理，灭人欲"的功夫，即通过学习和修养来使"本体之明"得到扩展、恢复，以达到"复其初"。第三，自明其明德，还要推己及人，运用圣经贤传以及礼乐刑政来教导别人也"存天理，灭人欲"，以至达到"至善"的境地。虽然理学家讲"新民"往往是一句空话，但朱熹以为，只要自己真正能"明明德"，达到纯乎天理而无一毫人欲，那便自然"天地位焉，万物育焉"。这是因为"天地万物，本吾一体，吾之心正，则天地之心亦正矣；吾之气顺，则天地之气亦顺矣，故其效验至于如此"③。

　　这些就是程朱理学的"复性"说的基本内容。"复性"说也肯定教育的重要，以为德性只有通过教育才能达到自觉（"明其明

① 朱熹：《四书章句集注·大学章句》，《朱子全书》第6册，第16页。
② 朱熹：《朱子语类》卷五，《朱子全书》第14册，第223页。
③ 朱熹：《四书章句集注·中庸章句》，《朱子全书》第6册，第33页。

德"）。朱熹非常强调伦理学上的自觉原则。他在《白鹿洞书院揭示》中说：

> 熹窃观古昔圣贤所以教人为学之意，莫非使之讲明义理，以修其身，然后推以及人，……苟知其理之当然，而责其身以必然，则夫规矩禁防之具，岂待他人设之而后有所持循哉！①

就是说，通过教育讲明义理，真正认识了行为的当然之则，就会要求自己必定遵循它，有了高度自觉性，大家就自然循规蹈矩了。朱熹以为，只要认识了理的不得不然，有了自觉，便会自愿。他说："且如今人被些子灯花落手，便说痛；到灼艾时，因甚不以为痛？只缘知道自家病合当灼艾，出于情愿，自不以为痛也。"②确实，灼艾虽痛，病人"出于情愿"。但朱熹把"理"（封建道德）说成是当然的、必然的，是人性之所固有，是人道的终极目标（至善）等等，于是教人自觉地忍住疼痛来做"存天理，灭人欲"的功夫，这却正是忽视了自愿原则。

　　程朱理学是一种精致的宿命论。虽然朱熹也认为为学能"变化气质"③，多少冲淡了他的"禀气有定数"的说法，但"天地之性"即"天命"（"天理"）本身，那是任何人也不能违抗的。而朱熹告诉

---

① 朱熹：《白鹿洞书院揭示》，《晦庵先生朱文公文集》卷七十四，《朱子全书》第 24 册，第 3587 页。
② 朱熹：《朱子语类》卷二十二，《朱子全书》第 14 册，第 760 页。
③ 朱熹：《四书章句集注·中庸章句》，《朱子全书》第 6 册，第 49 页。

人们说，"苟知理之当然，而责其身以必然"，能够自觉地遵循规矩，达到与天命合一，那便"天地位焉，万物育焉"，达到很高的精神境界，终身受用不尽。

这样，他用一件迷人的外衣把宿命论包裹起来，便具有极大的欺骗性。

五、"即物穷理"与"铢分毫析"

就"心物（知行）"之辩来说，朱熹也继承和发展了二程的理论。程颐在先验论的前提下强调"知先于行"，朱熹也是如此。他说：

> 知、行常相须，如目无足不行，足无目不见。论先后，知为先；论轻重，行为重。[1]
>
> 夫泛论知行之理而就一事之中以观之，则知之为先，行之为后，无可疑者。[2]

认为知与行二者不可偏废，主张知行统一，指出行的重要，这当然有合理的因素。但他肯定知先行后为"无可疑者"，这就头足倒置了。实质上他还是把知行割裂开来，承认先有一个"知"的阶段，在这个阶段里不存在"行"。当然，还应指出，朱熹所谓的"行"，并不是指科学意义上的实践，而是指践履封建道德；他所谓的"知"也不是指科学的知识，而是指唤醒心中的"天理"。

---

① 朱熹：《朱子语类》卷九，《朱子全书》第 14 册，第 298 页。
② 朱熹：《答吴晦叔》，《晦庵先生朱文公文集》卷四十，《朱子全书》第 22 册，第 1914 页。

怎样认识"天理"，唤醒"天理"呢？程颐把格物解释为"穷理"，以为"物我一理"，"穷究物理"也即是唤醒自己心中之理。朱熹对程颐的"格物"说作了全面的发挥。他在《大学章句·补格物传》中说：

> 所谓致知在格物者，言欲致吾之知，在即物而穷其理也。盖人心之灵莫不有知，而天下之物莫不有理。惟于理有未穷，故其知有不尽也。是以《大学》始教，必使学者即凡天下之物，莫不因其已知之理而益穷之，以求至乎其极。至于用力之久，而一旦豁然贯通焉，则众物之表里精粗无不到，而吾心之全体大用无不明矣。[1]

这段话是程朱学派关于"格物致知"的经典论述，包含着几层意思。第一，"人心之灵，莫不有知"，肯定人的心或精神里有天赋的知识，有"明德"，这是认识的出发点。他认为人心如一面镜子，它之所以昏暗，是由于气禀所拘，为"人欲"所蔽。人的认识活动无非就是唤醒心中的"天理"，把"人欲"去掉，也就是把心灵这面宝镜擦拭干净，使它重新明亮起来。所以认识的最后完成就是"复其初"。第二，怎样来唤醒"天理"呢？回答是"致知在格物"。因为天下事物莫不有理，要使心里明亮，就要"即物穷理"，"理不穷则心不尽"。这包含着一个前提，即"物我一理"。程朱以为物和我，外和内是统一的，所以，一旦明白了事物的"理"，心中的"理"

---

① 朱熹：《四书章句集注·大学章句》，《朱子全书》第 6 册，第 20 页。

也就马上明白了；穷尽了事物的"理"也就唤醒了心中的"理"。转过来说，人们认识外物之理，也无非是拿心中的理去照见外物。第三，通过"今日格一物，明日格一物"的积累过程，用力之久，就会豁然贯通。最后就把握了绝对真理。于是"众物之表里精粗无不到，而吾心之全体大用无不明"，也就是成了圣人。二程、朱熹的这种神秘主义，和禅宗的"顿悟成佛"相似。

　　同时，程朱认为"致知"和"用敬"相互依赖。程颐说过："涵养须用敬，进学则在致知。"①朱熹也说："学者工夫，唯在居敬、穷理二事。此二事互相发。能穷理，则居敬工夫日益进；能居敬，则穷理工夫日益密。"②"涵养中自有穷理工夫，穷其所养之理；穷理中自有涵养工夫，养其所穷之理。"③就是说，"穷理致知"和"涵养用敬"二者互相促进，互相渗透，不可以偏废。在程朱那里，认识论就是伦理学，提高认识（"致知"）和自我修养（"居敬"）是统一的，二者的共同目标在于培养"醇儒"（道学家）。这样的认识论，从其整体上来说，是唯心论的玄想。

　　不过，对朱熹的"格物"说应进行具体分析。我们再引他在《大学或问》中的一段话：

　　　　若其用力之方，则或考之事为之著，或察之念虑之微，或求之文字之中，或索之讲论之际。使于身心性情之德，人伦日用之常，以至天地鬼神之变，鸟兽草木之宜，自其一物

---

① 程颐：《河南程氏遗书》卷十八，《二程集》上册，第188页。
② 朱熹：《朱子语类》卷九，《朱子全书》第14册，第301页。
③ 同上书，第300页。

之中,莫不有以见其所当然而不容已,与其所以然而不可易者。必其表里精粗无所不尽,而又益推其类以通之,至于一日脱然而贯通焉,则于天下之物,皆有以穷其义理精微之所极,而吾之聪明睿智,亦皆有以极其心之本体而无不尽矣。①

这是朱熹讲的"用力之方"。"方"即方法。他的"格物致知"的方法包括哪些环节呢?

首先,朱熹讲要广泛地考察求索:要对"事为之著"进行观察,对"念虑之微"进行反省,还要读书、讲论,吸取别人的经验,从人事到自然界,大至天地阴阳,小至昆虫草木,都要进行探索。总之要在博学的基础上去探求规律性知识。朱熹是先验论者,但并不排斥感性经验。他说:"如今人理会学,须是有见闻,岂能舍此?先是于见闻上做工夫到,然后脱然贯通。"②他也讲到了"博观"与"内省"、"博"与"约"的关系,说:"务反求者,以博观为外驰;务博观者,以内省为狭隘,堕于一偏。此皆学者之大病也。"③"学之杂者似博,其约者似陋。惟先博而后约,然后能不流于杂而不撷于陋也。"④他主张"博观"与"内省"相结合,先博学而后反之约,这种为学的途径,包含有尊重经验的意思。而且朱熹还一再强调观察、读书都不能凭主观行事。他说:

---

① 朱熹:《四书或问·大学或问下》,《朱子全书》第 6 册,第 527—528 页。
② 朱熹:《朱子语类》卷九十八,《朱子全书》第 17 册,第 3311 页。
③ 朱熹:《朱子语类》卷九,《朱子全书》第 14 册,第 312 页。
④ 朱熹:《答汪太初》,《晦庵先生朱文公文集》卷四十六,《朱子全书》第 22 册,第 2118 页。

以书观书，以物观物，不可先立己见。①

今学者有二种病，一是主私意，一是旧有先入之说，虽欲摆脱，亦被他自来相寻。②

他要求学者摆脱个人"私意"和"旧有先入之说"，虚心地读书学习，客观地观察事物，这显然有一些唯物主义精神。

其次，如何把握事物的所以然之理呢？那就要精思明辨。朱熹解释"学问思辨"时说：

学之博，然后有以备事物之理，故能参伍之以得所疑而有问；问之审，然后有以尽师友之情，故能反复之发其端而可思；思之谨，则精而不杂，故能有所自得而可以施其辨；辨之明，则断而不差，故能无所疑惑而可以见于行。③

这是说，只有博学，才能进行比较（"参伍之"）而提出疑问。有疑问，才能通过师友之间反复讨论，以促进思辨。精思明辨，解决了疑难，于是便能作出正确判断并见之于行动了。朱熹很强调要"审问"，以为读书只有达到"群疑并兴"，才能"骤进"。④ 并说"骤进二字最下得好"，因为疑问促进思考，解决了疑难，学问就出现飞跃。朱熹以为，不但要对他人的意见、学说提出诘难，还要"试

---

① 朱熹：《朱子语类》卷十一，《朱子全书》第 14 册，第 337 页。
② 同上书，第 342—343 页。
③ 朱熹：《四书或问·中庸或问》，《朱子全书》第 6 册，第 593 页。
④ 见朱熹：《朱子语类》卷十，《朱子全书》第 14 册，第 315 页。

以诘难他人者以自诘难"①。反复诘难,就促进思辨深入。而在朱熹看来,思辨的工夫主要在于分析。他说:

> 学问须严密理会,铢分毫析。②

为什么要"严密理会,铢分毫析"呢? 他以为客观的事理本来互相"会通",而书本上的道理也都可以剖析。他说:

> 会,谓理之所聚而不可遗处;通,谓理之可行而无所碍处。如庖丁解牛,会则其族,而通则其虚也。③
>
> 读书须是看着他那缝隙处,方寻得道理透彻。若不见得缝隙,无由入得。看见缝隙时,脉络自开。④

就像庄子讲的"庖丁解牛",起初只见到牛(指对象或书本)是个"浑沦物事",后来经过多次解剖,就见到牛理有交错聚会处,有缝隙可解处,于是顺着缝隙处用刀剖析,目无全牛,把牛分析成若干片,就是真正理解了。朱熹还用吃果子作比喻,先去其皮壳,再食其肉,还要把里面核子也咬破,才算"到极至处"。就是说,不能停留在"理会得个皮肤便休",要步步深入,见其"'所当然而不容已'者",还要进一步"求其所以然者何故",直到"表里精粗,无所不

---

① 朱熹:《朱子语类》卷十一,《朱子全书》第 14 册,第 344 页。
② 朱熹:《朱子语类》卷八,《朱子全书》第 14 册,第 293 页。
③ 朱熹:《周易本义·周易系辞上传第五》,《朱子全书》第 1 册,第 128 页。
④ 朱熹:《朱子语类》卷十,《朱子全书》第 14 册,第 215 页。

尽"为止。[①]

又次，朱熹讲"推类以通之"，包含着一种推理的学说。

> 陶安国问："'千蹊万径，皆可适国。'国，恐是譬理之一源处。不知从一事上便可穷得到一源处否?"曰："也未解便如此，只要以类而推。理固是一理，然其间曲折甚多。须是把这个做样子，却从这里推去，始得。"[②]

条条道路通国都，但每一条路都有其特殊性，曲折甚多。所以，要"以类而推"，要善于把握事物的类的本质，拿它作样子推开去。比如把握了事亲之道，可以类推到事君之道，事长之道。（这是朱熹自己举的例）这样抓住"样子"（即典型）进行类推，包含着演绎与归纳、一般与个别相结合的意思。一方面，要看到"众物比类之同"，即一般道理相同，譬如天下雨，大窝窟水、小窝窟水，木上、草上的水，虽随处各别，只是一般水，所以可以类推。另一方面，又要看到"一物性情之异"，例如炭有白炭、黑炭，水有液态的，还有蒸气、冰，都需要注意其各自的特点。"但求众物比类之同，而不究一物性情之异，则于理之精微者有不察矣。"[③]朱熹以为经过这样的类推，积累了认识，就可以达到"一旦豁然贯通"的境地。

由此可见，"格物"说作为方法论，要求在博学基础上进行质疑和分析，用一般与个别相结合的方法进行推理，这些显然是合

---

① 见朱熹：《朱子语类》卷十八，《朱子全书》第 14 册，第 626—627 页。

② 同上书，第 605—606 页。

③ 朱熹：《四书或问·大学或问下》，《朱子全书》第 6 册，第 528—530 页。

理因素。这是同朱熹长期从事教育和整理古籍的实践分不开的。朱熹所提倡的读书方法（后人概括为"循序渐进、熟读精思、虚心涵泳、切己体察、著紧用力、居敬持志"六条），也是经验之谈，有可取之处。

朱熹在方法论上特别重视分析，这同他在天道观上讲理有"分殊"、"物无无对"是相联系着的。在张载把朴素辩证法提高到一个新的高度之后，哲学还要继续前进，以理性主义的"分析"为特色的朱熹哲学，就是这前进运动的一个重要环节。朱熹说：

> 学者且要去万理中千头百绪都理会，四面凑合来，自见得是一理。不去理会那万理，只管去理会那一理，说"与点"、颜子之乐如何。……只是空想象。①
>
> 理会一重了，里面又见一重；一重了，又见一重。以事之详略言，理会一件又一件；以理之浅深言，理会一重又一重。只管理会，须有极尽时。②

他要求学者不空谈"吾与点也"、"孔颜乐处"，而首先应努力去理会、去认识那千头万绪的"万理"。他还要求发展认识，以为只有对事作一件又一件由略而详地理会，对理作一重又一重由浅入深地剖析，才能达到那"一理"。正是在这一点上，他被人批评为"支离"，然而他的积极贡献正在于此。正是他的"严密理会、铢分毫

---

① 朱熹：《朱子语类》卷一百一十七，《朱子全书》第 18 册，第 3692 页。
② 朱熹：《朱子语类》卷十五，《朱子全书》第 14 册，第 465 页。

析"的头脑,把哲学的思辨推进了一步。在朱熹的著作中,哲学范畴的界说很清晰,它们之间的关系脉络分明。他对于某些哲学理论问题的剖析很细致(例如在《大学或问》中对司马光以来各家"格物"说的剖析便是如此)。他运用分析方法来整理典籍和研究具体科学,也作出了一定的成绩。

朱熹要求在博学的基础上进行辨析、类推,确实包含有科学抽象的合理因素。但是,他把这种抽象形而上学化了,认为通过辨析、类推而获得的抽象概念是永恒不变的"理",并把理和气截然对立起来。他虽也讲"体用一源,显微无间",但强调"道器之间分际甚明",理与气"决是二物",性与气"不相夹杂"等,实际上是把理论思维中的"分析"固定化,当成客观实在的"分割"了。于是,他的"格物致知"之"方"便成了先验主义的方法。所谓先验主义的方法,就是先对对象进行形而上学的抽象,然后颠倒过来,从概念到对象进行推演。朱熹说的"自其末以缘本"、"自其本而之末",就是用这种方法来构造他的哲学体系:他把自然规律和道德规范混为一谈,把它们形而上学化为"天理"、"太极",又转过来从"太极"推出整个世界和全部人道。所以他的整个体系是头脚倒置的,是唯心主义的虚构。总之,在朱熹的哲学体系中,形而上学、唯心论是主要的;而合理的因素是次要的,但我们也不能忽视。

第七节　朱陆之争与陆九渊的心学

朱熹的理学是一个庞大的客观唯心主义体系,它把各种对立因素综合在一起。有人从左边来批判朱熹,如陈亮、叶适;有人从右边来批判朱熹,如陆九渊。

陆九渊(公元 1139 年—1193 年),字子静,自号存斋。抚州金溪(今属江西)人。生长在一个没落的豪门地主的家庭里。乾道八年(公元 1172 年)中进士,官至奉议郎知荆门军。曾讲学于江西贵溪应天山象山寺,被人称为象山先生。与其兄陆九韶、陆九龄并称"三陆子"。他不像程朱学派那样,对王安石采取全盘否定的态度。他认为王安石的过错,不在于变祖宗之法,也不在于讲"利",而在于"凡事归之法度"。① 他为王安石自变法失败以来所受到的不公正的评价抱不平。在《荆国王文公祠堂记》一文中,他肯定王安石有杰出的才干和崇高的操行。他主张不立文字,反对著述。他一生留下的只有少量的诗文,大部分是与师友论学的书札和讲学的语录,由其子陆持之编成《象山先生全集》②(以下简称《全集》)。

王守仁在为《象山先生全集》作的序中说:"圣人之学,心学也。"③陆九渊以心学反对正统派理学,是唯心主义内部的争论。朱陆的争论主要是两个方面的问题:淳熙二年(公元 1175 年)鹅湖之会争论"为学之方"即如何培养人的问题;淳熙十五年(公元1188 年)在通信中辩论"无极"、"太极"的问题。我们这里把次序

---

① 陆九渊:《语录下》,钟哲点校:《陆九渊集》,中华书局 2008 年版,第 441—442 页。
② 《象山先生全集》:由陆九渊的儿子陆持之编定,陆持之的学生袁燮在嘉定五年付梓刊行,共 36 卷。有明代成化、正德、嘉靖、万历、崇祯等刻本,清道光金溪槐堂书屋刻本,《四部丛刊》影印嘉靖本。1980 年中华书局以明嘉靖本为底本,参照其他诸本校勘、标点,编为《陆九渊集》,并附录各本序跋、朱熹的书信及《象山学案》按语等史料。
③ 王守仁:《王守仁序》,载《陆九渊集》,第 537 页。

颠倒过来进行论述。

陆九渊和他的哥哥陆九韶怀疑《太极图说》非周敦颐所作，便与朱熹往复辩论。陆九渊以为"无极"一词出自老子，"无极而太极"一语就是老子说的"无名天地之始，有名万物之母"，并且"太极图"来自陈抟，正是老氏之学。朱熹则肯定《太极图说》为周敦颐的著作，他以为"无极"二字是形容太极的"无方所、无形状"①，并非太极之上还有个无极；"无极而太极"是"无形而有理"的意思。

从理论上说，朱陆关于《太极图说》的争论，是关于"道器"之辩的两种唯心主义之间的争论。朱熹认为"理在气先"、"道在器先"，道和器是形而上和形而下的关系。陆九渊则认为不能作这样的区分，他引了《易·系辞》的话作根据，说："一阴一阳，已是形而上者。"②朱熹在回信中替自己辩护，说：

> 至于《大传》既曰"形而上者谓之道"矣，而又曰"一阴一阳之谓道"，此岂真以阴阳为形而上者哉？正所以见一阴一阳虽属形器，然其所以一阴而一阳者，是乃道体之所为也。故语道体之至极，则谓之太极；语太极之流行，则谓之道。虽有二名，初无两体。周子所以谓之"无极"，正以其无方所、无形状，以为在无物之前，而未尝不立于有物之后；以为在阴阳之外，而未尝不行乎阴阳之中；以为通贯全体，无乎不在，则

---

① 朱熹：《答陆子静》，《晦庵先生朱文公文集》卷三十六，《朱子全书》第 21 册，第 1568 页。
② 陆九渊：《与朱元晦》，《陆九渊集》，第 23 页。

又初无声臭影响之可言也。①

朱熹认为陆九渊不区分形而上和形而下，不知太极既在阴阳之外又行乎阴阳之中，这是"昧于道器之分"。陆九渊反驳道：

> 至如直以阴阳为形器而不得为道，此尤不敢闻命。《易》之为道，一阴一阳而已，先后、始终、动静、晦明、上下、进退、往来、阖辟、盈虚、消长、尊卑、贵贱、表里、隐显、向背、顺逆、存亡、得丧、出入、行藏，何适而非一阴一阳哉？奇偶相寻，变化无穷，故曰："其为道也屡迁，变动不居……"今顾以阴阳为非道而直谓之形器，其孰为昧于道器之分哉？②

陆九渊以为道即器，器即道，二者不能分割，道即在一阴一阳的运动变化之中，这也就是他常说的"道外无事，事外无道"③。他强调不能把一般原理和具体事物割裂开来，这有其合理之处。但是陆九渊以为道与器、理与事之所以不能分割，是因为统一于心。他说：

> 盖心，一心也，理，一理也，至当归一，精义无二，此心此理，实不容有二。④

---

① 朱熹：《答陆子静》，《晦庵先生朱文公文集》卷三十六，《朱子全书》第 21 册，第 1568 页。
② 陆九渊：《与朱元晦》，《陆九渊集》，第 29 页。
③ 陆九渊：《语录上》，《陆九渊集》，第 395 页。
④ 陆九渊：《与曾宅之》，《陆九渊集》，第 4—5 页。

万物森然于方寸之间，满心而发，充塞宇宙，无非此理。①

四方上下曰宇，往古来今曰宙。宇宙便是吾心，吾心即是宇宙。②

陆九渊认为"心即理也"③，人人同此一心，同此一理，所以"不容有二"。他继承了孟子"万物皆备于我"的思想，以为万物都是由心生发出来的。"见孺子将入井而有怵惕恻隐之心者，此理也"④；仁、义、礼、智，皆此理；"天覆地载，春生夏长，秋敛冬肃，俱此理"⑤。总之，宇宙间一切都是"吾心"的表现，都体现了心之理，心就是宇宙的本源，万物的实体。这是主观唯心主义的理论，不同于朱熹以理为第一原理的客观唯心主义。

在鹅湖之会上，朱陆讨论"为学之方"（道德的教育和修养）而产生意见分歧。朱熹主张"泛观博览，而后归之约"，陆九渊兄弟则主张"先发明人之本心，而后使之博览"。"朱以陆之教人为太简，陆以朱之教人为支离。"⑥这也就是所谓"道问学"与"尊德性"之争。对《中庸》的"君子尊德性而道问学"一语，朱熹解释说："尊德性，所以存心而极乎道体之大也。道问学，所以致知而尽乎道体之细也。二者，修德凝道之大端也。"⑦朱熹以为"以诚敬存心"与"格物致知"不可偏废，不过他较多地注意了从"道问学"入手，

---

① 陆九渊：《语录上》，《陆九渊集》，第 423 页。
② 陆九渊：《杂说》，《陆九渊集》，第 273 页。
③ 陆九渊：《与李宰》，《陆九渊集》，第 149 页。
④ 陆九渊：《与曾宅之》，《陆九渊集》，第 5 页。
⑤ 陆九渊：《语录下》，《陆九渊集》，第 450 页。
⑥ 袁燮、傅子云：《年谱》，载陆九渊《陆九渊集》，第 491 页。
⑦ 朱熹：《四书章句集注·中庸章句》，《朱子全书》第 6 册，第 53 页。

强调"析理则不使有毫厘之差"①，偏重了"道体之细"。而陆九渊则以为要"先立乎其大者"。他说："既不知尊德性，焉有所谓道问学？"②就是说，首先要存心；一旦"发明本心"，就"自昭明德"，自然明理了。

就"心物（知行）"之辩来说，朱熹和陆九渊都是先验论者，都主张知先于行和"复性"说。陆九渊说：

> 吾知此理即乾，行此理即坤。知之在先，故曰乾知太始。行之在后，故曰坤作成物。③
>
> 人性本善，其不善者迁于物也。知物之为害，而能自反，则知善者乃吾性之固有，循吾固有而进德，则沛然无他适矣。故曰："复，德之本也。"知复则内外合矣。④

他以为，知就是"知此理"，"知复"或"自反"，也就是经过修养而复归自己的本心，恢复固有的德性，于是便可以循性而行，行动自然地合乎准则。就这种先验论的主张来说，朱陆无多大的差异。不过朱熹区分了"心"与"性"。他说："灵处只是心，不是性。性只是理。"⑤而陆九渊则以为不必作这种区分。他说"心即理"，对学生说："若必欲说时，则在天者为性，在人者为心。此盖随吾友而言，

---

① 朱熹：《四书章句集注·中庸章句》，《朱子全书》第 6 册，第 53 页。
② 陆九渊：《语录上》，《陆九渊集》，第 400 页。
③ 同上书，第 401 页。
④ 同上书，第 416—417 页。
⑤ 朱熹：《朱子语类》卷五，《朱子全书》第 14 册，第 218 页。

其实不须如此。"①在他看来，心与性是一回事，所以他讲"复"就是"复本心"②。

朱熹以为"复性"的途径在于"明天理，去人欲"。陆九渊说："天理人欲之言，亦自不是至论。若天是理，人是欲，则是天人不同矣。……《书》云：'人心惟危，道心惟微。'解者多指人心为人欲，道心为天理，此说非是。心一也，人安有二心？"③他以为，朱熹区分天理和人欲、道心和人心的说法是把天与人分裂为二了。但这决不是说他不赞成区分理和欲。对于理学家的核心思想"存理、去欲"，他并无异议，只是认为应该把"欲"叫作"物欲"、"利欲"而已。他说：

> 道塞宇宙，非有所隐遁，在天曰阴阳，在地曰柔刚，在人曰仁义。故仁义者，人之本心也。……愚不肖者不及焉，则蔽于物欲而失其本心；贤者智者过之，则蔽于意见而失其本心。④

就是说，使人失其本心的原因在于两种"蔽"：一是"物欲"，二是"意见"。一般人"蔽于物欲"，诸子百家"蔽于意见"（认为自己的意见即是真理）。只有去掉"物欲"、"意见"之蔽，才可以复见本心，使天赋的仁义之理明白起来。

---

① 陆九渊：《语录下》，《陆九渊集》，第 444 页。
② 见袁燮、傅子云：《年谱》，载陆九渊：《陆九渊集》，第 490—491 页。
③ 陆九渊：《语录上》，《陆九渊集》，第 395—396 页。
④ 陆九渊：《与赵监》，《陆九渊集》，第 9 页。

　　因此,陆九渊以为正确的方法是教人解蔽去惑,是"减",而不是"添"。他说:"今之论学者只务添人底,自家只是减他底,此所以不同。"①在他看来,朱熹写许多书,给经典作许多注释,都是增加人的负担,而他则是与人"减担",引导人"明理"、"知本"。他说:

　　　　学苟知本,六经皆我注脚。②
　　　　学者须是打叠田地净洁,然后令他奋发植立。若田地不净洁,则奋发植立不得。……然田地不净洁,亦读书不得。若读书,则是假寇兵,资盗粮。③

他把读书放到次要的地位,以为培养人的方法最根本是两条:一是解除"利欲"、"意见"之蔽,使心地净洁;二是自作主宰,奋发植立。前者是属于认识、觉悟的事,后者要靠意志力量。

　　陆九渊以为意志要以认识为前提。他说:

　　　　志个甚底? 须是有智识,然后有志愿。④
　　　　傅子渊自此归其家,陈正己问之曰:"陆先生教人何先?"对曰:"辨志。"正已复问曰:"何辨?"对曰:"义利之辨。"若子渊之对,可谓切要。⑤

---

① 陆九渊:《语录上》,《陆九渊集》,第401页。
② 同上书,第395页。
③ 陆九渊:《语录下》,《陆九渊集》,第463页。
④ 同上书,第450页。
⑤ 陆九渊:《语录上》,《陆九渊集》,第398页。

陆九渊教人，首先讲"义利"之辩，其实也即"理欲"之辩。认清了二者的界限，于是"其于利欲之习，怛焉为之痛心疾首，专志乎义而日勉焉"①，这就是立志了。陆九渊对理智和意志关系的考察有一定的合理因素，但他片面强调人的意识的能动作用，以为先立乎其大者，便一了百了。他说：

> 此理本天所以与我，非由外铄。明得此理，即是主宰。真能为主，则外物不能移，邪说不能惑。②
>
> 请尊兄即今自立，正坐拱手，收拾精神，自作主宰。万物皆备于我，有何欠阙。当恻隐时自然恻隐，当羞恶时自然羞恶，当宽裕温柔时自然宽裕温柔，当发强刚毅时自然发强刚毅。③

他以为有"本"自然就有"末"，真正做到复其本心，自作主宰，那就只要凭精神的直觉，一切作为就自然合理了。这同禅宗说"触类是道而任心"如出一辙。

陆学近禅，这是事实，但它也不是禅学的简单重复。陆九渊在讲儒释之辩时说："天秩、天叙、天命、天讨，皆是实理，彼岂有此？"④佛教不讲"天秩"、"天命"，不讲纲常名教；而儒家则坚持纲常名教出于"天命"，这就是理学与佛学的不同之点。

---

① 陆九渊：《白鹿洞书院论语讲义》，《陆九渊集》，第 276 页。
② 陆九渊：《与曾宅之》，《陆九渊集》，第 4 页。
③ 陆九渊：《语录下》，《陆九渊集》，第 455—456 页。
④ 同上书，第 464 页。

陆学作为理学的一派,是以批判朱熹的面目出现的。朱熹教人读书明义理,虽不同于汉人的章句训诂之学,但他过分强调"泛观博览",也有流于支离、烦琐之弊。陆九渊在批判朱熹的烦琐学风方面有其合理之处。他说:

> 晦翁之学自谓一贯,但其见道不明,终不足以一贯耳。吾尝与晦翁书云:"揣量模写之工,依放假借之似,其条画足以自信,其节目足以自安",此言切中晦翁之膏肓。①

从哲学的演变来说,朱熹侧重讲"万理"、"有对"、"分析"这一方面,而陆九渊则侧重讲"一理"、"同一"、"合一"这一方面。他说:

> 急于辨析,是学者大病,虽若详明,不知其累我多矣。石称丈量,径而寡失,铢铢而称,至石必谬,寸寸而度,至丈必差。②

这话就是针对朱熹的"铢分毫析"而说的。朱熹主张细致地辨析,而陆九渊以为这是"学者大病"。朱熹对"为学之方"的各个环节如"博观"与"内省","格物"与"致知","穷理"与"居敬","积累"与"顿悟"等等,都作了辨析,而陆九渊却说:"近有议吾者云:'除了

---

① 陆九渊:《语录上》,《陆九渊集》,第 419—420 页。
② 陆九渊:《与詹子南》,《陆九渊集》,第 140 页。

先立乎其大者一句，全无伎俩。'吾闻之曰：'诚然。'"①朱熹对许多范畴分别作了界说，如说："性者，心之理；情者，心之动。才便是那情之会恁地者。""才是心之力，是有气力去做底。心是管摄主宰者，此心之所以为大也。心譬水也。性，水之理也。性所以立乎水之静，情所以行乎水之动，欲则水之流而至于滥也。"②而陆九渊以为这样在名言、概念上作辨析是完全不必要的。《语录》写道：

> 伯敏云："如何是尽心？性、才、心、情如何分别？"先生云："如吾友此言，又是枝叶。虽然，此非吾友之过，盖举世之弊。今之学者读书，只是解字，更不求血脉。且如情、性、心、才，都只是一般物事。言偶不同耳。"③

他以为用不着去分辨"如何样是心，如何样是性情与才"等等，以为这样"解字"只能妨碍把握"血脉骨髓"。为学就要发明本心。"心之体甚大，若能尽我之心，便与天同。为学只是理会此。"④

陆九渊这样反对分析，强调同一，近乎叫人囫囵吞枣，就走到了另一个片面，成了形而上学。陆九渊同禅宗和尚一样，说了许多大话，实际上流于空疏。总的说来，他的学说比较粗糙，在宋元时期并无多大的影响。直到明中叶，经王守仁阐发，"心学"才成

---

① 陆九渊：《语录上》，《陆九渊集》，第400页。
② 朱熹：《朱子语类》卷五，《朱子全书》第14册，第233页。
③ 陆九渊：《语录下》，《陆九渊集》，第444页。
④ 同上注。

为完备的哲学体系。

第八节　朱陈之争与陈亮、叶适的事功之学

陈亮、叶适是与朱熹同一时代的思想家，他们主张事功之学。

陈亮（公元 1143 年—1194 年），字同甫，原名汝能，浙江永康人，学者称为龙川先生。著作有《龙川文集》①。叶适（公元 1150 年—1223 年），字正则，浙江永嘉人，学者称为水心先生。著作有《水心文集》、《水心别集》②和《习学记言》③。

陈亮、叶适在抗金问题上，反对屈辱求和，坚决主战。陈亮少年时即热心国事，喜谈兵略，希望驰骋战场，赶走女真，恢复中原。

---

① 《龙川文集》：据叶适说原有 40 卷，而今存各种刻本都只有 30 卷，另卷首 1 卷，补遗 1 卷，附《朱文公经济文衡》等 2 卷。现有各刻本中，最早的是明成化年间刻本，通行的是清同治胡凤丹退补斋《金华丛书》刻本，此本附有《辩诬考异》2 卷。1974 年中华书局以清同治退补斋本为底本，并参照明成化本、清同治永康应宝时重刊本和清光绪湖北崇文书局本作校勘，又增补了一些诗文，将《龙川文集》重编，改名《陈亮集》。
② 《水心文集》、《水心别集》：宋人陈振孙的《直斋书录题解》最早著录叶适著作："《水心文集》二十八卷；《拾遗》一卷；《别集》十六卷。"后颇有散佚。明正统年间，黎谅搜集各种残本，编成《水心先生文集》，29 卷。清孙衣言增入重辑的《补遗》1 卷，成 30 卷。清同治年间，李春龢依据他老师孙衣言所藏写本重刊了《水心别集》。1961 年中华书局将《文集》和《别集》合编出版，定名《叶适集》，但《文集》和《别集》二名仍保留。《文集》以孙刻 30 卷本为底本，《别集》以李刻本为底本，并参考孙衣言的校注及浙江图书馆所藏《别集》抄本作了校勘。
③ 《习学记言》：又称《习学记言序目》，共 50 卷，是叶适的读书笔记。包括说经 14 卷，诸子 7 卷，史 25 卷，文鉴 4 卷。现存各本中，清光绪年间黄体芳刻本是较好的本子。1977 年中华书局以黄刻本为底本，吸收 1928 年黄群校本成果，参考北京图书馆藏瞿氏明抄本和上海图书馆藏叶氏清抄本，整理出版，书名为《习学记言序目》。据叶适门人孙之弘序，叶适起初只是"辑录经史百氏条目"，没有加以评论，这时名为《习学记言》。后来"研玩群书"，撰写了论述，乃以"序目"名书。张岱年的《中国哲学史史料学》（生活·读书·新知三联书店，1982 年）指出，《四库全书》著录为《习学记言》是正确的，中华书局标点本题为《习学记言序目》是不恰当的（见该书第 166—167 页）。

他多次上书宋孝宗，主张打破南宋王朝苟安的局面，收复失地，洗刷国耻。因而遭到当权的大官僚的嫉恨，二次被诬下狱。但他志气未灭，晚年考中进士，授签书建康府判官后，企图实现自己的抱负，作诗曰："复仇自是平生志，勿谓儒臣鬓发苍。"①然而，未及赴任就病死了。他和著名的爱国文学家辛弃疾是亲密的朋友。叶适不仅提出抗金的主张，而且还参加了抗金的实际斗争。在韩侂胄伐金时，他以宝谟阁待制知建康府，兼沿江制置使捍卫江防。韩侂胄伐金战败，以罪被杀，叶适被诬附和韩起兵，夺官去职。晚年居永嘉城外水心村讲学。陈亮和叶适都从抗金的角度，对理学予以严厉的批评。陈亮说理学家"自以为得正心诚意之学"，其实都是"风痹不知痛痒之人"②。叶适说理学家"坐而讲尧、舜、三代之旧"，"而不思夷夏之分"③。

在学术思想上，陈亮是永康学派的代表，叶适是永嘉学派的代表。他们与程朱理学派在理论上展开了争论，以事功之学来对抗程朱理学。

一、朱陈"王霸"、"义利"之辩

在"王霸"、"义利"问题上，陈亮与朱熹展开了论战，来往信件有好多封。朱熹因为陈亮遭意外之祸，劝他"绌去义利双行、王霸

---

① 陈亮：《及弟谢恩和御赐诗韵》，邓广铭点校：《陈亮集》下册，中华书局1987年版，第506页。
② 陈亮：《上孝宗皇帝第一书》，《陈亮集》上册，第9页。
③ 叶适：《外稿·始论一》，《水心别集》卷十，刘公纯等点校：《叶适集》下册，中华书局2010年版，第758页。

并用之说,而从事于惩忿窒欲、迁善改过之事,粹然以醇儒之道自律"①。朱熹以为,王与霸、义与利的对立就是天理与人欲的对立。他把历史分为三代以上与三代以下截然不同的两个阶段,以为"三代专以天理行,汉唐专以人欲行";三代是王道盛世,而三代以下是人欲横流;虽然汉唐强盛,但决不能"以成败论是非"。他以为,自孟子没后,道统中断,"千五百年之间……其间虽或不无小康,而尧、舜、三王、周公、孔子所传之道,未尝一日得行于天地之间也。"②

陈亮则认为,不应该将王与霸、义与利、天理与人欲割裂开来、对立起来。他反对"道统中断"的说法,说:

> 信斯言也,千五百年之间,天地亦是架漏过时,而人心亦是牵补度日,万物何以阜蕃,而道何以常存乎?③

他替汉唐之君辩护,认为汉祖、唐宗"谓之杂霸者,其道固本于王也"④。而说三代行王道,其实三代的人也有人欲。不讲利就没有义,不讲事功就没有天理。他认为天理不在别的地方,就在于人的喜怒哀乐之中。"夫道岂有他物哉,喜、怒、哀、乐、爱、恶得其正而已;行道岂有他事哉,审喜、怒、哀、乐、爱、恶之端而已。"⑤道、理就是"喜怒哀乐爱恶得其正"。这种看法并不是把王与霸、义与利、理与欲对立、并列起来,所以他不承认自己主张"义利双行,王

---

① 朱熹:《寄陈同甫书》,载陈亮:《陈亮集》下册,第359页。
② 同上书,第361页。
③ 陈亮:《又甲辰秋书》,《陈亮集》下册,第340页。
④ 同上注。
⑤ 陈亮:《勉彊行道大有功》,《陈亮集》上册,第101页。

霸并用"。他说："如亮之说，却是直上直下，只有一个头颅做得成耳。"①就是说，只有像他那样将王霸、义利、理欲统一起来，才是成功之道。

陈亮和朱熹的论战是事功之学（功利主义）和理学唯心主义（反功利主义）的争论，同时也牵涉到"道器"之辩和"知行"之辩。

朱熹以为天理（道）是永恒的、超时空的精神实体，"不为尧存，不为桀亡"。他说：

> 若论道之常存，却又初非人所能预。只是此个自是亘古亘今常在不灭之物，虽千五百年被人作坏，终殄灭他不得耳。②

就是说，天道超越于人事，虽然千五百年间"道统"中断，但天道还是常在不灭。陈亮认为这是说不通的。他说：

> 天下岂有道外之事哉……夫道，非出于形气之表，而常行于事物之间者也。③

他以为没有超越于事物、形气的道，也没有在道之外的事物。"道在事中"，有人事就是道，怎么能说千百年间"人道泯灭"呢？陈亮又说：

---

① 陈亮：《又甲辰秋书》，《陈亮集》下册，第340页。
② 朱熹：《寄陈同甫书》，载陈亮：《陈亮集》下册，第361页。
③ 陈亮：《勉彊行道大有功》，《陈亮集》上册，第100页。

人之所以与天地并立而为三者,非天地常独运而人为有
息也,人不立则天地不能以独运,舍天地则无以为道矣。夫
"不为尧存,不为桀亡"者,非谓其舍人而为道也,若谓道之存
亡非人所能与,则舍人可以为道,而释氏之言不诬矣。①

陈亮正确地说明了"道在事中"。就历史领域说,不能"舍人而为
道",离开了人的活动无所谓"人道"。但是,他讲"人不立则天地
不能以独运","道之存亡"是"人之所能预",显然是把人的作用夸
大过头了,过分强调了人的主观能动作用,滑向了主观唯心主义。
其实,即使是"人道"(人类社会历史发展规律)也不是以人的意志
为转移,并非人所能随意改变和干预的;至于"天地之运",当然不
是依赖人的活动的。

朱陈之争,还在于朱熹强调"知",而陈亮重视"行";朱熹教人
作"存天理,灭人欲"的醇儒,而陈亮则要造就具有"推倒一世之智
勇"的英雄。陈亮说:

风不动则不入,蛇不动则不行,龙不动则不能变化。今
之君子欲以安坐感动者,是真腐儒之谈也。……况欲运天下
于掌上者,不能震动,则天下固运不转也。②

要改变世界就一定要行动,以为合眼静坐、正心诚意便可以感动
人(甚至以为这就是"治夷狄之道"),那真是"腐儒之谈"。陈亮以

---

① 陈亮:《又乙巳春书之一》,《陈亮集》下册,第345页。
② 陈亮:《又癸卯秋书》,《陈亮集》下册,第336页。

为，为了抗金和富国强兵，需要有德才兼备、智勇双全的人才；而儒者却"气不足以充其所知，才不足以发其所能"①，循规蹈矩、墨守陈说，只能误国。所以，他认为朱熹教人"以醇儒自律"，不是"成人之道"。成人不等于成儒。他说："学者，所以学为人也，而岂必其儒哉！"②那么，怎样来造就人才呢？就是要在行动中锻炼。他说：

> 人才以用而见其能否，安坐而能者不足恃也；兵食以用而见其盈虚，安坐而盈者不足恃也。③

是说，衡量一个人有没有才能，要看他实际做得怎样。才能要在实际行动中表现出来，拱手安坐而自称有才能是靠不住的。这基本上是唯物主义观点。当然，陈亮的唯物论比较粗糙。陈傅良曾对陈亮说："功到成处，便是有德，事到济处，便是有理，此老兄之说也。"④这个评论有一定的道理。陈亮以为事功与义理是统一的，但有片面强调事功的倾向。片面强调事功、行动、人力，也可以滑到唯心主义那里去，如说"人不立则天地不能以独运"等等。

二、叶适："物之所在，道则在焉"；"以物用而不以己用"

叶适也讲事功之学。他说："'仁人正谊不谋利，明道不计

---

① 陈亮：《又甲辰秋书》，《陈亮集》下册，第340—341页。
② 陈亮：《又乙巳春书之一》，《陈亮集》下册，第346页。
③ 陈亮：《上孝宗皇帝第一书》，《陈亮集》上册，第3页。
④ 陈傅良：《致陈同甫书》，载陈亮：《陈亮集》下册，第393页。

功',此语初看极好,细看全疏阔。……后世儒者行仲舒之论,既无功利,则道义者,乃无用之虚语尔。"①董仲舒的"正谊不谋利,明道不计功"这两句话,为理学家所乐道,而叶适则直斥之为"虚语"。他以为道义不能脱离功利,义与利、理与欲是统一的,这就反对离开欲讲理,批判了"以性为静,以物为欲,尊性而贱欲"②的理论。

在道与器(物)的关系问题上,叶适反对《老子》的道"先天地生"的观点。他说:

> 物之所在,道则在焉。物有止,道无止也。非知道者不能该物,非知物者不能至道,道虽广大,理备事足,而终归之十物,不使散流。③

意思是,道不能离开物而独立存在。道是无限的,具体的物是有限的;道和物之间存在着普遍和特殊的区别,但道依存于物,决没有超乎物质世界的道;只有认识了具体事物,才能达到对道的认识。同时,也只有认识了道,才能概括具体事物。叶适对理学家讲的"太极"提出了批评。理学家都将《易传》说的"太极生两仪,两仪生四象"奉为"宗旨秘义",但叶适却说,这句话其实是"文浅而义陋"④。叶适以为,所谓"极"无非是标准、准则的意思。"夫极

---

① 叶适:《习学记言序目》卷二十三,上册,中华书局 2009 年版,第 324 页。
② 叶适:《习学记言序目》卷八,上册,第 103 页。
③ 叶适:《习学记言序目》卷四十七,下册,第 702 页。
④ 叶适:《习学记言序目》卷四,上册,第 47 页。

非有物，而所以建是极者则有物也。"①"极"并非是在物之外存在的一种东西，而是有物才能建极。举例来说：如建住宅，有了房子、桌椅等，人可以居住，就可说这符合居室的标准。又如造车子，它由车盖、车轮等构成，人可利用来驾马、载重，才符合车子的标准。物质条件有一样不具备，就不符合标准，"有一不备，是不极也"②。所以他反对《老子》说的"三十辐共一毂，当其'无'，有车之用……凿户牖以为室，当其'无'，有室之用"。不是因为"无"才有用，而是因为"有"才有用。③ 总之，他认为不能离开具体事物而另外有"道"和"极"。他当然也反对朱熹所说的，先有"太极"，才有万物，先有房子、车子之理，才有房子和车子，等等。他认为不应作"形而上者"与"形而下者"的区分，说："若夫言形上则无下，而道愈隐矣。"④

那么，什么是"理"呢？叶适说：

> 夫形于天地之间者，物也；皆一而有不同者，物之情也；因其不同而听之，不失其所以一者，物之理也；坚凝纷错，逃遁谲伏，无不释然而解，油然而遇者，由其理之不可乱也。⑤

就是说，宇宙间有形有象的都是物，物的真实形态是不同的（多样

---

① 叶适：《进卷·皇极》，《水心别集》卷七，《叶适集》下册，第 728 页。
② 同上书，第 729 页。
③ 叶适：《习学记言序目》卷十五，上册，第 214 页。
④ 叶适：《习学记言序目》卷四，上册，第 47—48 页。
⑤ 叶适：《进卷·诗》，《水心别集》卷五，《叶适集》下册，第 699 页。

的)而又是统一的;任其不同而又不失其所以统一者,即是事物的
规律。万物虽然纷繁复杂,但由于其中有必然的规律,所以解散
和遇合都是自然而然,有其不可乱的秩序。他用多样中的统一来
解释事物的秩序和规律,这与张载用"两"和"一"来解释道相似。
叶适说:

> 道原于一而成于两。古之言道者必以两。凡物之形,
> 阴、阳、刚、柔、逆、顺、向、背、奇、耦、离、合、经、纬、纪、纲,皆
> 两也。①

一切事物都是"两",而"两"原于"一"。统一物分解为两个部分,
这就是道。各执一端而不明"两",那是片面性,要造成种种"乖许
反逆"。有的人似乎把握了"两",但又把它们凝固化了,只见其形
迹而不见其运化,那也不对。他以为真正的道是"中庸"。

> 中庸者,所以济物之两而明道之一者也……水至于平而
> 止,道至于中庸而止矣。②

就是说,对立统一的运动最终是达到平衡、调和。叶适所谓"中
庸",是指中和之道。他批评了《中庸》一书讲的"执两用中"、"素
位而行"、"庸言庸行"等处世妙诀;但赞成"中也者,天下之大本
也;和也者,天下之达道也"的观点,说:"中和之道致于我,而天地

---

① 叶适:《进卷·中庸》,《水心别集》卷七,《叶适集》下册,第 732 页。
② 同上注。

万物之理遂于彼矣。……《中庸》之书，过是不外求矣。"①他以为自然界的"中庸"，就表现在日月寒暑、风雨霜露、作物生长等等都是有条理的，可以测候推算。同样，人类社会的君臣父子、仁义教化等等也都有其"中庸之道"。他用自然界的平衡来论证封建等级制度的合理，反映了他的地主阶级立场。从理论上来说，他正确地指出"理未有不对立者也"②，但又说"至于平而止"，陷入了形而上学的平衡论。

就"心物（知行）"之辩来说，叶适明确反对孟子的主观唯心主义，他在《习学记言》卷十四中说：

> 盖以心为官，出孔子之后，以性为善，自孟子始；然后学者尽废古人入德之条目，而专以心性为宗主，致虚意多，实力少，测知广，凝聚狭，而尧舜以来内外交相成之道废矣。③

这是对理学家"道统"说的尖锐批判。因为当时孟子已成为"亚圣"，孟子的学说已成为学术讨论的禁区，但叶适却敢于直接批评孟子，表现了唯物主义的战斗精神。他以为孟子的"尽心知性"、"尊心官贱耳目"之说是片面的，正确的认识途径应是"内外交相成之道"。他说："人之所甚患者，以其自为物而远于物。"④认为人的肉体也是物，人们的毛病就在于自己本身是物，还要脱离物，由

---

① 叶适：《习学记言序目》卷八，上册，第109页。
② 叶适：《习学记言序目》卷一，上册，第1页。
③ 叶适：《习学记言序目》卷十四，上册，第207页。
④ 叶适：《进卷·大学》，《水心别集》卷七，《叶适集》下册，第731页。

于我与物、内与外相分离,造成了种种错误。他说:

> 是故古之君子,以物用而不以己用;喜为物喜,怒为物怒,哀为物哀,乐为物乐。……而不自用也。自用则伤物,伤物则己病矣,夫是谓之格物。《中庸》曰:"诚者物之终始,不诚无物。"是故君子不以须臾离物也。夫其若是,则知之至者,皆物格之验也。有一不知,是吾不与物皆至也。①

他指出认识有两种态度:一种是"以己用"即"自用",是自以为是的主观主义的态度,那便造成"伤物"而"己病"。另一种是"以物用"、"不自用",使主观符合于客观,喜为物喜,怒为物怒,这就叫"物格"。"物之至我,其缓急不相应者,吾格之不诚也。"②只要我真诚地去格,无片刻离物,那么事物不断地涌现,我都能作出适当的反应,达到"吾与物皆至"。这当然是要花力气的,不花力气是不可能"格物"的。"格物"就是要"以物用",而"天下之物,未有人不极其勤而可以致其用者也"③。好比打井汲水,不是水求人,而是人求水,通过劳动才能获得。

叶适又说:"智者知之积。"④他肯定认识是一个积累的过程,智慧是勤劳地、一点一滴地积累起来的。所以叶适强调博学,说:

---

① 叶适:《进卷·大学》,《水心别集》卷七,《叶适集》下册,第 731 页。
② 同上注。
③ 叶适:《习学记言序目》卷三,上册,第 28 页。
④ 同上注。

　　　　观众器者为良匠，观众方者为良医，尽观而后自为之，故
　　无泥古之失而有合道之功。①

　　　　将深于学，必测之古，证之今，上该千世，旁括百家，异流
　　殊方，如出一贯，则枝叶为轻而本根重矣。②

即是说，必须通过博学和亲身实践，全面地考察古今上下、诸子百
家，并且力求达到融会贯通，这样才能把握根本而"以枝叶为轻"。

　　叶适以为在认识过程中感性与理性、学与思不可偏废。要获
得正确的认识，一方面要依靠"耳目之官"，另一方面又要依靠"心
之官"。他说："耳目之官不思而为聪明，自外入以成其内也；思曰
睿，自内出以成其外也。……古人未有不内外交相成而至于圣
贤，故尧舜皆备诸德，而以聪明为首。"③这就是说，"内外交相成"
是以感性为基础的。而理学家片面强调"心之官"的作用，强调内
心功夫，完全脱离实际，往往以为一念顿悟即可成为圣贤。对此，
叶适批评说："一造而尽获，庄、佛氏之妄也。"④他还批评当时的理
学是"以心通性达为学，而见闻几废"⑤。这确实触及了理学唯心
主义的认识论根源。

　　叶适的唯物主义很有批判的精神，他说："今世之士，曰知学
矣。夫知学未也，知学之难可也；知学之难犹未也，知学之所蔽可

---

① 叶适：《外稿·法度总论一》，《水心别集》卷十二，《叶适集》下册，第787页。
② 叶适：《宜兴县修学记》，《水心文集》卷十一，《叶适集》上册，第195页。
③ 叶适：《习学记言序目》卷十四，上册，第207页。
④ 叶适：《陈叔向墓志铭》，《水心文集》卷十七，《叶适集》中册，第326页。
⑤ 叶适：《题周子实所录》，《水心文集》卷二十九，《叶适集》中册，第603页。

也。"①他强调要破除"所蔽"。他对理学以及为理学家所推崇的曾子、子思、孟子和《易传》等的尖锐批评，在当时确有"解蔽"的作用。当然，叶适也有一些提法不够确切。在认识论上，他虽然讲"以聪明为首"，强调感性的重要；但又说："所谓觉者，道德、仁义、天命、人事之理是已。夫是理岂不素具而常存乎？其于人也，岂不均赋而无偏乎？"②他认为道德意识是天赋的，"觉"就是唤醒天赋的理，这便滑到先验论去了。

三、叶适论"势"

叶适的事功之学同理学唯心主义相对立的一个重要方面是在历史观上。

朱熹用"天理"与"人欲"来区分三代与汉唐，而叶适则用"时"或"势"来解释历史。他说：

> 天地虽人物之主，而不自为，一皆听命于时而已，所兴不能夺，所废莫之与也。③

> 夫以封建为天下者，唐、虞、三代也；以郡县为天下者，秦、汉、魏、晋、隋、唐也。法度立于其间，所以维持上下之势也。唐、虞、三代，必能不害其为封建而后王道行，秦、汉、魏、晋、隋、唐，必能不害其为郡县而后伯政举。④

---

① 叶适：《赠薛子长》，《水心文集》卷二十九，《叶适集》中册，第 608 页。
② 叶适：《觉斋记》，《水心文集》卷九，《叶适集》上册，第 141 页。
③ 叶适：《时斋记》，《水心文集》卷九，《叶适集》上册，第 156 页。
④ 叶适：《外稿·法度总论一》，《水心别集》卷十二，《叶适集》下册，第 787 页。

叶适同柳宗元一样，把历史上制度的兴废归之于时势的必然，三代行分封制，秦汉以后行郡县制，都是时势决定的。而种种法度和政治措施，在三代必须适合分封制的统治秩序，在汉唐必须维持郡县制的"上下之势"。这是在较大的历史范围内讲的"势"。

叶适认为对"天下之势"还应作更具体的分析。他说：

> 故夫势者，天下之至神也，合则治，离则乱；张则盛，弛则衰；续则存，绝则亡。臣尝考之于载籍，自有天地以来，其合离、张弛、绝续之变，凡几见矣，知其势而以一身为之，此治天下之大原也。[1]

这是说，统治者要治天下，最根本的一条是要认识天下之势并且能掌握它、控制它。势在变，人和势的关系也在变。人的活动合乎势，则治；背离势，则乱。真正认识了势，人便能利用形势来使国家强盛，在失去了势而能接续时，也可以救亡图存。叶适以为，"古之人君，若尧、舜、禹、汤、文、武，汉之高祖、光武，唐之太宗，此其人皆能以一身为天下之势"。他们在当时都能掌握、控制形势，天下之势"在己而不在物，则天下之事惟其所为而莫或制其后"[2]。就是说，这些君主在自己的时代代表了历史发展的趋势，所以大有作为，行动显得很自由。至于那些昏庸之君，或被外戚、宦官控制，或被权臣篡夺，那便是"天下之势在物而不在己"[3]。

---

① 叶适：《进卷·治势上》，《水心别集》卷一，《叶适集》下册，第 639 页。
② 同上书，第 637 页。
③ 同上注。

叶适又区别了"治乱之势"和"存亡之势",说:

> 立国之势,有未当论治乱安危而当先论存亡者,自昔善
> 论之士少有能知。[1]

他以为,如在唐代"募兵藩镇,不过能危乱其国";而到了唐末,则已造成"莫之使而自亡"之势。他特别指出:"天下有自亡之势……则人主其可不惕然而自惧哉!"[2]他借唐亡的教训来替南宋王朝敲警钟,说:"至如今日事势,亦只当先论存亡。"[3]所以,《四库全书总目提要》谓叶适《习学记言》中"论唐史诸条,往往为宋事而发"[4]。

叶适论势,很有现实意义。他一方面比较客观地分析了南宋王朝"积弱"之势,另一方面又批评了消极"待时"之论。他以为像范蠡劝越王勾践"待时",即准备 20 年之后灭吴,那是正确的;而南宋时的"待时"、"乘机"之论,却只能误国。他在《上光宗皇帝劄子》中说:

> 事之未立,则曰"乘其机也",不知动者之有机而不动者
> 之无机矣,纵其有机也,与无奚异!功之未成,则曰"待其时
> 也"。不知为者之有时而不为者之无时矣,纵其有时也,与无

---

① 叶适:《习学记言序目》卷四十五,下册,第 633 页。
② 叶适:《水心别集》卷之六,《叶适集》下册,第 724—725 页。
③ 叶适:《习学记言序目》卷四十五,下册,第 634 页。
④ 永瑢等:《四库全书总目》卷一一七,上册,中华书局 1965 年版,第 1012 页。

奚别！①

这是说，"待时"论者把事功未成归之于客观时机未到，却不知道人要行动才有时机，如果无所作为，时机到了，也等于没有时机。叶适非常强调人的主观能动作用。他批评了"人生而静"的观点，说："生即动，何有于静？"②叶适强调"动"，要求"精于力行"，反对理学家的"空言"，这是正确的。

但叶适有时也把话说偏了。例如，他批评荀子的《天论》说：

> "天行有常，不为尧存，不为桀亡。"所以言有常道者，复帱运行，日月之所丽尔；尧之时则治，是为尧而存也，桀之时则乱，是为桀而亡也。谓"不为尧存，不为桀亡"，非也。又言"应之以治则吉，应之以乱则凶。"吉凶果在所应，则是无常也；谓"天行有常"，非也。③

这里，叶适犯了同陈亮一样的错误，以为"道之存亡"依存于人，滑向了主观唯心主义。叶适论"势"，虽然正确地指出了英雄人物体现了历史发展的趋势，所以大有作为；但他说帝王（不是人民）"能以一身为天下之势"，又以为道"为尧而存"，则显然是英雄史观。

---

① 叶适：《外稿·应诏条奏六事》，《水心别集》卷十五，《叶适集》下册，第839页。
② 叶适：《习学记言序目》卷八，上册，第103页。
③ 叶适：《习学记言序目》卷四十四，下册，第649页。

第九节 王守仁的"致良知"说

——主观唯心主义的心一元论体系

自南宋理宗把程朱理学钦定为官方哲学以后,经元至明,朱熹的地位被越抬越高,他的学说成了神圣的教条,学术界出现了像黄宗羲所说的"此亦一述朱耳,彼亦一述朱耳"的现象。直到明中叶,王守仁提出"致良知"说,使理学中的心学一派取得完成的形态,盛行一时,才打破了程朱理学的独尊局面。

王守仁(公元 1472 年—1529 年),字伯安,余姚(今属浙江)人。曾筑室故乡阳明洞中,世称阳明先生。官至南京兵部尚书。其学说以反传统姿态出现,明中叶以后,影响很大,还流行到日本。著作由门人辑成《王文成公全书》[①],其中主要的哲学著作有《传习录》[②]和《大学问》[③]。

一、破"功利之见",倡导"狂者"学风

王学的盛行,是有着深刻的历史原因的。中国的封建制度演变到明中叶,已陷入深重的危机之中。土地兼并十分激烈,大量土地为皇室、官僚所占有,沉重的赋税转移到农民头上,迫使数以

---

① 《王文成公全书》:凡 38 卷,分为《传习录》、《文录》、《别录》、《外集》、《续编》、《世德记》等部分。有明隆庆刻本,《四部丛刊》影印本。
② 《传习录》:有上中下篇,收在《王文成公全书》卷一至三,是王氏弟子徐爱、钱德洪等所编。其中主要是语录和书札,是研究王守仁哲学思想的重要史料。
③ 《大学问》收在《王文成公全书》卷二十六,为王氏弟子钱德洪所辑录,是研究心学与理学论争的主要材料。

百万计的农民离开土地成了流民。在闽浙、荆襄等地区先后发生
了农民起义，规模越来越大。公元1510年，华北地区又爆发刘六、
刘七农民大起义，直接威胁北京。而明王朝内部，皇室与藩王、官
僚与宦官之间斗争愈演愈烈，公元1509年发生安化王的叛乱，
1519年发生宁王的叛乱，明王朝岌岌可危。王守仁力图挽救明王
朝的统治危机。他带兵平定宁王的叛乱，又镇压江西南部的农民
起义和广西少数民族的反明武装。他从亲身体验中感到"破山中
贼易，破心中贼难"[1]，认为既要消弭农民的反抗，还须通过教育来
铲除人们的叛逆和不守本分的心理，而后者比前者更为艰难。王
学作为一种思潮，正反映了地主阶级想用加强思想教育的办法
（"破心中贼"）来挽救封建社会危机的努力。

那么，什么是"心中贼"呢？就是利欲。在"王霸"、"义利"、
"理欲"之辩上，陆王和程朱并没有原则的区别。王守仁说："学者
学圣人，不过是去人欲而存天理耳。"[2]他也认为圣人之道之所以
不能通行，是因为大家讲功利主义的缘故。他说：

> 三代之衰，王道熄而霸术焻，孔、孟既没，圣学晦而邪说
> 横。……圣人之学日远日晦，而功利之习愈趋愈下。其间虽
> 尝薈惑于佛、老，而佛、老之说卒亦未能有以胜其功利之心；
> 虽又尝折衷于群儒，而群儒之论终亦未能有以破其功利之
> 见。盖至于今，功利之毒沦浃于人之心髓而习以成性也几千

---

[1] 王守仁：《与杨仕德薛尚谦》，吴光等编校：《王阳明全集》上册，上海古籍出版社2011年版，第188页。

[2] 王守仁：《传习录上》，《王阳明全集》上册，第32页。

年矣。①

在王守仁看来，"功利之见"是圣学的最主要的敌人。而要战胜功利之见，既不能借佛老之说，也不能靠以朱熹为代表的群儒之论。王守仁和陆九渊一样，认为朱熹学派的缺点主要在于"务外遗内，博而寡要"②。所谓"务外遗内"，是指朱熹承认有客观的"理"。王守仁认为这是对唯物主义的让步。所谓"博而寡要"，是指朱熹叫人"即物穷理"、"泛观博览"。王守仁认为这是搞烦琐哲学，不如他的"致良知"学说来得明白简易。王学作为程朱学派的批判者，包含着两重性：一方面，它嫌朱熹的唯心主义不彻底，是从右面来进行批判；另一方面，它确实看到了程朱学派搞烦琐哲学，死抱住经书上的字句不放，用许多教条来束缚人。虽然王守仁反对烦琐教条的目的是要人们在培养封建道德意识上下功夫，但他的这种主张在当时具有打破精神枷锁的作用。

同时，王守仁是一个教育家。他居官时一直讲学，兴建书院，举办社学，并提倡一种不同于程朱学派的"狂者进取"的学风。这可以举个例子来说明：据《年谱》记载，嘉靖三年（公元1524年），王守仁在越，正月，"辟稽山书院，聚八邑彦士，身率讲习以督之"③；八月，宴门人于天泉桥：

> 中秋月白如昼，先生命侍者设席于碧霞池上，门人在侍

---

① 王守仁：《传习录中·答顾东桥书》，《王阳明全集》上册，第62—63页。
② 同上书，第46页。
③ 钱德洪等：《年谱三》，载王守仁：《王阳明全集》下册，第1423页。

者百余人。酒半酣，歌声渐动。久之，或投壶聚算，或击鼓，或泛舟。先生见诸生兴剧，退而作诗。（诗题《月夜》，有句云："影响尚疑朱仲晦，支离羞作郑康成。铿然舍瑟春风里，点也虽狂得我情。"）①

王守仁批评朱熹、郑玄"支离"，而鼓励他的弟子们成为"铿然鼓瑟"的曾点，因而形成了一种比较生动活泼、教条气息比较少的学风。尽管王守仁的主观愿望是要维护摇摇欲坠的明王朝封建统治，但他所倡导的"狂者"学风对当时的封建传统却起了破坏作用。虽然这种学风后来也产生了很大的流弊，但李贽等人的异端思想就是从王学发端而来的。所以我们对王守仁的心学必须作具体分析，不能简单地加以肯定或否定。

二、"心外无物"，"心外无理"

王守仁晚年用"致良知"三字来概括他的全部学说，说："致良知是学问大头脑，是圣人教人第一义。"②

那么所谓"良知"是什么呢？ 他说：

> 良知者，心之本体。③
> 良知只是个是非之心，是非只是个好恶，只好恶就尽了

---

① 钱德洪等：《年谱三》，载王守仁：《王阳明全集》下册，第 1424 页；王守仁：《月夜二首》，《王阳明全集》中册，第 866 页。
② 王守仁：《传习录中·答欧阳崇一》，《王阳明全集》上册，第 80 页。
③ 王守仁：《传习录中·答陆原静书》，《王阳明全集》上册，第 69 页。

是非,只是非就尽了万事万变。①

　　良知是天理之昭明灵觉处,故良知即是天理。思是良知
之发用。若是良知发用之思,则所思莫非天理矣。②

　　良知是造化的精灵。这些精灵,生天生地,成鬼成帝,皆
从此出,真是与物无对。人若复得他完完全全,无少亏欠,自
不觉手舞足蹈,不知天地间更有何乐可代。③

这几段语录给作为"心之本体"的"良知"下了三个彼此不同而互
有联系的规定。

　　首先,"良知"即是孟子说的"是非之心",它能判别行为的是
非,并进行好("好是")恶("恶非")的选择。所以"良知"就是伦理
学上的"良心",亦即道德意识的主体。人事万变,都有个如何合
乎道德准则,即判别是非、善恶而作出选择的问题。"良知之于节
目时变,犹规矩尺度之于方圆长短也。"④"良知"把握了"规矩、尺
度"(即道德规范、准则),就能正确地进行判别和选择,"而天下之
节目时变不可胜应矣"⑤。

　　第二,"良知"是"天理之昭明灵觉处",即天赋的理性。陆王
学派常讲"心即理",以为心的本质、内涵就是"天理"(天赋的理),
而"良知"就是对"天理"的觉察、意识。思维若是不掺杂"私意安
排",而是"良知之发用",那么所思的内容便是"天理"。

---

① 王守仁:《传习录下》,《王阳明全集》上册,第126页。
② 王守仁:《传习录中·答欧阳崇一》,《王阳明全集》上册,第81页。
③ 王守仁:《传习录下》,《王阳明全集》上册,第119页。
④ 王守仁:《传习录中·答顾东桥书》,《王阳明全集》上册,第56页。
⑤ 同上注。

第三，"良知"是造化的精灵，它是"与物无对"的本体，天地万物鬼神人类皆从此出，而人的一切认识和实践的活动，都是为了复归此本体。

上述三层意思是互相联系着的。王守仁实际上是用了先验主义的方法，把封建道德的"规矩、尺度"作形而上学的抽象，说它们是"天理"，并说"天理"是人的"良知"先天具备的，然后又转过来，说"良知"是造化的精灵，天地的本体，万事万物都是从它产生的。这种构造体系的思辨方法与朱熹没有原则的差别。

不过，朱、王的哲学，还是有客观唯心论和主观唯心论之分。朱熹在解释《大学》中的"大学之道，在明明德"一句话时说："明德者，人之所得乎天，而虚灵不昧，以具众理而应万事者也。"①王守仁把这一句话改成："虚灵不昧，众理具而万事出。心外无理，心外无事。"②"应万事"成了"万事出"，一字之改，表现了他是与客观唯心主义不同的主观唯心主义。朱熹承认心（个别精神）之外有客观事物和理，王守仁则认为"心外无事"，"心外无理"。他说：

> 心者身之主也，而心之虚灵明觉，即所谓本然之良知也。其虚灵明觉之良知，应感而动者谓之意。有知而后有意，无知则无意矣。知非意之体乎？意之所用，必有其物，物即事也。……凡意之所用无有无物者，有是意即有是物，无是意

① 朱熹：《四书章句集注·大学章句》，《朱子全书》第6册，第16页。
② 王守仁：《传习录上》，《王阳明全集》上册，第17页。

即无是物矣。物非意之用乎？①

就是说，心灵是身体的主宰，而心的"灵明"在不为物欲所蔽时，就是本然的"良知"。"良知"之体（意识主体）应感而动，便有种种观念活动或意向作用，观念活动或意向作用便表现为事物，"如意用于事亲，即事亲为一物；意用于治民，即治民为一物"②等等。王守仁把"意"定义为"其虚灵明觉之良知应感而动者谓之意"，把"物"定义为"意所在之事谓之物"③。在他看来，"良知"是"意"之体，而事物是"意"之用，所以说"心外无事"，"心外无物"。

王守仁又说"心外无理"。对于程朱学派说的"心具众理"和"在物为理"，王守仁赞成前一句，反对后一句。他说："在字上当添一心字，此心在物则为理。"④又说：

> 吾心之良知，即所谓天理也。致吾心良知之天理于事事物物，则事事物物皆得其理矣。⑤

就是说，事物的理是由"良知"中产生的。这与康德讲的"心为自然界立法"相似，不过康德讲的是自然界的因果律，而王守仁讲的则是封建道德规范，即他所谓"规矩、尺度"。

就"道器"之辩来说，朱熹强调"道器之间，分际甚明"，而王守

---

① 王守仁：《传习录中·答顾东桥书》，《王阳明全集》上册，第53—54页。
② 同上书，第53页。
③ 王守仁：《大学问》，《王阳明全集》中册，第1071页。
④ 王守仁：《传习录下》，《王阳明全集》上册，第137页。
⑤ 王守仁：《传习录中·答顾东桥书》，《王阳明全集》上册，第51页。

仁则强调"理气"、"道器"都统一于心。他说：

> 夫良知，一也。以其妙用而言谓之神，以其流行而言谓
> 之气，以其凝聚而言谓之精。①
> "精一"之"精"以理言，"精神"之"精"以气言。理者气之
> 条理，气者理之运用；无条理则不能运用，无运用则亦无以见
> 其所谓条理者矣。②

就是说，气无非是"良知"的流行，理无非是"良知"的条理。"气"
和"理"不可分割，同是一个心的属性。王守仁认为天地万物都是
"良知"的发育流行，都是"同此一气"。正因为同此一气，所以天
地万物与人原来是一体的。他说：

> 我的灵明，便是天地鬼神的主宰。……天地鬼神万物离
> 却我的灵明，便没有天地鬼神万物了。我的灵明离却天地鬼
> 神万物，亦没有我的灵明。如此便是一气流通的，如何与他
> 间隔得？③

这里王守仁所说的，是主观唯心论的见解，同时又具有泛神论的
倾向。他把"我的灵明"提高到创世主的地位，当然是主观唯心
论；但又说我和天地万物是"一气流通"的，我的灵明也不能离开

---

① 王守仁：《传习录中·答陆原静书》，《王阳明全集》上册，第70页。
② 同上注。
③ 王守仁：《传习录下》，《王阳明全集》上册，第141页。

天地万物而存在,这便又成了泛神论的观点。

主观唯心论走到极端便是唯我论。《传习录下》写道:

> 又问:"天地鬼神万物,千古见在,何没了我的灵明,便俱无了?"曰:"今看死的人,他这些精灵游散了,他的天地万物尚在何处?"[1]

> 先生游南镇,一友指岩中花树问曰:"天下无心外之物,如此花树,在深山中自开自落,于我心亦何相关?"先生曰:"你未看此花时,此花与汝同归于寂;你来看此花时,则此花颜色一时明白起来。便知此花不在你的心外。"[2]

这两个学生都以朴素唯物主义观点来提出诘难,而王守仁则从主观唯心主义立场作了回答:一个人死了,没有这个精神主体,也就没有和他相对的认识对象,即天地万物了。深山中的花,只有在人看到它时,颜色才明白起来,颜色不能离开人的感觉而存在,所以天下无心外之物。这样的论证,以认识过程中的主客观互相联系和认识内容依存于认识活动为理由,推论到物质世界不能离开人的意识而独立存在,这里包含有逻辑上不能容许的跳跃,所以是主观唯心主义的诡辩。

不过,从王守仁哲学的泛神论倾向来看,则可说唯物主义已近在咫尺了。他说:

---

[1]　王守仁:《传习录下》,《王阳明全集》上册,第141页。
[2]　同上书,第122页。

> 风、雨、露、雷、日、月、星、辰，禽、兽、草、木、山、川、土、石，与人原只一体。故五谷禽兽之类，皆可以养人；药石之类，皆可以疗疾：只为同此一气，故能相通耳。①

这样用"原只一体"、"同此一气"来解释为什么自然界物质可以供给人以营养和药物，很有点像唯物主义者的口吻。他又说：

> 耳、目、口、鼻四肢，身也，非心安能视、听、言、动？心欲视、听、言、动，无耳、目、口、鼻四肢亦不能。故无心则无身，无身则无心。但指其充塞处言之谓之身，指其主宰处言之谓之心。②
>
> 目无体，以万物之色为体；耳无体，以万物之声为体；鼻无体，以万物之臭为体；口无体，以万物之味为体；心无体，以天地万物感应之是非为体。③

这里讲到了身与心（形与神）、能与所（能知与所知）的统一。当然，王守仁是在肯定心为绝对本体的前提下讲这些话的，但他正确地指出：心要通过耳目等感官，才有视听等感觉；而人的视力、听力，一定要凭借物之形色、声音才能表现；人的思维能力，也一定要凭借对天地万物的感应而作出是与非（合理与不合理）的判断活动，才能表现出来。所以心不是超验的、彼岸的，而是内在于

---

① 王守仁：《传习录下》，《王阳明全集》上册，第122页。
② 同上书，第103页。
③ 同上书，第123页。

对天地万物的感应之中。以后刘宗周、黄宗羲、颜元等，正是顺着泛神论的道路前进，使唯物主义倾向越来越鲜明，颜元说："'知'无体，以物为体，犹之目无体，以形色为体也。"[①]用语和王守仁相似，但基本上已是唯物主义的命题了。

三、"知行合一"，"格物"即"格心"

宋明时期主要的哲学论争是两个，即"理气（道器）"之辩与"心物（知行）"之辩。王守仁以心一元论的观点把这两个问题统一起来，变成一个问题的两方面。他在《紫阳书院集序》一文中说："心外无事，心外无理，故心外无学。"[②]就本体（"良知"）来说，"心外无事"，"心外无理"；就工夫（"致良知"）来说，"心外无学"。本体和工夫原是统一的，"工夫"无非是"复那本体"，这就是他的"致良知"学说。

王守仁从"心外无学"出发，提出"知行合一"说。他批评朱熹说：

> 外心以求理，此知行之所以二也。求理于吾心，此圣门知行合一之教。[③]

他以为朱熹"外心以求理"，是把求于外的"知"与发于内的"行"分

---

① 颜元：《大学》，《四书正误》卷一，王星贤点校：《颜元集》上册，中华书局 2012 年版，第 159 页。
② 王守仁：《紫阳书院集序》，《王阳明全集》上册，第 267 页。
③ 王守仁：《传习录中·答顾东桥书》，《王阳明全集》上册，第 48 页。

作两个阶段，违背了"知行合一"。不仅朱熹说"论先后，知为先；论轻重，行为重"①，而且陆九渊也说"知之在先……行之在后"②。王守仁认为，陆九渊是沿袭程朱的说法，不复致疑，"然此毕竟亦是象山见得未精一处，不可掩也"③。当时许多学者、理学家受到朱熹的影响，认为必先"知"然后才能"行"，于是只在讲习讨论上做"知"的功夫，说"待知得真了方去做行的功夫"。王守仁指出，他们实际上"终身不行，亦遂终身不知"④。他说，我讲"知行合一"，是对症下药，即针对程朱学派的流弊而提出来的。程朱学派的讲学，只不过是"讲之以口耳"，并不身体力行；而真正的讲学应该是"讲之以身心"，做到"行著习察，实有诸己"。⑤ 总之，他一再要人们懂得，他讲"知行合一"是为了反对当时的烦琐学风和教条风气。

王守仁认为，"知行合一"的功夫是求"复那本体"，而就本体来说，知行本来就是统一的。他用一个人"好好色"、"恶恶臭"为例来论证"知行合一"说：

> 《大学》指个真知行与人看，说"如好好色，如恶恶臭"。见好色属知，好好色属行。只见那好色时已自好了，不是见了后又立个心去好。闻恶臭属知，恶恶臭属行。只闻那恶臭

① 朱熹：《朱子语类》卷九，《朱子全书》第14册，第298页。
② 陆九渊：《语录上》，《陆九渊集》，第401页。
③ 王守仁：《答友人问》，《王阳明全集》上册，第234页。
④ 王守仁：《传习录上》，《王阳明全集》上册，第5页。
⑤ 王守仁：《传习录中·答罗整庵少宰书》，《王阳明全集》上册，第85页。

时已自恶了，不是闻了后别立个心去恶。①

这里讲的是一种直觉的本能的活动，即一有感觉马上就有行为上的反应。他还举知痛、知饥、知寒等作例子，也都是用本能活动来说明知行本来是合一的。而且他以为，人类的一切复杂的活动、有意识的作为也都是"知行合一"的。他说：

> 知之真切笃实处，即是行；行之明觉精察处，即是知。②
> 知是行的主意，行是知的功夫；知是行之始，行是知之成。③

就是说，人类有目的的活动都是知行统一的过程，知之真切必见于行，行之明觉正在于知，这个统一的过程开始于观念，要有观念作指导才开始行。但这不是说知先于行。他用人走路来比喻说，有欲行之意，即行之始。至于路途是否平坦，只有亲身经历才能知道，所以真正的知识是在行中完成的。他既反对"冥行妄作"，不思维省察便任意地去做，更反对悬空思索，揣摩影响，而不去身体力行。他很强调在习行中学习知识。他说，一个人学射，只有"张弓挟矢，引满中的"，才说得上是学了射；一个人学书，只有"伸纸执笔，操觚染翰"，才说得上是学了书；一个人学孝，只有"务劳奉养，躬行孝道"，才说得上是学了孝。故"尽天下之学无有不行

---

① 王守仁：《传习录上》，《王阳明全集》上册，第4页。
② 王守仁：《传习录中·答顾东桥书》，《王阳明全集》上册，第47页。
③ 王守仁：《传习录上》，《王阳明全集》上册，第5页。

而可以言学者，则学之始固已即是行矣"。①

　　王守仁讲"知行合一"，反对将知行割裂开来，反对程朱学派"离行以为知"、"讲之以口耳"的烦琐学风，在当时有它积极的意义。但他讲的"知行合一"实际上如王夫之所指出的，是"销行以归知，始终于知"②，即把知行统一于知，将行归属于知。王守仁说："一念发动处，便即是行了。"③他以为有观念发动便是有意向、动机，便是"行"的开始。如果发现自己胸中潜伏着不善的念头，便须要彻根彻底加以克服，这便是"行"。很明显，这是将行消溶于知，否定了客观的社会实践。而且，他所谓的"知行合一"，是将知行等同，如好好色、恶恶臭等直觉的活动，谈不上知行之间的转化、飞跃，这种理论当然与辩证法讲的知行统一是截然不同的。而就其内容来说，王守仁所谓的"知"，无非是封建伦理道德的自我意识；他所谓的"行"，无非是封建伦理道德的实行。他讲"知行并进之功"④，目的是叫人在封建道德意识上下功夫，以挽救封建统治的危机。

　　王守仁还从"心外无学"来讲"格物致知"。朱熹在解释"致知在格物"时说："言欲致吾之知，在即物而穷其理也。"⑤王守仁反对朱熹的"即物穷理"，他对"格物"作了另一种解释，说：

　　　　格者，正也，正其不正以归于正之谓也。正其不正者，去

---

① 王守仁：《传习录中·答顾东桥书》，《王阳明全集》上册，第 51 页。

② 王夫之：《尚书引义·说命中二》，《船山全书》第 2 册，第 312 页。

③ 王守仁：《传习录下》，《王阳明全集》上册，第 109—110 页。

④ 王守仁：《传习录中·答顾东桥书》，《王阳明全集》上册，第 52 页。

⑤ 朱熹：《四书章句集注·大学章句》，《朱子全书》第 6 册，第 20 页。

恶之谓也。归于正者,为善之谓也。①

他释"格"为"正",以为"'格物'如孟子'大人格君心'之'格'"②,所以格物就是"格心",亦即在心中做去恶为善的功夫,进行封建道德修养。"心外无学",格心就是一切,"天下之物本无可格者。其格物之功,只在身心上做"。③ 照此说法,根本没有外界独立存在的事物可接触,人的认识无非就是唤醒自己的"良知",而"德性之良知非由于闻见"。那么,是不是要闭目塞听,完全摒弃感性经验呢?却也不是。王守仁说:

> 若主意头脑专以致良知为事,则凡多闻多见,莫非致良知之功。盖日用之间,见闻酬酢,虽千头万绪,莫非良知之发用流行,除却见闻酬酢,亦无良知可致矣。④

王守仁以为,在确立"致良知"的"主意头脑"的前提下,"德性之知"与"见闻之知"、理性与感性是统一的;如果失去"主意头脑",只求多闻多见,那么"适以资其务外好高而已⑤。"总之,学就是学此心,唯一的功夫就是"致良知"。

王守仁又说:

---

① 王守仁:《大学问》,《王阳明全集》中册,第 1071 页。
② 王守仁:《传习录上》,《王阳明全集》上册,第 7 页。
③ 王守仁:《传习录下》,《王阳明全集》上册,第 136 页。
④ 王守仁:《传习录中·答欧阳崇一》,《王阳明全集》上册,第 80—81 页。
⑤ 王守仁:《传习录中·答顾东桥书》,《王阳明全集》上册,第 57 页。

> 若鄙人所谓致知格物者，致吾心之良知于事事物物也。……致吾心良知之天理于事事物物，则事事物物皆得其理矣。致吾心之良知者，致知也。事事物物皆得其理者，格物也。是合心与理而为一者也。[1]

他认为，使心中的"良知"明白起来，就是"致知"；致"良知"于事事物物而使事物合乎秩序，就是"格物"。在这里，"致"既有达到之意，"致者，至也"；也有推行于事物之意。正如黄宗羲所说："先生致之于事物，致字即是行字，以救空空穷理，只在知上讨个分晓之非。"[2]所以王守仁讲"致知格物"，也包含"知行合一"的意思。当然，他所谓的"理"，就是封建伦理，"致良知之天理于事事物物"，就是要使一切都合乎封建秩序。王守仁的这一"格物"说，一方面主张"格物只在身心做"；另一方面，他又认为真正的知就应该是行，把主观认识的"理"贯彻于事事物物，就是"格物"。这是一种主观唯心主义认识论。

这种主观唯心论认为，是非、真理的标准都在"良知"中。王守仁说：

> 尔那一点良知，是尔自家底准则。尔意念着处，他是便知是，非便知非，更瞒他一些不得。尔只不要欺他，实实落落依着他做去，善便存，恶便去。他这里何等稳当快乐。此便

---

① 王守仁：《传习录中·答顾东桥书》，《王阳明全集》上册，第51页。
② 黄宗羲：《明儒学案·姚江学案》，吴光主编：《黄宗羲全集》第13册，浙江古籍出版社2012年版，第185页。

　　是格物的真诀,致知的实功。①

他以为"良知"就是是非之心,真理标准、道德标准都是"良知"所固有的,只要"致良知",那么是非、善恶便能判别、选择了。这是唯心主义的真理论。不过这种理论对传统具有破坏作用。王守仁在《答罗整庵少宰书》中说:

　　　　夫学贵得之心,求之于心而非也,虽其言之出于孔子,不敢以为是也,而况其未及孔子者乎? 求之于心而是也,虽其言之出于庸常,不敢以为非也,而况其出于孔子者乎?②

在他看来,如果内心的"良知"认为是错的,哪怕是孔子说的,我也不说是;至于是朱熹说的,那就更不在话下了。如果我心中的"良知"认为是对的,即使是平常人说的,我也不说非,更何况是孔子、朱熹说的呢! 总之,要以心中的"良知"作为是非的唯一标准。这话稍作引申,就成了以后李贽讲的不以孔子之是非为是非了。
　　正因为"良知"具有一切是非、善恶的准则,所以王守仁以为"良知诚致,则不可欺以节目时变,而天下之节目时变不可胜应矣"③。他说,一个人能够"致良知",就能"存天理,去人欲",成为圣人。"圣人之所以为圣,只是其心纯乎天理,而无人欲之杂。"④

---

① 王守仁:《传习录下》,《王阳明全集》上册,第105页。
② 王守仁:《传习录中·答罗整庵少宰书》,《王阳明全集》上册,第85页。
③ 王守仁:《传习录中·答顾东桥书》,《王阳明全集》上册,第56页。
④ 王守仁:《传习录上》,《王阳明全集》上册,第31页。

正如金到了足赤，才是精金，一个人没有一丝一毫的杂念、"人欲"，就是圣人。唐尧、虞舜、孔子、伯夷、伊尹都是圣人，只不过才力大小有所不同，就好比都是精金，但分量有多少的差别。因此一个人唯一重要的是努力"致良知"，而不要在追求知识、才能上多下功夫。如果不"致良知"，丢了"学问头脑"，那么知识才能只会造成祸害，弄得"知识愈广而人欲愈滋，才力愈多而天理愈蔽"①。王守仁把"致良知"提到第一位（用现在的话说，就是首先要解决思想意识问题、世界观问题），反对程朱学派的烦琐学风，客观上起了破坏封建教条的作用，构成了哲学发展的一个环节；但他走向了另一个片面，以为"致良知"就是一切，将学习知识、培养才能都放到次要的地位。他说："圣人之学所以至易至简，易知易从，学易能而才易成者，正以大端惟在复心体之同然，而知识技能非所与论也。"②《传习录上》还记载：

　　　问《律吕新书》，先生曰："学者当务为急，算得此数熟，亦恐未有用，必须心中先具礼乐之本方可。……学者须先从礼乐本原上用功。"③

这只是一例，说明王学一味教人从"本原"（"良知"）上用功夫，而把蔡元定《律吕新书》等研究乐律的著作中所包含的科学知识视为无用之物，甚至读书、写文章、增长见闻都被认为是"玩物丧

---

① 王守仁：《传习录上》，《王阳明全集》上册，第 32 页。
② 王守仁：《传习录中·答顾东桥书》，《王阳明全集》上册，第 62 页。
③ 王守仁：《传习录上》，《王阳明全集》上册，第 22—23 页。

志"。这样,王学末流就变得非常空疏并导致蒙昧主义了。

四、"理一而已",展开为过程

前面说过,朱熹注重"严密理会,铢分毫析",陆九渊则以为"急于辨析,是学者大病"。王守仁同意陆九渊的观点。他批评程朱学派的"辨析"之弊说:

> 洙、泗之传,至孟氏而息;千五百余年,濂溪、明道始复追寻其绪;自后辨析日详,然亦日就支离决裂,旋复湮晦。①

> 言益详,道益晦;析理益精,学益支离无本,而事于外者益繁以难。……则今之所大患者,岂非记诵词章之习! 而弊之所从来,无亦言之太详、析之太精者之过欤!②

王守仁同陆九渊一样,强调"一"、"主一"、"合一",反对朱熹"析心与理而为二"、"将知行分作两件",而主张"合心与理而为一",提出"知行合一并进"之说,还说"动静合一"、"心一而已"、"理一而已"、"性一而已"等等。他的学生问他:"圣贤言语许多,如何却要打做一个?"他回答说:"我不是要打做一个,如曰'夫道,一而已矣。'又曰'其为物不二,则其生物不测。'天地圣人皆是一个,如何二得?"③

对于"一",能否用概念把握、用名言表达呢? 庄子、禅宗已经

---

① 王守仁:《传习录下·朱子晚年定论》,《王阳明全集》上册,第 144 页。
② 王守仁:《别湛甘泉序》,《王阳明全集》上册,第 257 页。
③ 王守仁:《传习录下》,《王阳明全集》上册,第 138 页。

提出种种责难。王守仁赞成庄子"得鱼忘筌"、六经为"圣人糟粕"之说。[①] 他说：

> 六经者，吾心之记籍也，而六经之实则具于吾心，犹之产业库藏之实积，种种色色，具存于其家。其记籍者，特名状数目而已。[②]

就是说，正如富家的财产被登记在簿籍上一样，吾心之实被记载在《六经》中。不应该把记载的"名目"当作"实积"，而应该循名以求实——"求《六经》之实于吾心"[③]。他又用画像来作比喻，说："人心天理浑然，圣贤笔之书，如写真传神，不过示人以形状大略，使之因此而讨求其真耳；其精神意气，言笑动止，固有所不能传也。"[④]所以，既要看到须通过名言（圣贤经书）以"求真"，又要看到名言有其不能"传神"的局限性。他以为真正要把握"人心天理浑然"，只有靠亲身体验，正如"哑子吃苦瓜，与你说不得。你要知此苦，还须你自吃"[⑤]。

　　不过，王守仁以为"讲学中自有去取分辨"[⑥]，为了引导人把握"理一"，用名言进行分辨还是必要的。他不像陆九渊那样囫囵吞枣，而是很注意从范畴的联系中来揭示绝对。例如，他说：

---

① 见王守仁：《五经臆说序》，《王阳明全集》中册，第 965—966 页。
② 王守仁：《稽山书院尊经阁记》，《王阳明全集》上册，第 284 页。
③ 同上注。
④ 王守仁：《传习录上》，《王阳明全集》上册，第 13 页。
⑤ 同上书，第 42 页。
⑥ 王守仁：《传习录中·答聂文蔚二》，《王阳明全集》上册，第 97 页。

　　性一而已：自其形体也谓之天，主宰也谓之帝，流行也谓
之命，赋于人也谓之性，主于身也谓之心。心之发也，遇父便
谓之孝，遇君便谓之忠，自此以往，名至于无穷，只一性而已。
犹人一而已：对父谓之子，对子谓之父，自此以往至于无穷，
只一人而已。人只要在性上用功，看得一性字分明，即万理
灿然。[①]

　　理一而已。以其理之凝聚而言，则谓之性；以其凝聚之
主宰而言，则谓之心；以其主宰之发动而言，则谓之意；以其
发动之明觉而言，则谓之知；以其明觉之感应而言，则谓之
物。故就物而言谓之格，就知而言谓之致，就意而言谓之诚，
就心而言谓之正。正者，正此也；诚者，诚此也；致者，致此
也；格者，格此也。皆所谓穷理以尽性也。[②]

在王守仁的著作中，充满着诸如此类关于范畴的界说。他以为精
神本体虽是绝对的、唯一的，但可以给以不同的称谓，也就是用不
同范畴之间的联系来形容它。从泛神论的观点来说，精神本体内
在于自然界，所以从其形体来说可谓之"天"，从它作为自然界的
主宰来说可谓之"帝"，从它发用流行而为自然万物来说可谓之
"命"；而这个精神本体赋予人便凝聚为"性"，它为人的形体的主
宰便是"心"，心的发动便是"意"，对"意"的明觉便是"知"，"知"之
感应处即"意"之所在便是"物"。所有这些界说都是从心一元论
观点出发，从范畴间的相互联系来说明范畴的涵义，并引导人们

---

① 王守仁：《传习录上》，《王阳明全集》上册，第 17—18 页。
② 王守仁：《传习录中·答罗整庵少宰书》，《王阳明全集》上册，第 86—87 页。

如何用工夫（"格"、"致"、"诚"、"正"等）以求把握"理一"或"性一"。

王守仁并不否认"万理"，而是把"万理"看作是一个互有联系的统一体，"万理"即是"一理"（"一心"）的体现。但人们对这个统一体往往所见不同，于是便产生各种学说。如关于人性，他说："性无定体，论亦无定体，有自本体上说者，有自发用上说者，有自源头上说者，有自流弊处说者。"①他以为自本体上说，性无善无恶；自发用上说，性可以为善也可以为恶；孟子从源头上说"性善"；荀子从流弊处说"性恶"；等等。"总而言之，只是一个性，但所见有浅深尔，若执定一边，便不是了。"②又如"一阴一阳之谓道"，"仁者见之便谓之仁，智者见之便谓之智……仁、智岂可不谓之道？但见得偏了，便有弊病。"③所以，王守仁反对执著文义而成为"一隅之见"。在他看来，即使把道理说得非常周到，无一点隙漏，那也不能视之为固定的"格式"。因为"天理"就是易道，它"随时变易，如何执得？须是因时制宜，难预先定一个规矩在"④。

正是根据"因时制宜"的观点，王守仁提出"《六经》皆史"的论点。《传习录上》记载：

> 爱曰："先儒论《六经》，以《春秋》为史。史专记事，恐与《五经》事体终或稍异。"先生曰："以事言谓之史，以道言谓之经。事即道，道即事。《春秋》亦经，《五经》亦史。《易》是包

---

① 王守仁：《传习录下》，《王阳明全集》上册，第130页。
② 同上书，第130—131页。
③ 王守仁：《传习录上》，《王阳明全集》上册，第21页。
④ 同上书，第21—22页。

牺氏之史,《书》是尧、舜以下史,《礼》、《乐》是三代史。"①

"《六经》皆史",这不仅大大降低了《六经》的神圣地位,而且要求用历史的态度来对待《经》,把儒家经典都看作是一定历史条件下的产物。王守仁以为:"经,常道也"②,"六经者非他,吾心之常道也"③;心之常道通过《易》、《书》、《诗》、《礼》、《乐》、《春秋》而展开、而被记载下来,是一个历史的过程。这是唯心主义观点,然而包含有一点合理因素。

同他的泛神论倾向相联系,王守仁并不把心体("良知")看作是静止不变的,而是以为心之本体即内在于发用流行的过程中,所以他把《六经》看作是心体展开的历史过程,也把个人的智慧的增长看作是心体发育的过程,《传习录上》记载:

> 问:"知识不长进如何?"先生曰:"为学须有本原,须从本原上用力,渐渐'盈科而进'。仙家说婴儿,亦善譬。婴儿在母腹时,只是纯气,有何知识? 出胎后方始能啼,既而后能笑,又既而后能识认其父母兄弟,又既而能立、能行、能持、能负,卒乃天下之事无不可能,皆是精气日足,则筋力日强,聪明日开,不是出胎日便讲求推寻得来。故须有个本原。圣人到位天地,育万物,也只从喜怒哀乐未发之中上养来。"④

---

① 王守仁:《传习录上》,《王阳明全集》上册,第 11 页。
② 王守仁:《稽山书院尊经阁记》,《王阳明全集》上册,第 283 页。
③ 同上书,第 284 页。
④ 王守仁:《传习录上》,《王阳明全集》上册,第 16 页。

婴儿在母腹中已具体而微，具有长为成人的"本原"，它出胎后经历了若干发育阶段，于是胎儿所具有的"本原"便充分展开。王守仁以为，为学也须从"本原"上用力，即着实下工夫"致良知"，以求见得自己心体（即"未发之中"）。但心体的展开、发育也要经历一个过程，所以他说："我辈致知，只是各随分限所及。今日良知见在如此，只随今日所知扩充到底；明日良知又有开悟，便从明日所知扩充到底。如此方是精一功夫。"[①]

王守仁的这些说法，从总体上看当然是唯心主义的。但王守仁强调"合一"来同朱熹的"辨析"相对立，并把"理一"的展开了解为过程，这就成了哲学前进运动中的一个重要环节。王守仁力图从范畴的相互联系中揭示"理一"，他把"理"的展开看作是人类认识的历史过程和个体知识的发育过程，这在方法论上具有重要意义。"六经皆史"的论点，对后代史学产生了积极影响。而把知识的长进看作是发育过程，则贯彻于王守仁自己的教育方法之中。

五、种树之喻和"人要随才成就"

如何培养理想人格（圣人），是理学家的中心问题。在王守仁那里，"心外无学"之"学"，即指学做"纯乎天理"（在唯心主义世界观和封建道德意识上非常纯粹）的圣人。所以"知行合一"、"格物即格心"等认识论命题也是伦理学命题。从历史过程和发育过程来把握"一理"的思辨方法，也即是培养世界观和培养人的德性的方法。

---

① 王守仁：《传习录下》，《王阳明全集》上册，第109页。

　　从唯心主义的天人合一论出发，通过"存天理，灭人欲"的途径以求"复性"，是程、朱、陆、王的共同观点。不过，朱熹曾把"为学之方"的环节一一加以分析，王守仁则继承了陆九渊"先立乎其大者"之说，强调圣学只是一个工夫，即"致良知"。他讲"知行合一"、"动静合一"、"居敬"与"穷理"只是一事，"格"、"致"、"诚"、"正"、"修"也只是一事，等等；不过他又认为，这个"一事"展开为一个过程。同婴儿之喻相似，王守仁多次以种树为喻来说明人的培养教育过程。他说：

　　　　譬之木，其始抽芽，便是木之生意发端处；抽芽然后发干，发干然后生枝生叶，然后是生生不息。若无芽，何以有干有枝叶？能抽芽，必是下面有个根在。有根方生，无根便死。无根何从抽芽？父子兄弟之爱，便是人心生意发端处，如木之抽芽。自此而仁民，而爱物，便是发干生枝生叶。……孝弟为仁之本，却是仁理从里面发生出来。[1]

　　　　与人论学，亦须随人分限所及。如树有这些萌芽，只把这些水去灌溉。萌芽再长，便又加水。自拱把以至合抱，灌溉之功皆是随其分限所及。若些小萌芽，有一桶水在，尽要倾上，便浸坏他了。[2]

　　　　诸公须要信得及，只是立志。学者一念为善之志，如树之种，但勿助勿忘，只管培植将去，自然日夜滋长，生气日完，

① 王守仁：《传习录上》，《王阳明全集》上册，第 29—30 页。
② 王守仁：《传习录下》，《王阳明全集》上册，第 109 页。

枝叶日茂。①

这里，种树之喻既用来说明人的德性的发展过程（从孝弟的"良知良能"发展到"仁民"、"爱物"），也用来说明人的认识的提高过程（"与人论学"即通过教育来提高人们的认识的过程）和人的志向（为圣贤之志）由确立而得到培育和实现的过程，三者其实是同一心体的发育过程。

王守仁讲"知行合一"，包含有理智与意志统一的意思，也包含有德性培养中的自觉原则与自愿原则统一的意思。正统派理学鼓吹宿命论而忽视自愿原则，王守仁在一定程度上纠正了这种倾向。虽然王守仁的目的也是要培养封建纲常名教的卫道士，也把礼教形而上学化为"天命"、"天叙"、"天秩"等等，但他很重视意志力量，把立志比喻为"植根"，说："夫学，莫先于立志。志之不立，犹不种其根而徒事培壅灌溉，劳苦无成矣。"②关于意志和理智的关系，他说："既知至善之在吾心，而不假于外求，则志有定向，而无支离决裂、错杂纷纭之患矣。"③又说："今欲别善恶以诚其意，惟在致其良知之所知焉尔。"④就是说，只有认识到"至善在吾心"，才能确立为圣之志；而也只有"致其良知之所知"，才能分辨是非、善恶，使为善去恶的意向（即动的观念）成为真诚的。王守仁以为"有知而后有意"，知（"良知"）为"意"之体，是在唯心主义的基础

① 王守仁：《传习录上》，《王阳明全集》上册，第 37 页。
② 王守仁：《示弟立志说》，《王阳明全集》上册，第 289 页。
③ 王守仁：《大学问》，《王阳明全集》中册，第 1068 页。
④ 同上书，第 1070 页。

上讲理智与意志、认识与意向的统一。

人的培养、世界观的教育，都要从儿童开始。王守仁很重视儿童教育，他还是用树木为喻，说："大抵童子之情，乐嬉游而惮拘检，如草木之始萌芽，舒畅之则条达，摧挠之则衰痿。今教童子，必使其趋向鼓舞，中心喜悦，则其进自不能已。譬之时雨春风，沾被卉木，莫不萌动发越，自然日长月化；若冰霜剥落，则生意萧索，日就枯槁矣。"①他要求适应儿童身心发展的特点进行教学，强调要用歌诗、习礼、读书来"顺导其志意，调理其性情"②，使之如春天的草木那样舒畅条达，感到"无厌苦之患，而有自得之美"③，于是自觉自愿地接受教育，便自然日进不已。因此，必须坚决反对用"鞭挞绳缚，若待拘囚"④的方式来对待儿童，因为那只能使儿童"视学舍如囹狱而不肯入，视师长如寇仇而不欲见"⑤，又怎能教育他们呢？这些，在当时都是可贵的见解。

王守仁的种树之喻也包含有因材施教，即"人要随才成就"⑥的意思。教小孩子以洒扫应对、向师长作揖致敬等，这便是"童子的格物致知"，因为"童子良知只到此"。他说："我这里言格物，自童子以至圣人，皆是此等工夫。……如此格物，虽卖柴人亦是做得，虽公卿大夫以至天子，皆是如此做。"⑦就是说，从孩子到圣贤、从卖柴人到天子，都应根据各自的具体情况作格物致知的工夫。

---

① 王守仁：《传习录中·训蒙大意示教读刘伯颂等》，《王阳明全集》上册，第 99 页。
② 同上注。
③ 王守仁：《传习录中·教约》，《王阳明全集》上册，第 100 页。
④ 王守仁：《传习录中·训蒙大意示教读刘伯颂等》，《王阳明全集》上册，第 100 页。
⑤ 同上注。
⑥ 王守仁：《传习录上》，《王阳明全集》上册，第 24 页。
⑦ 王守仁：《传习录下》，《王阳明全集》上册，第 137 页。

《传习录下》有一段记载：

> 王汝中、省曾侍坐。先生握扇命曰："你们用扇。"省曾起对曰："不敢。"先生曰："圣人之学，不是这等捆缚苦楚的，不是妆做道学的模样。"汝中曰："观'仲尼与曾点言志'一章略见。"先生曰："然。以此章观之，圣人何等宽洪包含气象！……设在伊川，或斥骂起来了。圣人乃复称许他（指曾点），何等气象！圣人教人，不是个束缚他通做一般：只如狂者便从狂处成就他，狷者便从狷处成就他。人之才气如何同得？"①

这段记载包括有几层意思：一是人之才气有别，要善于随才成就人；二是教育不是束缚人，给人以苦楚，而是要像孔子那样引导人在学习中自得其乐，因为"乐是心之本体"②；三是要培养一种比较平等的、互相信任的师生关系，不能伪装道学的模样，也不要拿一个圣人架势去与人讲学，叫人害怕，"须做得个愚夫愚妇，方可与人讲学"③。作为教师，王守仁本人确实也比较能因材施教，循循善诱，并在他的书院中培养了一种比较融洽而少拘束的师友关系，使学生在弦歌诵读声中，感到"无厌苦之患，而有自得之美"④，于是比较能自觉自愿地接受教育，从而也使王学的影响迅速扩大，成为风行全国的学派。

① 王守仁：《传习录下》，《王阳明全集》上册，第118页。
② 王守仁：《与黄勉之》，《王阳明全集》上册，第216页。
③ 王守仁：《传习录下》，《王阳明全集》上册，第132页。
④ 王守仁：《传习录中·教约》，《王阳明全集》上册，第101页。

虽然，从主观动机来说，王守仁大力办教育是为了挽救封建制度的危机，用主观唯心主义世界观来武装学生，教他们为维护封建名教而努力。但是，他和朱熹一样，确实是认真从事教育工作的。而教学的实践有其客观的要求，如教师必须有丰富的知识和融会贯通的理论，必须以身作则，要善于根据儿童、青少年和成人的身心发展的特点进行教育，要因材施教和启发学生自觉自愿地学习，只有对学生充分信任才能严格要求，等等。只有符合这些客观要求，学校才能有效地培养人；若教师是哲学家，他由此概括出某些哲学原理，也就有一定的合理因素。王守仁的"六经皆史"和婴儿之喻、种树之喻中所包含的认识论和方法论原理，正是由于它们是从教育实践中概括出来的，所以具有不可忽视的合理成分。不过，这些合理因素又是同以为心体一切具足的先验主义结合在一起的。

六、泰州学派的异端倾向

王学盛行之后，便产生了不同的学派。《明儒学案》按地域把阳明学派分为浙中、江右、南中、楚中、北方、粤闽、泰州等支派，我们这里不作详述，只略微说明一下泰州学派的异端倾向。

泰州学派是由王艮开创的。王艮（公元 1483 年—1541 年），初名银，王守仁为其更名，字汝止，号心斋，泰州安丰场（今属江苏东台县）人。出身盐丁，壮年才读《大学》、《论语》等书，后拜王守仁为师，以讲学终身。著作有《王心斋先生遗集》①。

---

① 《王心斋先生遗集》有民国刊本。

　　王艮比较接近平民，门徒中有樵夫、陶匠、农民等，所以泰州学派颇具有平民色彩。王守仁说过："与愚夫愚妇同的，是谓同德。"①王艮进而提出"百姓日用即道"的命题，说："百姓日用条理处，即是圣人之条理处。"②据《年谱》记载：

　　　　先生（王艮）言百姓日用是道，初闻多不信。先生指僮仆之往来、视听、持行泛应动作处，不假安排，俱自顺帝之则，至无而有，至近而神。……一时学者有省。③

喊僮仆的名字，他便应；叫他取茶，他便捧了茶来。王艮以为，这便是"良知"的作用，这便是道。显然，这同禅宗的"触类是道"是一个意思。

　　王艮还给"格物"以新解释，他说：

　　　　格如格式之格，即后"絜矩"之谓。吾身是个矩，天下国家是个方，絜矩则知方之不正由矩之不正也，是以只去正矩，却不在方上求。矩正则方正矣，方正则成格矣，故曰"物格"。④

这便是所谓"淮南格物说"。王艮以为矩正则方正，吾身是"本"，

① 王守仁：《传习录下》，《王阳明全集》上册，第 121 页。
② 王艮：《语录》，《明儒王心斋先生遗集》卷一，陈祝生等校点：《王心斋全集》，江苏教育出版社 2001 年版，第 10 页。
③ 张峰：《年谱》，王艮：《明儒王心斋先生遗集》卷三，《王心斋全集》，第 72 页。
④ 王艮：《答问补遗》，《明儒王心斋先生遗集》卷一，《王心斋全集》，第 34 页。

天下国家是"末"。"知修身是天下国家之本,则以天地万物依于己,不以己依于天地万物。"①这种主观唯心主义理论,以"天地万物依于己",具有明显的唯意志论色彩。王艮说:

> "虚明之至,无物不复,反求诸身,把柄在手。"合观此数语,便是"宇宙在我,万化生身"矣。②
>
> 孔子之不遇于春秋之君,亦命也;而周流天下,明道以淑斯人,不谓命也。若天民则听命矣。故曰大人造命。③
>
> 我命虽在天,造命却由我。④

他以为一般人("天民")听天由命,而大人、圣人则"造命",因为他们手里握有宇宙万化的"把柄",所以"随时随处,无入而非行道"。"造命由我",这是对"天命"的反抗。但他用来反抗的武器只是一个"我"字。这个"我"的本质又是什么呢? 王艮的弟子(族弟)王栋说:"盖自身之主宰而言谓之心,自心之主宰而言谓之意。心则虚灵而善应,意有定向而中涵。"⑤以为心中的主意、意向是心(灵明)的主宰,意志比之理智居于更重要的地位。而这个"意",从"百姓日用即道"来说,无非是自然的欲望。王艮的儿子王襞说:

① 王艮:《语录》,《明儒王心斋先生遗集》卷一,《王心斋全集》,第 6 页。
② 同上书,第 10 页。
③ 同上书,第 9 页。
④ 王艮:《又与徐子直》,《明儒王心斋先生遗集》卷二,《王心斋全集》,第 53 页。
⑤ 王栋:《会语正集》,载王艮:《明儒王一庵先生遗集》,《王心斋全集》,第 148 页。

> 鸟啼花落，山峙川流，饥飧渴饮，夏葛冬裘，至道无余蕴矣。①
>
> 著衣吃饭，此心之妙用也。②

泰州学派这种理论具有明显的两重性：一方面，以为"饥飧渴饮，夏葛冬裘"这类自然欲望就包含"至道"，这便反对了理学的根本观点——"存天理，灭人欲"。李贽曾拜王襞为师，他的异端思想的产生，与泰州学派的影响是分不开的。另一方面，这种唯意志论倾向包含有非理性主义成分，它鼓励人盲目行动，不可避免地给社会造成危害。黄宗羲在评论泰州学派的代表人物颜钧③和何心隐④时说：

> 泰州之后，其人多能赤手以搏龙蛇，传至颜山农、何心隐一派，遂复非名教之所能羁络矣。顾端文曰："心隐辈坐在利欲胶漆盆中，所以能鼓动得人。只缘他一种聪明，亦自有不可到处。"羲以为非其聪明，正其学术也。所谓祖师禅者，以作用见性。诸公掀翻天地，前不见有古人，后不见有来者。释氏一棒一喝，当机横行，放下拄杖，便如愚人一般。诸公赤

---

① 王襞：《语录遗略》，载王艮：《明儒王东崖先生遗集》卷一，《王心斋全集》，第214页。
② 王襞：《启名公书略》，载王艮：《明儒王东崖先生遗集》卷一，《王心斋全集》，第219页。
③ 颜钧（公元1504年—1596年），字山农。吉安（今属江西）人。学于王艮弟子徐樾。认为"人心妙万物而不测者也"，主张"平日率性而行，纯任自然"，以达到"君仁臣义民安堵"为最终目的。在下层社会中广泛进行讲学活动，因得罪当权者，被迫害而下狱多年。
④ 何心隐（公元1517年—1579年），原姓梁，名汝元，字夫山。永丰（今属江西）人。颜钧的弟子。认为"心"是万物之源，肯定人的物质欲望应适当加以满足，反对道学家把人欲看作罪恶的说法。到处聚徒讲学，曾以计促严嵩罢相，为严党所仇，因而改名换姓，踪迹不定。得罪张居正，卒遭杀害。著作有《爨桐集》，中华书局出版有《何心隐集》。

身担当,无有放下时节,故其害如是。[1]

黄宗羲的评论基本上说明了泰州学派的唯意志论倾向的特点。这派人肯定"利欲",对封建名教起了破坏作用。他们的理论和禅宗"以作用见性"有相似处,但比禅宗更强调人的主观力量,所以在行动上更为狂妄。禅宗以为,"触类是道而任心"便是超脱了命运的束缚,那是一种直觉主义理论,实际上叫人随遇而安;而泰州学派提出"造命由我"、"意为心之主宰"的命题,则有唯意志论的倾向。自汉以后,唯心主义的天命论成了维护封建专制统治的官方哲学,泰州学派敢于向这种官方哲学挑战,公开反对"存天理,灭人欲"的主张,有其积极意义;但用唯意志论来反对宿命论,则是从一个片面走向另一个片面,不可避免地要造成混乱。这里包含有深刻的理论教训。

第十节　王廷相:"元气之上无物、无道、无理"

在王阳明学派开始盛行时,就有人出来批判它的"致良知"说。

首先是罗钦顺[2]以朴素唯物主义观点批评王学。王守仁说:"物者,意之用也;格者,正也,正其不正以归于正也。"罗钦顺针对

---

[1] 黄宗羲:《明儒学案·泰州学案一》,《黄宗羲全集》第 15 册,第 767 页。
[2] 罗钦顺(公元 1465 年—1547 年),字允昇,号整庵,泰和(今属江西)人。官至南京吏部尚书。早年信佛,后弃从,从唯心论转到唯物论。批判朱熹"理与气是二物"的见解,但接受其"理一分殊"说。著作有《困知记》共 7 卷(有明嘉靖刻本和清刻本)、《整庵存稿》20卷(有清刻本)。

王守仁的这种"格物"说提出诘难："试以吾意着于川之流，鸢之飞，鱼之跃，若之何'正其不正以归于正'耶？"[1]罗钦顺虽然推崇程朱（特别是程颢），但也批评了朱熹"认理气为二物"的错误。他说："通天地，亘古今，无非一气而已。"[2]"理只是气之理，当于气之转折处观之。往而来，来而往，便是转折处也。"[3]就是说，只有一个物质世界（气），理则是气的往来、阖辟、升降等运动变化的规律。这是气一元论观点的复归。

继罗钦顺批判王守仁"良知"说的是王廷相。他明确地提出"元气之上无物、无道、无理"[4]的命题来同陆王的"心外无物"说、程朱的"理在气先"说相对立。他继承和发展了张载的气一元论，在同唯心论的先验论的斗争中提出了一些新论点。

王廷相（公元 1474 年—1544 年），字子衡，号浚川，仪封（今河南兰考）人。官至南京兵部尚书。著作有《王氏家藏集》[5]等。

王廷相不畏权贵，反对宦官专政，曾屡遭贬谪，被诬陷下狱。他在政治上提出了一些开明主张，但这是出于挽救明王朝的危机的目的。他参加过镇压农民起义。在"理欲"之辩上，他主张"道义者，心之天理也，知之必践之，以为宝而楗之；戾乎道义者，心之

---

① 罗钦顺：《与王阳明书》，阎韬点校：《困知记》，中华书局 2013 年版，第 147 页。

② 罗钦顺：《困知记》卷上，第 5—6 页。

③ 罗钦顺：《困知记》续卷上，第 89 页。

④ 王廷相：《雅述》上篇，王孝鱼点校：《王廷相集》第 3 册，中华书局 2009 年版，第 841 页。

⑤ 《王氏家藏集》：有明嘉靖十五年刻本，也有清初刻本。包括《家藏集》41 卷，《内台集》7 卷，《慎言》13 卷，《丧礼备纂》2 卷，《雅述》上下篇 2 卷。其中《慎言》《雅述》是他主要的哲学著作。另有一明刻本，题名为《王浚川所著书》，与《家藏集》编排不同。近人侯外庐等据明嘉靖刻本略作考订，编有《王廷相哲学选集》，有科学出版社 1959 年版本和中华书局 1965 年版本。

私欲也,知之且禁之,以为沙砾而弃之"①。认为凡是违背天理的就是"私欲",就应禁止、抛弃,这表明他并没有超出理学家的眼界。不过,王廷相对天文学、律学、农学有专门研究,并写了一些著作。他之所以倾向唯物主义,是同他研究自然科学分不开的。王廷相也是一个无神论者。他用科学对鬼神迷信、五行灾异、阴阳风水等作了批判。王廷相还是个文学家,为明"前七子"之一。

关于"理气(道器)"关系问题,王廷相指出,程朱"理在气先"的理论是老子"道生天地"说的翻版。他说:

> 愚谓天地未生,只有元气,元气具,则造化人物之道理即此而在,故元气之上无物、无道、无理。②

就是说,元气是世界的本原,它是"造化之本",具有"造化人物之道理"。怎样造化呢? 王廷相也用阴阳的矛盾运动来解释天地万物的生成、变化,说:"阴阳者,造化之橐钥也。"③这基本上是继承了张载的学说。

王廷相以"理根于气"的观点来讲"一理"和"万理"。他说:

> 天地之间,一气生生,而常而变,万有不齐,故气一则理一,气万则理万。世儒专言理一而遗理万,偏矣。④

① 王廷相:《慎言·潜心篇》,《王廷相集》第 3 册,第 777 页。
② 王廷相:《雅述·上篇》,《王廷相集》第 3 册,第 841 页。
③ 王廷相:《慎言·道体篇》,《王廷相集》第 3 册,第 754 页。
④ 王廷相:《雅述·上篇》,《王廷相集》第 3 册,第 848 页。

王廷相认为，唯心主义理学家不研究"万理"或"理万"，只讲"理一"，并说"吾心即天"等等，这是一种错误的偏向。他指出，就天地万物的本原来说，都是一气之化，固然可以说"气一则理一"。但各物各有"理"，"天有天之理，地有地之理，人有人之理，物有物之理，幽有幽之理，明有明之理，各各差别"，所以"气万则理万"。气有常有变，道也有常有变，"一而不变，不足以该之也"①。

　　王廷相批评程朱以为"理"是"不为尧存，不为桀亡"，"万形皆有敝，惟独理不朽"的说法是"痴言"。他说：

> 以其情实论之，揖让之后为伐放，伐放之后为篡夺；井田坏而阡陌成，封建罢而郡县设。行于前者不能行于后，宜于古者不能宜于今，理因时致宜，逝者皆刍狗矣，不亦朽敝乎哉？②

他认为，从实际情况来看，历史是变化的，"理"是"因时致宜"的，过去的都成了刍狗，朽敝了。这显然吸取了王守仁的"道因时制宜"的观点。以后，王夫之进一步发展为"无其器则无其道"的思想。"理因时致宜"，就是说规律随时间条件为转移，这是辩证法的观点。不过，王廷相把理说成同祭祀用的刍狗一样会朽敝，这是把规律和具体事物混淆了。同时，"气万则理万"的说法也有些简单化。理是依存于物的，但正如叶适所说，"因其不同而听之不失其所以一者，物之理也"，事物的规律是多样之中的统一性，变

化之中的恒常性。"理"是随时间条件为转移的,同时它又不受特殊时空的限制。如果夸大了"理"不受特殊时空限制一面,把它说成超越时空,说"理在气先"、"道在器先",那就成了唯心主义。但在批判了理学唯心主义之后,也不能走到另一极端,抹杀"理"不受特殊时空限制的一面,说"理"可以"朽敝"之类。所以,黄宗羲在《明儒学案》中对王廷相提出批评,说他重蹈宋儒之覆辙,"误认理为一物"①但应该肯定,王廷相强调研究"理万"和"理因时致宜",是科学精神的表现。

在"心物(知行)"关系问题上,王廷相用鲜明的唯物论观点驳斥先验论,可以说比张载跨前了一大步。王廷相认为,认识开始于"接物",来源于见闻。"赤子生而幽闭之,不接习于人间,壮而出之,不辨牛马矣。"②是说,一个小孩如果生下来便与外界隔绝,长大后就不能分辨事物。当然,王廷相并不否认人有一些天赋的本能。他说:

> 婴儿在胞中自能饮食,出胞时便能视听,此天性之知,神化之不容已者。自余因习而知,因悟而知,因过而知,因疑而知,皆人道之知也。父母兄弟之亲,亦积习稔熟然耳。③

认为人除了饮食、看、听等本能是天性之知外,其他都是通过后天的活动才获得的,即便是父母兄弟之亲,也是"积习"即积累经验

---

① 黄宗羲:《明儒学案·诸儒学案中四》,《黄宗羲全集》第 16 册,第 1276 页。
② 王廷相:《石龙书院学辩》,《王氏家藏集》卷三十三,《王廷相集》第 2 册,第 604 页。
③ 王廷相:《雅述·上篇》,《王廷相集》第 3 册,第 836 页。

后获得的,非先天的。如果孩子生下后就由别人养育,他长大后就会认别人为父母,即使在路上遇到亲生父母也视同常人,甚至会谩骂他们,同他们吵架。这与孟子用人生来就知道"亲亲"来论证人人具有先天的"良知良能"的观点是相对立的。

王廷相强调"接习"、"实历",反对理学家清虚空谈的学风。他举学习划船为例,如果关在房间里学划船,虽然对如何掌舵、如何摇橹、如何张帆讲得头头是道,但到山溪里去试一下,碰到了风和水、沙滩和漩涡,就不知所措,更不用说到江河大海中去了。由此说明只讲不做是永远不能学会本领的。他在朴素唯物主义的前提下,讲"知行兼举"①,知行统一,说"讲得一事即行一事,行得一事即知一事,所谓真知矣"②。他非常强调实际操作、实地观察。他在《雅述》中讲了许多具体例子,用亲身观察所得纠正了流传的错误看法。例如,《诗·小雅·小宛》:"螟蛉有子,蜾蠃负之。"古人错以为蜾蠃蜂养螟蛉(螟蛾的幼虫)为子,讹传已久。王廷相对土蜂作了多年观察,纠正了这一错误。他说:"古人未尝观物,踵讹立论者多矣。"③这表明了王廷相不迷信古人,富有科学精神。

王廷相认为,要获得正确的认识,单有见闻还不够,还要善于思考,提出疑问,改正错误,进而达到"理可以会通,事可以类推,智可以旁解"④。他以为真正的知识是思虑与见闻的结合,此外并

---

① 王廷相:《慎言·小宗篇》,《王廷相集》第 3 册,第 788 页。
② 王廷相:《与薛君采二首》,《王氏家藏集》卷二十七,《王廷相集》第 2 册,第 478 页。
③ 王廷相:《雅述·下篇》,《王廷相集》第 3 册,第 880 页。
④ 王廷相:《石龙书院学辩》,《王氏家藏集》卷三十三,《王廷相集》第 2 册,第 605 页。

无"德性之知"。他说：

> 夫圣贤之所以为知者，不过思与见闻之会而已。世之儒者乃曰思虑见闻为有知，不足为知之至，别出德性之知为无知，以为大知。嗟乎！其禅乎！不思甚矣。殊不知思与见闻必由吾心之神，此内外相须之自然也。德性之知，其不为幽闭之孩提者几希矣。①

他指出，以"德性之知为无知，以为大知"的是禅学。事实上并无超乎思虑见闻的"德性之知"。真正的知识一定是来源于见闻，经过心灵的加工而成，这是"内外相须"的自然过程。闭门修养、寻求先天的"德性之知"，只能使人成为"幽闭之孩提"，陷入蒙昧主义。"德性之知"是张载、二程提出来的。张载正是从这里陷入了唯心论，程朱陆王都在肯定先天的"德性之知"的前提下讲认识论和伦理学。王廷相首先对此加以否定，把朴素唯物论的反映论推进了一步。

与此相联系，在"性"和"习"的关系问题上，王廷相继王安石之后，提出了"凡人之性成于习"②的命题。在他看来，人的德性只有在积习、学习、习俗之中才能完成。中国古代哲学家所讲的人性，往往包含"天性"和"德性"两层意思。王廷相这里的"凡人之性成于习"讲的是"德性"。从人的"天性"来说，他认为没有气外的"本然之性"。前面讲到，宋儒讲"本然之性"和"气质之性"。如

---

① 王廷相：《雅述·上篇》，《王廷相集》第 3 册，第 836 页。
② 王廷相：《答薛君采论性书》，《王氏家藏集》卷二十八，《王廷相集》第 2 册，第 519 页。

朱熹说："人之有生，性与气合而已。"①以为气外有"本然之性"或"天地之性"，它与气结合，就产生人的"气质之性"。王廷相则认为不能离气以谈性。他批评了朱熹的理论，说：

> 人具形气而后性出焉，今曰："性与气合"，是性别是一物，不从气出，人有生之后各相来附合耳，此理然乎？人有生气则性存，无生气则性灭矣，一贯之道，不可离而论者也。②

就是说，性与气是不可分离的，人有生气则有生理（性），而并无超然于形气之外的"真性"。王廷相用气有清浊，来说明人有善恶。人生时气禀不同，"圣人之形气纯粹，故其性无不善耳；众人之形气驳杂，故其性多不善耳"③。圣人取性善者以立教，而后善恶就有了标准。合乎圣人所立的名教是善，违背名教而徇乎情欲则是恶。通过教化、学习，人能为善去恶，最后完成德性。

王廷相在"性"、"习"问题上强调了"德性"是环境和教育的产物，这比张载有所发展。然而他还是用气禀来解释人的"天性"，以为人的"天性"有善恶，要靠圣人来教育，说"圣人虽生知，惟性善近道二者而已"④。这便又滑到唯心论的先验论去了。尽管如此，王廷相的哲学毕竟把气一元论和唯物论的反映论推进了一步，成了张载和王夫之哲学的一个中间环节。

---

① 朱熹：《答蔡季通》，《晦庵先生朱文公文集》卷四十四，《朱子全书》第 22 册，第 1989 页。
② 王廷相：《雅述·上篇》，《王廷相集》第 3 册，第 851 页。
③ 同上注。
④ 同上书，第 836—837 页。

第十一节 李贽的异端思想

王守仁的心学由王畿[①]、王艮等人的传播而盛极一时。而在他们的门徒中间,却产生了一些"非名教之所能羁络"[②]的异端,其代表人物就是李贽。

李贽(公元 1527 年—1602 年),号卓吾,又号宏甫,别号温陵居士。泉州晋江(今属福建)人。其祖先曾航海经商,父亲以教书为生。26 岁考中举人,以后做了 20 多年的小官。54 岁辞去云南姚安知府。晚年著书讲学,从 58 岁起至 76 岁卒年为止,18 年中的大半时间在湖北麻城度过。其大部分著作都是在麻城龙潭湖上的芝佛院内完成的。在南京任职期间,曾见过王畿以及泰州学派的罗汝芳[③],对王、罗二人都很崇敬。在这期间还师事泰州学派的学者王襞(王艮的儿子)。对泰州学派的代表人物之一何心隐也十分景仰。何心隐被明朝政府杀害后,他十分愤怒,著文两篇为何辩冤。和当时的学者焦竑[④]交友最笃,"二人相率而为狂

---

① 王畿(公元 1498 年—1583 年),字汝中,别号龙谿。山阴(今浙江绍兴)人。王守仁的学生。官至南京兵部郎中。讲学 40 余年,在吴、楚、闽、越、江、浙传播王学。主张"从先天心体上立根",进一步发挥王守仁的"良知"说。著作有《龙谿集》。
② 黄宗羲:《明儒学案·泰州学案一》,《黄宗羲全集》第 15 册,第 767 页。
③ 罗汝芳(公元 1515 年—1588 年),泰州学派代表人物之一。字惟德,号近溪。南城(今属江西)人。官至参政。主张用"赤子良心,不学不虑"的方法去"致良知"。著作有《近溪子文集》。
④ 焦竑(公元 1540 年—1620 年),字弱侯,号漪园,又号澹园,江宁(今江苏南京)人。官至翰林院修撰。认为佛经所说,最得孔孟"尽性至命"的精义,而汉宋诸儒经注反是糟粕。著作有《澹园集》、《焦氏类林》、《老子翼》、《庄子翼》等。

禅"①。晚年信奉佛教。他的思想与封建正统思想相异，屡遭明朝封建统治者迫害。最后被明朝政府以"敢倡乱道，惑世诬民"的罪名关进了北京监狱，于狱中取剃刀自刭。

李贽的著作很多，最重要的有《焚书》、《续焚书》、《藏书》、《续藏书》、《初潭集》等。② 李贽认为封建统治者不会容忍这些著作，不是遭到他们的焚毁就是只能藏起来不使人见，所以取用这样的书名。在他生前和生后，他的著作几次遭封建统治者的禁止、毁版，但是仍然流传下来了。

李贽在《焚书》中说："今世俗子与一切假道学，共以异端目我，我谓不如遂为异端，免彼等以虚名加我。"③他以"异端"自居，甚至被人称为"异端之尤"。他的著作对正统思想确实具有破坏作用。他揭露道学家口称要扶纲常名教，以圣贤自居，开导群盲，其实是"阳为道学，阴为富贵，被服儒雅，行若狗彘"④的伪君子。李贽批评耿定向⑤之流的假道学是"言不顾行，行不顾言"，还不如

---

① 永瑢等：《焦弱侯问答一卷》，《四库全书总目》卷一百二十五，上册，第 1077 页。

② 《焚书》：分 6 卷，其中包括李贽给别人的书札、论文、史评及诗文等，在李贽生前即刊行，后遭禁毁。现流传的《焚书》是李贽死后由别人重编刊行的。《续焚书》分为 5 卷，是李贽死后他的学生汪本钶编辑的，最早刻于明万历四十六年。1960 年和 1961 年中华书局曾分别予以点校出版。1974 年中华书局修订重印，其中《焚书》有少数地方依据明人顾大韶编的《李温陵集》作了校改和增补。《藏书》和《续藏书》是李贽的史学著作，其中包括历史人物传记的辑录及作者的分析和评论。《藏书》最早刻印于万历二十七年；《续藏书》最早刻印于明万历三十九年；1959 年中华书局用不同版本参校，并断句，将两书整理出版，1974 年再次修订重印。《初潭集》于明万历年间刻行，1974 年中华书局据明刻本排印。还有一些著作，如《四书评》、《史纲评要》等，是否李贽所著，目前尚未定论。

③ 李贽：《答焦漪园》，《焚书》卷一，张建业主编：《李贽全集注》第 1 册，社会科学文献出版社 2010 年版，第 18 页。

④ 李贽：《三教归儒说》，《续焚书》卷二，《李贽全集注》第 3 册，第 223 页。

⑤ 耿定向（公元 1524 年—1596 年），字在伦，号天台，湖北黄安人。当时任都察院左副都御史。

市井小夫心口相应，言行一致："作生意者但说生意，力田作者但说力田"。①

　　这是自王充、嵇康以来的批判传统的继续，但李贽的批判又具有新的时代特点。李贽在《续焚书》中说："天下尽市道之交也。""以身为市者自当有为市之货，固不得以圣人而为市井病；身为圣人者自当有圣人之货，亦不得以圣人而兼市井。"②就是说，天下所有人的彼此交往都是"市道"、做生意。他把市道与圣人教人作了对比，认为做生意要有自己的货物，做圣人也要有自己的学问。既然要做圣人就不要兼市井，把学问的交往变成生意经。当时的道学家道貌岸然，实际"心同商贾"、"志在穿窬"③，只想做买卖，多赚钱，并不像孔子那样用自己的道义、学问与学生交往。李贽的这种批判曲折地反映了市民阶层的观点。明代中叶以后，中国封建社会的母体中已开始孕育资本主义的萌芽。特别是江南，出现了相当规模的工商业城镇，出现了"机户出资，机工出力"的雇佣劳动的手工作坊、工场。虽然这种资本主义因素还很微弱，但市民阶层、雇佣劳动者的出现，标志着封建社会已日趋没落，进入了末期。而作为封建社会中占统治地位的意识形态——儒学、道学的腐朽性也日益暴露。这时产生李贽这样的思想家，在一定程度上反映了市民阶层的要求，决非偶然。李贽不仅揭露了道学的伪善，并且直接反对某些封建思想，如重男轻女，夫为妻纲等。他写了有名的《答以女人学道为见短书》，并对卓文君这样的自择

---

① 李贽：《答耿司寇》，《焚书》卷一，《李贽全集注》第 1 册，第 72 页。
② 李贽：《论交难》，《续焚书》卷二，《李贽全集注》第 3 册，第 226—227 页。
③ 李贽：《又与焦弱侯》，《焚书》卷二，《李贽全集注》第 1 册，第 119 页。

配偶的寡妇表示赞赏。

在"理欲"之辩上，李贽不仅批判了道学家的观点，而且说：

> 穿衣吃饭，即是人伦物理；除却穿衣吃饭，无伦物矣。①
> 夫私者人之心也，人必有私而后其心乃见，若无私则无
> 心矣。②

这些说法，直接和理学家的"存天理，灭人欲"的纲领性主张相对立。李贽指出，如好货、好色、多积金宝、多买田宅为子孙谋、博求风水为儿孙福荫，凡世间一切治生产业等事，都是百姓"所共好而共习，共知而共言者，是真迩言也"③。他以为在这些日常之事和"迩言"中包含了真正的道理，所以说："我之所好察者，百姓日用之迩言也。"④李贽这些富有平民色彩的思想，是与封建等级观念相反对的。

但李贽的异端思想并没有超出封建地主阶级的基本立场。例如，他在《忠义水浒传序》中说，水浒中的人都是有忠有义的英雄，"故有国者不可以不读，一读此传，则忠义不在水浒而皆在于君侧矣。贤宰相不可以不读，一读此传，则忠义不在水浒，而皆在于朝廷矣"⑤。面对封建制度的危机，李贽提不出积极的解决方案，而是寄希望于统治阶级发善心，幻想用黄老之术来挽救危机，

---

① 李贽：《答邓石阳》，《焚书》卷一，《李贽全集注》第 1 册，第 8 页。
② 李贽：《德业儒臣后论》，《藏书》卷三十二，《李贽全集注》第 6 册，第 526 页。
③ 李贽：《答邓明府》，《焚书》卷一，《李贽全集注》第 1 册，第 94 页。
④ 同上注。
⑤ 李贽：《忠义水浒传序》，《焚书》卷三，《李贽全集注》第 1 册，第 302 页。

甚至主张对老百姓施愚民政策,说"民至愚也,而可以利诱"①。这基本上是地主阶级的观点。

李贽的哲学理论基本上可归属于王学。他讲天地万物"皆是吾妙明真心中一点物相耳"②。就是说,"妙明真心"的本体显现为天地万物的"物相",所以"心外无物","心外无理"。不过李贽在主观唯心主义的形式下,提出了某些新的思想。

在"道器(理事)"关系的问题上,李贽批判了韩愈以来的"道统"说。"道统"说以为有个超越历史的永恒的"道",这就把"道"和人事(历史)割裂开来。李贽指出:

> 道之在人,犹水之在地也。人之求道,犹之掘地而求水也。然则水无不在地,人无不载道也审矣。而谓水有不流,道有不传,可乎?③

他认为"道"与人的关系如同水与地的关系,既没有离开具体人事而存在的"道",也没有失去了"道"的历史。他还用历史事实驳斥"道统"说:如果汉唐果真无"道",那为什么能维持那么长久?而宋代被称为重新承接了"道统",为什么国力反而不如汉唐?因此,他认为"道统"说是对千百代君臣的污蔑,"彼谓'轲之死不得其传'者,真大谬也"④。

---

① 李贽:《兵食论》,《焚书》卷三,《李贽全集注》第 1 册,第 266 页。
② 李贽:《解经文》,《焚书》卷四,《李贽全集注》第 2 册,第 6 页。
③ 李贽:《德业儒臣前论》,《藏书》卷三十二,《李贽全集注》第 6 册,第 459 页。
④ 同上注。

李贽反对"道在事外"，即反对用静止观点考察人类历史。他认为，自然界新新不已，日月虽旧而千古常新，人类社会也在日新月异，不断改变着。从穴居野处到五帝三王，春秋战国，以至秦汉、宋明，是不断革故鼎新的过程。三代王而春秋霸，战国又自有战国之策，"盖与世推移，其道必尔"①。而儒生却总是推崇三代，向往周礼，要用周礼治当今的天下，他们把"道"看作凝固不变，用静止的观点看待变化的世界，真是"刻舟求剑"，"则儒者之不可以治天下国家，信矣"②。

在"理气"关系的问题上，李贽批判了程朱的"理生气"的观点，认为根本没有"理生气"这回事。他说：

> 极而言之，天地，一夫妇也，是故有天地然后有万物。然则天下万物皆生于两，不生于一明矣。而又谓"一能生二，理能生气，太极能生两仪"，不亦惑欤！夫厥初生人，惟是阴阳二气，男女二命耳，初无所谓一与理也，而何太极之有！③

李贽根本否认有所谓"太极"，以为世界上万事万物都是由阴阳二气的矛盾产生的。理不是万物的开端，更不能讲无中生有。"是故但言夫妇二者而已，更不言一，亦不言理。一尚不言，而况言无；无尚不言，而况言无无。"④以上李贽的这些说法，有些辩证法

---

① 李贽：《焚书》卷三，《李贽全集注》第 1 册，第 262 页。
② 李贽：《世纪列传总目后论》，《李贽全集注》第 4 册，第 1 页。
③ 李贽：《夫妇篇总论》，《初潭集》卷一，《李贽全集注》第 12 册，第 1 页。
④ 同上注。

因素,但不是唯物论,犹如王守仁反对"理在气先"却是唯心论一样。李贽认为山河大地都是"妙明真心中的一点物相",真正的清净本原是"妙明真心"。但又说:"若无山河大地,不成清净本原矣,故谓山河大地即清净本原可也。"①不是先有"无",然后有山河大地,而是山河大地即清净本原,"若无山河大地,则清净本原为顽空无用之物,为断灭空不能生化之物,非万物之母矣,可值半文钱乎?"②意思是,为万物之母的清净本原即"真心",它无相无形,但不是断灭空、顽空,所以不能离开"有"讲"空","体用"、"有无"是统一的。这种说法其实就是王学的观点。

在"心物(知行)"关系的问题上,李贽承袭了王守仁的"致良知"的学说,主张"无一人不生知"③。他进而提出有名的"童心说":

> 夫童心者,真心也。……夫童心者,绝假纯真,最初一念之本心也。若失却童心,便失却真心;失却真心,便失却真人。人而非真,全不复有初矣。④

"童心"就是"真心",亦即"良知"。人有"童心",所以生来就能明辨是非、真假。天下之至文,如《西厢记》、《水浒传》等,没有不出于"童心"者。人读书、学文,本来是为了保护"童心",不使丧失。

---

① 李贽:《观音问》,《焚书》卷四,《李贽全集注》第 2 册,第 85 页。
② 同上注。
③ 李贽:《答周西岩》,《焚书》卷一,《李贽全集注》第 1 册,第 1 页。
④ 李贽:《童心说》,《焚书》卷三,《李贽全集注》第 1 册,第 276 页。

但为什么人们把"童心"丧失了？这是因为"有闻见从耳目而入"，随后"有道理从闻见而入"，而"道理闻见，皆自多读书识义理而来也"。那么什么书、什么义理使得"童心"受障，使得人成为假人、言成为假言呢？他把批判的锋芒直指儒家经典，说："《六经》、《语》《孟》，乃道学之口实，假人之渊薮也，断断乎其不可以语于童心之言明矣。"①

李贽进一步提出真理的相对性问题。王守仁说"良知"是自家准则，"求之于心而非也，虽其言之出于孔子，不敢以为是也"②。李贽发展了这一观点，认为如同昼夜不断交替一样，是非也是随着时势的变化而变化③，所以不应死抱住孔子的教条，以孔子之是非为是非，而应根据自己的"良知"、"童心"来判断是非。他指出，孔子的话也不过是当时条件下"因病发药，随时处方"，怎能说是"万世之至论"呢？因此，绝不能拿孔子的话作为千古不变的标准、"定本"来行赏罚，"天生一人，自有一人之用，不待取给于孔子而后足也"④。后人不一定要学孔子而后才能做人。若"必待取足于孔子"，那岂不是说千古以前没有孔子，大家就不做人了么？他说：

> 前三代，吾无论矣。后三代，汉、唐、宋是也，中间千百余年，而独无是非者，岂其人无是非哉？咸以孔子之是非为是

① 李贽：《童心说》，《焚书》卷五，《李贽全集注》第 1 册，第 277 页。
② 王守仁：《传习录中·答罗整庵少宰书》，《王阳明全集》上册，第 85 页。
③ 见李贽：《世纪列传总目前论》，《李贽全集注》第 4 册，第 1 页。
④ 李贽：《答耿中丞》，《焚书》卷一，《李贽全集注》第 1 册，第 40 页。

非,故未尝有是非耳。①

他还说,孔子讲"为仁由己",并不叫人学他,而后代的人却舍己而必以孔子为学,岂不可笑之至! 他以为自己编写的《藏书》"系千百年是非"②,不过他告诫读者说:

> 谓予李卓吾一人之是非,可也;谓为千万世大贤大人之公是非,亦可也;谓予颠倒千万世之是非,而复非是予之所非是焉,亦可也。……但无以孔夫子之定本行罚赏也,则善矣。③

就是说,读者对他的《藏书》可以作各种评价,只是不要用孔子的教条作为框框来把它一棍子打死。这在当时具有解放思想的意义。不过,李贽不懂得相对真理与绝对真理的辩证关系,而是夸大了相对性,导致相对主义,说:"人之是非初无定质;人之是非人也,亦无定论。"④他以为每人都有自己的标准,不同的是非标准可以"并行而不悖",这是相对主义的说法。

李贽在说了"穿衣吃饭即是人伦物理"之后,接着又说:"学者只宜于伦物上识真空。"⑤所谓"识真空",就是指识得本心,唤醒"良知"、"童心"。他以为,正是在穿衣、吃饭、好货、好色、力田作、

---

① 李贽:《世纪列传总目前论》,《李贽全集注》第 4 册,第 1 页。
② 李贽:《答焦漪园》,《焚书》卷一,《李贽全集注》第 1 册,第 17 页。
③ 李贽:《世纪列传总目前论》,《李贽全集注》第 4 册,第 1 页。
④ 同上注。
⑤ 李贽:《答邓石阳》,《焚书》卷一,《李贽全集注》第 1 册,第 8 页。

做生意等百姓日用之中，可以"顿得此心，顿见一切贤圣佛祖大机大用，识得本来面目"。[①] 李贽讲他自己就是从好察"百姓日用之迩言"而"实证实得"此本心。他说：

> 凡迩言中事，孰待教而后行乎？趋利避害，人人同心。是谓天成，是谓众巧。[②]

就是说，百姓日用之事，趋利避害之欲，都是本心、良知的表现，是天然合理的。这是王学向左的方向发展，亦即泰州学派"百姓日用即道"的观点的发展。用这种观点来揭露道学、名教的虚伪性，在当时有其积极进步意义。李贽确实是封建主义的异端。但是以情欲为"天成"，却是一种唯意志论倾向，它鼓励人凭情欲猖狂妄行，盲目破坏，对社会有不利的一面。

---

① 李贽：《答邓明府》，《焚书》卷一，《李贽全集注》第 1 册，第 94 页。
② 同上书，第 95 页。

第九章
中国古代哲学的总结阶段

第一节　封建社会的自我批判与古代哲学的总结

明代中叶以后,中国封建社会进入末期。资本主义的萌芽已经出现,但是还很微弱。到了明朝末年,阶级斗争空前尖锐、剧烈,终于爆发了以李自成、张献忠为代表的农民大起义。

李自成提出"均田"、"免粮"的革命口号,实行"割富济贫",规定被地主强占的土地可以由农民拿回来耕种。起义军所到之处,土地纷纷回到农民手中。"均田"、"免粮"的口号和农民起义军的实际行动已触及封建土地所有制的根本问题。以后,李自成领导起义军攻克北京,推翻了明王朝。不久吴三桂引清兵入关。在汉族官僚地主和满族贵族的勾结和共同镇压下,这次起义失败了,代之而起的是清王朝。清统治者为了维护自己的统治地位,大力提倡程朱理学。

明清之际出现了一批进步的思想家,如黄宗羲、顾炎武、王夫

之、方以智①、朱之瑜②、陈确③、傅山④、李颙⑤、唐甄⑥等。⑦他们有

---

① 方以智（公元 1611 年—1671 年），字密之，号曼公，又号鹿起，安徽桐城人。青年时期便立志改革，与黄宗羲等参加了复社的政治活动。崇祯十三年（公元 1640 年）进士，作翰林院检讨。明王朝覆灭后，以卖药为生。1646 年桂王肇庆称帝时，任詹事府左中允，充经筵讲官，并与王夫之结交。1650 年，为避清兵追捕，出家为僧，潜隐著书。学识渊博，早年即对我国传统的自然科学和当时传入的西方科学作了广泛记述和考辨，写下《通雅》和《物理小识》。称研究自然科学为"质测"，研究哲学为"通几"，二者的关系是"质测即藏通几"、"通几护质测之穷"、"或质测，或通几，不相坏也"。在自然观上，主张"盈天地间皆物也"，"一切物皆气所为也"的气一元论。在认识论上，提出"学天地"、"辨物则"、"即物求理"的唯物主义反映论。还用"一而二，二而一"的命题概括事物的矛盾和矛盾运动，具有一些朴素辩证法因素。但其哲学思想有较大的局限性，如早期著作带有折衷主义色彩，与象数之学划不清界限；后期著作则试图"会通三教"，寻求"无对待"的神秘境界，更深入地陷进唯心主义泥坑。著作甚多，除上述以外，主要的还有《东西均》、《药地炮庄》、《易余》、《性故》、《一贯问答》、《愚者智禅师语录》等。
② 朱之瑜（公元 1600 年—1682 年），字鲁屿，号舜水，浙江余姚人。平生反对八股，厌于仕进。明亡，和舟山守将王翊试图以舟山为抗清根据地，失败后亡命日本、南洋等地，常秘密入内地，与张煌言等进行反清复明运动。居日本讲学 20 余年，深受日本水户藩主德川光圀的尊敬。客死于日本，日本学者私谥文恭先生。他的思想对当时的日本有一定影响。其著作由其门人辑集，德川光圀父子刊印为《舜水遗书》。朱谦之等据日本稻叶君山编《朱舜水全集》进行整理点校，由中华书局出版，题《朱舜水集》。
③ 陈确（公元 1604 年—1677 年），初名道永，字非玄，后改名确，字乾初，浙江海宁人。曾与黄宗羲同受学于刘宗周。明亡后，刘宗周绝食 20 日而死，陈确从此隐居，从事著述。他对宋明理学和佛教进行了激烈的批判，所著《大学辨》谓《大学》非圣经、贤传。其著作后人编为《陈乾初先生遗集》。中华书局据钞本整理、点校，题《陈确集》，1979 年出版。
④ 傅山（公元 1607 年—1684 年），初名鼎臣，字青主，别字公它，山西曲阳人。明亡后，衣朱衣，居土穴中，养母，号朱衣道人，又有真山、浊翁、石道人等别名。康熙十七年开博学鸿词科，傅山被荐，但他严加拒绝，后被强舁至北京，以死拒不应试。特授中书舍人，仍托老病辞归。博通经史诸子和佛道之学，兼工诗文、书画、金石、又精医学。著作有《霜红龛集》、《荀子评注》等。医学上传有《傅青主女科》和《傅青主男科》等书，疑系后人托名之作。
⑤ 李颙（公元 1627 年—1705 年），字中孚，号二曲，陕西盩屋（今周至）人。出身贫寒，没有家学与师承，全靠自己学习，成为与黄宗羲、孙奇逢并称的清初三大儒之一。清廷屡以博学鸿词征召，他均以绝食拒之，康熙召见他，他敢于以死坚辞。曾遍读经史诸子以及释道之书，讲学江南，门徒甚众，后主讲关中书院。著作有《四书反身录》、《二曲集》。
⑥ 唐甄（公元 1630 年—1704 年），初名大陶，字铸万，别号圃亭，四川达州（今达县）人，长于吴江。清顺治十四年（公元1657年）举人，曾任山西省长子县知县 10 个月，因与长官意见不合去职，晚年讲学论道，著有《衡书》97 篇，后改名为《潜书》，是一部具有民主思想的著作。对君主专制制度作了猛烈抨击，说："自秦以来，凡为帝王者皆贼也。"
⑦ 对于这一时期的进步思想家的研究，可参阅侯外庐著《中国早期启蒙思想史》。

的参加过抗清武装斗争,有的终生隐居不仕,都有强烈的爱国心,为了回答现实问题而从事理论和学术研究。他们从明王朝的覆灭中吸取教训,看到了宋明理学对社会造成的祸害,试图对宋明理学作批判的总结。他们的批判基本上从地主阶级改革派的立场出发,也反映了市民阶层的要求;某些言论已触及封建专制主义的反动本质,包含有民主主义的新思想。这是同以前的思想家不同之处。正是这些进步的思想家,特别是黄宗羲、顾炎武、王夫之三个伟大的学者,在批判理学的过程中担负起了对中国古代哲学进行总结的任务。

　　从世界范围来看,清兵入关的时候,英国已爆发了资产阶级革命,欧洲已经历了文艺复兴时代,开始进入资本主义时代,近代史开始了。而中国落后于世界形势的发展。原先中国在科学文化上居于世界领先地位,自明中叶以后,欧洲超过了中国。这时期,中国和西方有了接触,西方的传教士来到中国,翻译了一些书,如徐光启与利玛窦合译《几何原本》,李之藻与傅汎际合译《名理探》等。但传教士没有把当时西方先进的哥白尼学说介绍过来,翻译的西书在中国没有产生多大的影响,中国的社会及其文化在其顽固的惰性的支配下,仍按照自己独特的规律很缓慢地前进着。这个时候的中国封建社会已经历了它的幼年和青壮年而步入老年了,但为什么恰恰在这时还产生了王夫之、黄宗羲,顾炎武这样的进步的思想家,形成了中国古代哲学的发展史上又一个高峰呢?

　　马克思说过:"所说的历史发展总是建立在这样的基础上的:最后的形式总是把过去的形式看成是向着自己发展的各个阶段,

并且因为它很少而且只是在特定条件下才能够进行自我批判——这里当然不是指作为崩溃时期出现的那样的历史时期——，所以总是对过去的形式作片面的理解。基督教只有在它的自我批判在一定程度上，可说是在可能范围内完成时，才有助于对早期神话作客观的理解。同样，资产阶级经济学只有在资产阶级社会的自我批判已经开始时，才能理解封建的、古代的和东方的经济。"①马克思认为，一种社会制度或一种意识形态，都只有达到"自我批判"阶段时，才能客观地回顾历史，避免"对过去的形式作片面的理解"。但历史不是任何时候都能作自我批判的，这需要"特定条件"。可以说，明清之际就出现了这种"特定条件"，达到了中国封建社会的自我批判阶段。当时，李自成领导的农民起义军提出的"均田"、"免粮"的口号已触及封建土地所有制的本质，资本主义萌芽在艰难地成长；在思想领域占统治地位的理学，其腐朽性已十分明显；封建专制主义的政治统治（"君为臣纲"），在《明夷待访录》等著作中遭到了实质性的批判；这些说明中国封建社会的矛盾已充分暴露，自我批判已经开始。但是，封建社会还没有崩溃。正是这种特定的历史条件，使得人们有可能和需要来客观地回顾过去，用批判的眼光进行总结，以求对历史获得比较全面的认识，以指导现实。

这确实是一个各个领域都在作批判总结的时期。在自然科学方面，虽然总的说来已落后于欧洲，但还是出现了一些总结性

---

① 马克思：《〈政治经济学批判〉导言》，《马克思恩格斯选集》第 2 卷，人民出版社 1995 年版，第 23—24 页。

的科学著作,如李时珍①的《本草纲目》,徐光启②的《农政全书》,宋应星③的《天工开物》,方以智的《物理小识》等;科学的进步推动了唯物主义反对唯心主义和宗教迷信的斗争。在文学艺术理论方面,如叶燮的诗论、李渔的戏剧理论、石涛《画语录》等,在各自领域中都具有批判总结的意义。在创作方面,如稍后出现的《儒林外史》、《红楼梦》,也可说是反映了封建社会自我批判的著作。在这种历史条件下,再加上黄宗羲、顾炎武、王夫之等进步思想家所具有的主观条件(强烈的爱国心、博学以及勇于探索真理的精神等),这就使他们能够用批判的眼光审查过去的各派哲学,作出比较全面、比较客观的总结。

中国古代哲学经过了数千年的独立发展,积累了非常丰富的思想资料。哲学论争的中心由先秦的"天人"、"名实"之辩,发展到宋明时期的"理气(道器)"之辩和"心物(知行)"之辩,各时代的哲学家们围绕论争中心作了多方面的考察。明清之际的进步思想家在对中国古代哲学进行总结时,首要问题是批判宋明理学,也就是要对"理气"之辩、"心物"之辩作出批判的总结。在宋明时

---

① 李时珍(公元 1518 年—1593 年),字东璧,号濒湖,蕲州(治今湖北蕲春)人。毕生研究医药学。经常上山采药,深入民间,向农民、药农、渔夫等请教,同时参考历代有关书籍八百余种,经 27 年功夫,著成《本草纲目》,系统地总结了我国 16 世纪以前的药物学经验。
② 徐光启(公元 1562 年—1633 年),字子先,上海县徐家汇(今属上海市辖区)人。官至礼部尚书兼东阁大学士、文渊阁大学士。较早从西方传教士学习研究西方科技知识,并介绍于我国。编著《农政全书》总结了明代以前的农业生产知识。翻译《几何原本》,提出"以数达理"的观点。
③ 宋应星(公元 1587 年—?),字长庚,江西奉新人。生平究心实学。崇祯七年(1634 年)任江西分宜教谕时,著《天工开物》一书,全面系统地记述了我国古代农业和手工业的生产技术和经验。还著有《野议》、《谈天》和《论气》等。《论气》主张唯物主义气一元论。

期,由于对理气关系与心物关系问题作了不同的回答,形成三个主要哲学派别,即气一元论、理一元论和心一元论,张载、程朱、陆王分别是这些派别的代表。王夫之、黄宗羲、顾炎武等在进行总结时,首先要对这些学派进行批判的审查,所以很自然,他们的哲学的总结主要是围绕"理气（道器）"之辩和"心物（知行）"之辩而展开的。同时,由"天人"之辩演变而来的命和力、性和习的关系问题以及由"名实"之辩演变而来的言和意、象和道的关系问题,也得到了比较全面的考察。

第二节　王夫之对"理气（道器）"、"心物（知行）"之辩的总结
——朴素唯物主义与朴素辩证法统一的气一元论体系

从中国古代哲学的逻辑发展来看,在明清之际的思想家中,我们要特别注意王夫之。

王夫之（公元 1619 年—1692 年）,字而农,号姜斋,湖南衡阳人。晚年居衡阳的石船山,学者称船山先生。曾经考取过举人,青年时代即以博学多识闻名。明末张献忠农民起义军过湘时曾邀他参加,但他自伤面容和肢体,拒不与农民起义军共事。明亡后,曾在衡阳举兵起义,阻击清军南下,战败后退到广东肇庆投奔南明永桂政权,任行人司行人。因不满意南明朝廷的腐败和黑暗,上书要求改革,受到当权者迫害,几陷大狱。后来隐居深山,刻苦研究,勤恳著述 40 余年。除了在哲学上的贡献之外,还精于经学、史学、文学,并对天文、数学、历法、地理学等都有所研究。

著作很多,经后人编为《船山遗书》①,其中在哲学上最重要的有《周易外传》、《尚书引义》、《读四书大全说》、《张子正蒙注》、《思问录》、《黄书》、《噩梦》等。

王夫之是中国古代最伟大的哲学家之一。他说:

> 言心言性,言天言理,俱必在气上说,若无气处则俱无也。②

他从气一元论出发,对宋明时期哲学论争的中心——"理气(道器)"之辩与"心物(知行)"之辩,作了比较正确的解决,达到了朴素唯物主义与朴素辩证法的统一。而对宋明时期哲学论争作了总结,实际上也就是对整个中国古代哲学作了总结。王夫之通过批判的总结,使气一元论体系取得完成的形态,他在天道观与人道观、认识论与逻辑学等领域都作出创造性的贡献。

一、"均天下"的社会理想与反"孤秦、陋宋"的批判精神

王夫之对中国古代哲学的批判总结,是同他在政治思想领域中的批判精神密切相联系的。

在"天理"和"人欲"的关系问题上,王夫之对理学家的"存天理,灭人欲"的说教作了批判,说:

---

① 据后人所撰年谱记载,王夫之共著书 100 多种。1842 年他的裔孙世佺刊成《船山遗书》,共计 18 种,附王介之撰述 1 种。1865 年,曾国藩、曾国荃兄弟在南京刻《船山遗书》,计 56 种。1933 年上海太平洋书店铅印《船山遗书》,增收至 70 种,另附录《王船山丛书校勘记》2 卷。搜罗较完备,但没有刊出和散佚的遗书还有不少。

② 王夫之:《读四书大全说·孟子·尽心上篇》,《船山全书》第 6 册,第 1111 页。

> 人欲之各得，即天理之大同。①
>
> 人欲之大公，即天理之至正矣。②

就是说，不能离开"人欲"谈"天理"，"天理"即在"人欲"之中，"天理"就是大家的欲望都得到满足。王夫之反对禁欲主义，他说："吾惧夫薄于欲者之亦薄于理。"③认为轻视欲望的人恐怕也是轻视天理的。又说："天地之产皆有所用，饮食男女皆有所贞。君子敬天地之产而秩以其分，重饮食男女之辨而协以其安。"④认为天地间物产都有所用，人们的欲望是希望得到美好的东西，例如人们知道了河鲀是美味，又怎么会不要求吃河鲀呢？饮食男女皆有所贞（正），便是理；失其正，便是私。所以重要的是要"秩以其分"即合理地分配财富，使人们的饮食男女之欲都合理地得到满足。

王夫之反对大官僚大地主无限制地兼并土地。他认为，由于兼并土地、聚敛财富，一方面造成财产、土地的"大聚"，另一方面则使农民失去土地，陷于饥饿，出现大量的流民，结果必然导致"一夫揭竿而天下响应"⑤的局面。怎样才能使这种局面免于发生呢？王夫之说：

> 平天下者，均天下而已。⑥

---

① 王夫之：《读四书大全说·论语·里仁篇》，《船山全书》第 6 册，第 641 页。
② 王夫之：《四书训义·中庸二》，《船山全书》第 7 册，第 137 页。
③ 王夫之：《诗广传·陈风》，《船山全书》第 3 册，第 374 页。
④ 同上注。
⑤ 王夫之：《诗广传·大雅》，《船山全书》第 3 册，第 472 页。
⑥ 同上注。

他所谓"均天下"，主要是指抑制兼并。他说："若土，则非王者之所得私也。天地之间，有土而人生其上，因资以养焉。有其力者治其地，故改姓受命而民自有其恒畴，不待王者之授之。唯人非王者不治，则宜以其力养君子。"①意思是说，天地之间所有的土地是人们赖以生活养育的根本，而不是王者的私有物。所以土地不是王者授予的，合理的分配办法是"有其力者治其地"，使耕种者自有恒产。怎样做到这一点呢？王夫之提出："分别自种与佃耕，而差等以为赋役之制。"②主张自耕土地的田赋要减少，雇人耕种的田赋要增加。他规定"自耕者，有力不得过三百亩"③，超过三百亩即为佃耕，这是明显地维护中小地主阶级的利益，和农民起义军提出的"均田"的要求不可同日而语。但王夫之提出"均天下"的方案，要求抑制兼并，曲折地反映了社会的主要矛盾，在当时有其积极的意义。

王夫之认为明王朝的覆灭的祸害是封建统治专制的结果。他指出：

> 生民以来未有之祸，秦开之而宋成之也。④

王夫之肯定秦实行中央集权，用郡县制代替分封制是一进步；但他批评秦始皇"以天下私一人"，把天下视为他私人财产，用专制

---

① 王夫之：《噩梦》，《船山全书》第 12 册，第 551 页。
② 王夫之：《读通鉴论》卷二，《船山全书》第 10 册，第 111 页。
③ 同上注。
④ 王夫之：《黄书·古仪第二》，《船山全书》第 12 册，第 507 页。

手段加以控制，只想长久由一姓统治，唯恐别人来抢夺他的天下，以致谁也不敢信任。"以天下私一人"必然造成"以一人疑天下"，专制暴君必然孤立自己，王夫之因此而称秦为"孤秦"。自秦开创的君主专制统治，到宋代达到极点。宋太祖假杯酒削藩，自领禁军，任用一批官僚进行统治，使自己"孤立于强虏之侧"，其结果是"使中区趋靡，形势解散，一折而入于女直，再折而入于鞑靼"①。所以王夫之称宋为"陋宋"。虽然王夫之仍然认为"君臣之义"不可废，他对封建专制制度的批判，并未达到黄宗羲那样的民主思想的高度。但他认为"救天地之祸，非大反孤秦、陋宋之为不得延"②，这样批判封建专制统治，比之前人是深刻得多了。

王夫之还批判了封建专制主义的理论，即法家的理论。他说："古今之大害有三：老、庄也，浮屠也，申、韩也。"③认为"佛老之于申韩，犹鼙鼓之相应也"。

> 其上申、韩者，其下必佛、老。……何也？夫人重足以立，则退而托于虚玄以逃咎责，法急而下怨其上，则乐叛弃君亲之说以自便。④

就是说，在专制统治的淫威下，人人自危，就退而谈虚玄，到佛老中去求安慰。专制制度下必然会产生虚无主义，必然会使人们

---

① 王夫之：《黄书·古仪第二》，《船山全书》第 12 册，第 506—507 页。
② 王夫之：《黄书·宰制第三》，《船山全书》第 12 册，第 508 页。
③ 王夫之：《读通鉴论卷》十七，《船山全书》第 10 册，第 651 页。
④ 同上书，第 653 页。

"叛弃君亲"而使国家瓦解。这一批评不同于程朱陆王的反申韩。理学家反申韩，是打着德教的旗号反法家的功利主义，王夫之所反对的则是法家的封建专制主义，而这正是理学家力图用德教作外衣来加以保护的东西。

王夫之有非常强烈的爱国主义思想。他说："可禅可继可革而不可使夷类间之。"①认为皇位可以禅让，可以父子继承，可以像汤武那样革命，但不能让异族占据。又说，蚂蚁王作为一穴之长，在外敌侵入时能率其同类抵抗，而人类的君主如果对内猜忌、压制，对外不能抵御侵略，那就连蚂蚁王都不如。王夫之有高度的民族自豪感，他说：

> 是故中国财足自亿也，兵足自强也，智足自名也。不以一人疑天下，不以天下私一人，休养厉精，士佻粟积，取威万方，濯秦愚，刷宋耻，此以保延千祀，博衣弁带、仁育义植之士眈，足以固其族而无忧矣。②

王夫之的民族主义思想是和他对封建专制制度的批判分不开的，所以他的《黄书》在以后的资产阶级革命时期起了积极的作用。

当然，王夫之的民族主义思想包含有大汉族主义的倾向，而且他也没有超出地主阶级立场。他认为天下既不能让于夷狄统治，也要防止小人扰乱，说："天下之大防二：中国、夷狄也，君子、

---

① 王夫之：《黄书·原极第一》，《船山全书》第 12 册，第 503 页。
② 王夫之：《黄书·宰制第三》，《船山全书》第 12 册，第 519 页。

小人也。"①他当然是站在君子的立场上反对农民起义的，尽管他联合过农民起义军反对清兵，但抵死不愿参加农民起义军。不过，与前人不一样，王夫之在政治思想上提出了新的东西，那是封建社会自我批判阶段的理论表现。

二、从气一元论出发总结"理气（道器）"之辩

王夫之从气一元论出发，对"理气（道器）"之辩作了批判的总结，在天道观上作出了重要贡献。

王夫之继承和发展了张载的气一元论。他同张载一样，说"虚空皆气"，用"细缊"来形容气之本体，用"聚散"来说明本体与万物的关系。他说："阴阳二气充满太虚，此外更无他物，亦无间隙，天之象，地之形，皆其所范围也。"②"散而归于太虚，复其细缊之本体，非消灭也。聚而为庶物之生，自细缊之常性，非幻成也。"③就是说，气是唯一实体，不是"心外无物"，而是"气外无物"，天地万物都是由物质性的气构成的；气无边无涯，充满空间，它细缊变化，聚而有形，并非如佛家所说的"幻化"；散入无形，也并非如程颐所说的"凡物之散，其气遂尽"④。气不灭的思想是前人特别是张载就有的，王夫之的贡献在于用当时的科学材料，更有说服力地论证了这一点。他观察了烧柴取墨的工艺和烧汞炼丹的化学反应⑤，说：

---

① 王夫之：《读通鉴论卷》十四，《船山全书》第 10 册，第 502 页。
② 王夫之：《张子正蒙注·太和篇》，《船山全书》第 12 册，第 26 页。
③ 同上书，第 19 页。
④ 程颐：《河南程氏遗书》卷十五，《二程集》上册，第 163 页。
⑤ 见王夫之：《俟解》，《船山全书》第 12 册，第 482 页。

> 车薪之火，一烈已尽，而为焰，为烟，为烬，木者仍归木，水者仍归水，土者仍归土，特希微而人不见尔。……汞见火则飞，不知何往，而究归于地。有形者且然，况其细缊不可象者乎！……故曰往来，曰屈伸，曰聚散，曰幽明，而不曰生灭。生灭者，释氏之陋说也。[①]

这些论述，是从当时具体科学的成果中总结出来的，为从哲学上论证物质不灭的思想和驳斥"气有生灭"的谬说提供了有力的论据。

王夫之同陈亮、叶适、罗钦顺、王廷相一样，从唯物主义的气一元论出发论述"理气（道器）"关系问题，以"理在气中"、"道不离器"的命题反对程朱的"理在气先"、"道在器先"的唯心主义观点。他说：

> 气者，理之依也。[②]
> 气外更无虚托孤立之理。[③]

就是说，理依存于气，超物质、超时空的理是不存在的。程朱用"形而上"和"形而下"来区分理和气、道和器。朱熹说："形而上的虚，浑是道理；形而下的实，便是器。"[④]认为道是虚的，器是实的，

---

① 王夫之：《张子正蒙注·太和篇》，《船山全书》第 12 册，第 21—22 页。
② 王夫之：《思问录·内篇》，《船山全书》第 12 册，第 419 页。
③ 王夫之：《读四书大全说·孟子·告子上篇》，《船山全书》第 6 册，第 1054 页。
④ 朱熹：《朱子语类》卷七十五，《朱子全书》第 16 册，第 2571 页。

先有形而上之道，然后才能有形而下之器。和程朱理学的观点正相反对，王夫之提出了"实道而虚器"①的命题。就是说，道是依存于具体事物的，是实在的，而具体事物是可以由理性思维进行抽象的。王夫之还说：

> 天下惟器而已矣。道者器之道，器者不可谓之道之器也。②

明确指出天地间存在着的一切都是具体的实物。一般原理存在于具体事物之中，而决不可说具体事物依存于一般原理。他又说：

> 故圣人者，善治器而已矣。自其治而言之，而上之名立焉。上之名立，而下之名亦立焉。上下皆名也，非有涯量之可别者也。形而上者，非无形之谓。既有形矣，有形而后有形而上。③

意思是说，从改造和制作器物的程序来说，人的头脑里先要形成观念，构成计划，在这个意义上可以把抽象观念看作在具体的改造和制作过程之先，这就有了"形而上"之名。相对于"上"之名，就称具体器物为"形而下"。因此，虽有上下之名，但不意味着上

---

① 王夫之：《周易外传·系辞上传第十二章》，《船山全书》第 1 册，第 1027 页。
② 同上注。
③ 同上书，第 1028 页。

下之间有界限可以分割开来。从客观存在来说,形而上的"道"不能离开具体形体而独立存在,根本没有在形器之先的"道"。从知识的来源来说,原理、规律是从对事物的抽象而得来的。归根到底是先有具体形器,后有抽象观念。所以,"无形之上,亘古今,通万变,穷天穷地,穷人穷物,皆所未有者也"①。不论自然界现象和人的活动,通上下古今万物之变,都找不到"无形之上"的存在。王夫之比之前人更有说服力地驳斥了程朱理学的"道在器先"的唯心主义理论。

　　"理气(道器)"之辩本是从"有无(动静)"之辩发展来的。程朱陆王虽然都打着反对佛老的旗号,实际上都以虚静的本体为世界第一原理。朱熹讲太极"无形而有理",本体是虚静的,以后动而生阳,静而生阴,从而产生万物,这和老子的橐籥之喻是相似的。王夫之说:"老氏以天地如橐籥,动而生风,是虚能于无生有,变幻无穷;而气不鼓动则无,是有限矣。然则孰鼓其橐籥而令生气乎?"②王夫之认为,老子(以及其他以虚静为第一原理的哲学家)无法说明如何从无生有,橐籥之喻还须假定另有一个"鼓气者"。这就是说,形而上学者从物质之外寻找物质运动的原因,最后必然归之于上帝是第一推动力。

　　王夫之认为,佛老关于"虚无"是无限的、绝对的,而"有"是有限的、相对的这种看法,是把相对、绝对的关系弄颠倒了。在他看来,"有"才是无限的、绝对的,"无"则是相对的、有限的。他说:

---

① 王夫之:《周易外传·系辞上传第十二章》,《船山全书》第 1 册,第 1028 页。
② 王夫之:《张子正蒙注·太和篇》,《船山全书》第 12 册,第 24 页。

> 言无者激于言有者而破除之也，就言有者之所谓有而谓
> 无其有也。天下果何者而可谓之无哉？言龟无毛，言犬也，
> 非言龟也。言兔无角，言麋也，非言兔也。①

就是说，通常讲"无"，是相对于"有"而言的。相对于犬有毛，才说
龟无毛；相对于鹿有角，才说兔无角。所以，讲"无"，只是说"无其
有"。如果立一个"无"作为绝对的本体，那便"博求之上下四维古
今存亡而不可得，穷矣"②。王夫之还特别强调"天下之有无，非思
虑之所能起灭"③。"有"和"无"，本来是客观的，说本体是"无"，是
"无善无恶"，那是唯心主义者以思虑起灭天地。"善恶可得而见
闻也，善恶之所自生不可得而见闻也，是以躁言之曰无善无恶
也。"④人的行为的善恶是可以耳闻目见的，而产生善恶的原因却
非耳目所能接。王守仁把耳目不可得而见闻叫作"无"，于是说
"无善无恶心之体"，把"无"说成是绝对的。这样的"躁言"（轻率
地作出论断）只能是主观唯心主义的论证方法。

关于"动静"之辩中的绝对、相对关系问题，王夫之在《思问录
内篇》中说：

> 太极动而生阳，动之动也；静而生阴，动之静也。废然无
> 动而静，阴恶从生哉！一动一静，阖辟之谓也。由阖而辟，由

---

① 王夫之：《思问录·内篇》，《船山全书》第 12 册，第 411 页。
② 同上注。
③ 同上书，第 414 页。
④ 同上书，第 415 页。

辟而阖，皆动也，废然之静，则是息矣。①

王夫之讲"太极"，是指气之本体。他认为，废然无动、绝对的静即熄灭，是天地间所没有的；由阖而辟，由辟而阖，都是讲的"动"，运动是绝对的。所谓"静"就是"动之静"，即运动的暂时静止状态，而并非废然无动。他还说：

> 动而成象则静。②
> 静者静动，非不动也。③
> 动而趋行者动，动而赴止者静。④
> 静以居动，则动者不离乎静，动以动其静，则静者亦动而灵，此一阖一辟所以为道也。⑤

王夫之的这些论断（还不止这些）极好地阐明了静止里面包含着运动，静止是运动在局部上趋于稳定而成形象的暂时状态，所以静止的东西不是凝固的，而是生动灵活的。而从总过程来说，一阖一辟之谓变，"方动即静，方静旋动，静即含动，动不舍静"⑥。王夫之以为天地之化是个动静统一、日新不已的洪流。"江河之水，今犹古也，而非今水之即古水。灯烛之光，昨犹今也，而非昨火之

---

① 王夫之：《思问录·内篇》，《船山全书》第 12 册，第 402 页。
② 王夫之：《张子正蒙注·太和篇》，《船山全书》第 12 册，第 23 页。
③ 王夫之：《思问录·内篇》，《船山全书》第 12 册，第 411 页。
④ 王夫之：《张子正蒙注·太和篇》，《船山全书》第 12 册，第 15 页。
⑤ 王夫之：《张子正蒙注·大易篇》，《船山全书》第 12 册，第 308 页。
⑥ 王夫之：《思问录·外篇》，《船山全书》第 12 册，第 430—431 页。

即今火。"河水、灯光、爪发、肌肉都处于不断的新陈代谢之中，日月也是如此。张载说："日月之形，万古不变。"①王夫之补充说："形者，言其规模仪象也，非谓质也。质日代而形如一，无恒器而有恒道也。"②这里的"道"指一阴一阳之谓道。日月作为"阳而聚明"、"阴而聚魄"的形象，今古不变，而其实质则时刻更新，不断变化。张载已区别变与化："变言其著，化言其渐。"王夫之发展了这一观点，进一步阐发了绝对运动与相对静止的辩证关系。

王夫之还阐发了气化之道即是对立统一过程的思想。张载说："由气化，有道之名。"③又说："一物两体，气也。一故神（自注：两在故不测），两故化（自注：推行于一）。"④这是用对立统一原理来表述气化之"道"。王夫之继承了张载的思想，并加以发展。这主要表现在以下三点：

第一，物质固有的矛盾是运动的源泉。关于这一点，王夫之讲得比张载更明确了。他说：

> 盖阴阳者气之二体，动静者气之二几，体同而用异则相感而动，动而成象则静，动静之几，聚散、出入、形不形之从来也。《易》之为道，乾、坤而已……阴阳之消长隐见不可测焉，天地人物屈伸往来之故尽于此。⑤

---

① 张载：《正蒙·参两篇第二》，《张载集》，第 12 页。
② 王夫之：《思问录·外篇》，《船山全书》第 12 册，第 453—454 页。
③ 张载：《正蒙·太和篇第一》，《张载集》，第 9 页。
④ 张载：《正蒙·参两篇第二》，《张载集》，第 10 页。
⑤ 王夫之：《张子正蒙注·太和篇》，《船山全书》第 12 册，第 23—24 页。

这是说,元气作为太和缊缊的实体,本来就具有阴阳两个方面,是运动变化的源泉。由于阴阳的矛盾作用而有运动变化的可能性,以及"动而成象则静"的可能性,所以动静是"气之二几"("几"即契机)。所有的一切变化(聚散、出入、形不形)都是由"动静之几"产生的,而动静是阴阳矛盾作用的表现。所以归根到底,易道就是阴阳、乾坤的对立统一。尽管阴阳的消长、隐见与表现为万物的运动变化是神妙莫测的,但是运动的总原因("天地万物屈伸往来之故")就是气所固有的矛盾。

显然,这里包含着运动是依存于物质的意思。王夫之批判了程朱理学把运动看作是脱离物质的错误。他说:

> 误解《太极图说》者,谓太极本未有阴阳,因动而始生阳,静而始生阴。不知动静所生之阴阳,乃固有之缊,为寒暑、润燥、男女之情质,其缊缊充满在动静之先。动静者即此阴阳之动静。[1]

周敦颐的《太极图说》和朱熹对它的解释,都认为先有一个绝对不动的太极,由这太极产生动静,然后才有阴阳对立,才有万物变化。他们以为是先有不依赖物质的太极之动静,而后生出阴阳和自然界万物。王夫之在这里驳斥他们,强调指出动静是阴阳的动静。阴阳是物质的气,运动就是阴阳二气的属性,运动是离不开阴阳二气的。他以为动静是"阴阳和合之气所必有之几"[2],而从

---

[1]　王夫之:《张子正蒙注·太和篇》,《船山全书》第 12 册,第 24 页。
[2]　同上书,第 15 页。

"动静之几"产生"聚散、出入、形不形"的变化，于是形成各种事物，这些事物无不是阴阳的结合，并表现为寒暑、润燥、男女等等对立。而归根结底，"缊缊之本体"是"万物之资始者"①，运动的源泉在于物质本身，运动是物质固有的属性。

第二，运动就是矛盾的发展过程。关于矛盾的发展，张载说："有象斯有对，对必反其为；有反斯有仇，仇必和而解。"对此，王夫之作了如下的解释：

> 以气化言之，阴阳各成其象，则相为对，刚柔、寒温、生杀，必相反而相为仇；乃其究也，互以相成，无终相敌之理，而解散仍返于太虚。以在人之性情言之，已成形则与物为对，而利于物者损于己，利于己者损于物，必相反而仇；然终不能不取物以自益也，和而解矣。②

这样的解释是忠实于张载的说法的。从客观的气化过程来说，阴阳、刚柔等对立面相互排斥、相互斗争，而又相辅相成，最后又回到太虚中去；从人和物的关系来说，人类和自然界互相排斥、互相斗争，但是人必须"取物以自益"，才能发展人的性情。所以矛盾发展到最后总是要"和解"的。王夫之和张载一样，也没有摆脱循环论，这是古代辩证法共同的局限性。但从张载到王夫之，中间经过了程朱陆王和陈亮、叶适等人。他们都讲"两"和"一"，可以说是从不同侧面考察了矛盾运动，因而成为哲学发展的环节，但

---

① 王夫之：《张子正蒙注·太和篇》，《船山全书》第12册，第32页。
② 同上书，第41页。

是他们都由于片面性而陷入形而上学。朱熹虽说"物无无对"，不能独阴而无阳，也不能独阳而无阴；但他认为"定位不易，事之常也"，即矛盾双方如阴阳、尊卑是不能各向其反面转化的，归根到底是取消了矛盾。叶适虽说"道原于一而成于两，古之言道者必以两"，但他认为中庸是事物的最后归宿，"水至于平而止，道至于中庸而止矣"，实际上成了平衡论。王守仁讲"心即理"、"知行合一"、"动静合一"，一切对立都统一于心，他片面强调"合一"，也成了形而上学。以上各派虽然都讲"两"和"一"，但并不是真正的辩证法思想，因为归根到底，他们都不讲否定和矛盾的转化，而真正的辩证法和虚假的辩证法之间的区别正在于此。

那么，王夫之是怎样看待否定和转化的呢？他在《周易外传·杂卦传》中，说：

> 君子乐观其反也。①

就是说，对否定和矛盾转化要抱积极的、乐观的态度。

他举了杂和纯、变和常的互相转化来说明：

> 杂因纯起，积杂以成纯；变合常全，奉常以处变；则相反而固会其通。②

这是说，杂和纯、变和常都是相反相成，对立统一的。他举了两个

---

① 王夫之：《周易外传·杂卦传》，《船山全书》第 1 册，第 1112 页。
② 同上注。

例子：水谷燥湿是"杂"，而作为饮食，转化为人的营养，成了生命的"纯"；温暑凉寒不断地"变"，构成一年四季合乎规律的交替，正说明"变"不失"常"。所以说杂和纯、变和常，是"相反而会其通"。正因为看到了矛盾双方"相反而会其通"，所以王夫之又说：

> 君子善其交而不畏其争。①

就是说，对于矛盾的对立斗争不要感到害怕，而要善于看到对立面是怎么统一的。"相反则相仇"，但又是相通、相成的。他举了火水作例说："极乎阴阳之必异，莫甚于水火。火以爕水，所爕之水何往？水以灭火，所灭之火何归？水凝而不化，爕之者所以荡而善其化；火燥而易穷，灭之者所以息而养其穷；则莫不相需以致其功矣。"②这是说，水火是极不相容的矛盾双方，火能烧干水，水能扑灭火。但水凝结成冰，就需用火来使其融化；火使木柴燃烧，很快就成灰烬，而用水浇到正燃烧的木柴上，就可使其变成炭而更长久地燃烧。因此水火也是相辅相成的。

王夫之还探讨了矛盾转化的形式问题。他在评论宋徽宗的晚年时说：

> 势极于不可止，必大反而后能有所定。③

---

① 王夫之：《周易外传·未济》，《船山全书》第 1 册，第 980 页。
② 同上书，第 981 页。
③ 王夫之：《宋论》卷八，《船山全书》第 11 册，第 201 页。

就是说，当时北宋王朝必亡之势已不可止，矛盾到了空前激化的
地步，只能通过激烈的变革，才能解决矛盾，达到安定，所以是"倾
之而后喜"①。但王夫之认为最好不要使矛盾发展到这般地步。
他说：

> 两间之化，人事之几，往来吉凶，生杀善败，固有极其至
> 而后反者，而岂皆极其至而后反哉！……或错或综，疾相往
> 复，方动即静，方静旋动，静即含动，动不舍静，善体天地之化
> 者，未有不如此者也。②

在自然界和人类社会中，矛盾的斗争有的是"极其至而后反"，但
并不是任何矛盾的斗争都是这样的。所以他接着就讲了"或错或
综，疾相往复"的转化形式。错即同异，综即屈伸。在同异、屈伸
的往复中，方动即静，方静旋动，对立面不断转化，互相渗透，而始
终保持着动态平衡③。

　　王夫之认为农民阶级与地主阶级发生冲突，是不好的。"其
极也唯恐不甚，其反也厚集而怒报之，则天地之情，前之不恤其
过，后之褊迫以取偿，两间日构而未有宁矣。此殆夫以细人之衷
测道者与！"④这里所说，明显地是指官逼民反的事实。大地主兼

---

① 王夫之：《宋论》卷八，《船山全书》第 11 册，第 201 页。
② 王夫之：《思问录·外篇》，《船山全书》第 12 册，第 430—431 页。
③ 这里利用了一个现代术语"动态平衡"来说明王夫之的意思。如人体的健康发育，自然
　界的生态系统，国民经济的持续上升等等，对立的转化都是在保持动态的平衡中实现
　的，而不是"极其至而后反"的形式。
④ 王夫之：《思问录·外篇》，《船山全书》第 12 册，第 431 页。

并、聚敛达到极点，逼得农民揭竿起义，于是改朝换代，"大反而后能有所定"。王夫之承认这样的"物极必反"是不可免的。但是他以为这不是"天地之情"，如果认为一定要"极其至而后反"，那是"以细人之衷测道"。这里表现了王夫之的阶级局限性和历史局限性。但从理论上说，他以为矛盾的转化有的采取"极其至而反"的形式，而更多的是在保持动态的平衡中实现的，这是正确的见解。

第三，阴阳的对立统一是普遍存在的，而每类事物又有其特殊规律。王夫之说：

> 合者，阴阳之始本一也，而因动静分而为两，迨其成又合阴阳于一也。如男阳也而非无阴，女阴也而亦非无阳。以至于草木鱼鸟，无孤阳之物，无孤阴之物，唯深于格物者知之。时位相得，则为人，为上知；不相得，则为禽兽，为下愚；要其受气之游，合两端于一体，则无有不兼体者也。[①]

这是说，每个具体事物，无论是男人女人、上知下愚，还是草木鸟兽，都是"阴阳合一"的对立统一体，没有"孤阳"和"孤阴"的事物。所有事物都是"合两端于一体"，是阴阳两端的对立统一。阴阳行乎万物之中，"物物有阴阳，事亦如之"[②]，说明了阴阳的对立统一是事物中普遍存在的规律。"一阴一阳之谓道"，是说所有事物都遵循阴阳对立统一之道，这是从矛盾的普遍性来说的。而就矛盾

---

① 王夫之：《张子正蒙注·太和篇》，《船山全书》第 12 册，第 37 页。
② 王夫之：《张子正蒙注·动物篇》，《船山全书》第 12 册，第 107 页。

的特殊性来说,各个事物又彼此不同。王夫之说:

> 聚则见有,散则疑无,既聚而成形象,则才质性情各依其
> 类。同者取之,异者攻之,故庶物繁兴,各成品汇。乃其品汇
> 之成各有条理,故露雷霜雪各以其时,动植飞潜各以其族,必
> 无长夏霜雪、严冬露雷、人禽草木互相淆杂之理。故善气恒
> 于善,恶气恒于恶,治气恒于治,乱气恒于乱,屈伸往来,顺其
> 故而不妄。①

这是说,事物一经形成,便各自依照它们的"类"而具有本质和情态。同类者相吸引,异类者相排斥,纷繁复杂的各类事物,各有其条理(规律)。王夫之讲气有善恶治乱是不对的。但重要的是他指出不论是人类社会还是自然现象,都"屈伸往来,顺其故而不妄",即一切运动变化都遵循必然的因果律。王夫之在这里运用"类"、"故"、"理"三个范畴,具体地说明各种事物各有其"类",各有其"理"(规律),各有其所以然之"故"。他说:"理者,物之固然,事之所以然也。"②理就是各类事物固有的本质和顺着所以然之"故"的必然进程。

王夫之认为,从事物的普遍规律来说,是"一阴一阳之谓道";而从各类事物来说,又各有其规律。他把这两方面综合起来,说明了"由气化,有道之名"。

---

① 王夫之:《张子正蒙注·太和篇》,《船山全书》第 12 册,第 19 页。
② 王夫之:《张子正蒙注·至当篇》,《船山全书》第 12 册,第 194 页。

　　　　气化者，气之化也。阴阳具于太虚絪缊之中，其一阴一
　　阳，或动或静，相与摩荡，乘其时位以著其功能，五行万物之
　　融结流止、飞潜动植，各自成其条理而不妄，则物有物之道，
　　人有人之道，鬼神有鬼神之道，而知之必明，处之必当，皆循
　　此以为当然之则，于此言之则谓之道。[①]

太虚絪缊之实体即阴阳之气，它由于动静而分化，在不同的时间
和空间（时位）表现它的功能，于是就有了特殊性，分化为五行，分
化为万物。万物各有其条理和必然性，"物有物之道，鬼神有鬼神
之道"。人们认识了这些规律，知道了如何根据规律去处理事物，
这就是"当然之则"。所以"道"（规律）这个名称就包含着这样的
意思：从一般意义上讲，一阴一阳之谓道，道不离器，道随着不同
的器而表现不同，又不受特殊时空的限制；从特殊意义来讲，道包
括了各类客观事物的条理以及人类活动的准则这两者。这些特
殊规律和准则有其特定的起作用的范围，如"未有弓矢而无射道，
未有车马而无御道"[②]等等。
　　在这里，我们可以回顾一下王夫之以前的哲学家们的见解：
程朱提出"理一分殊"，王守仁把"理一"了解为过程，指出理"因时
致宜"，王廷相则强调"理万"，他们各有所见，也各有所蔽。王夫
之在讲一般意义的道时，也讲"理一分殊"（"物物有阴阳"），也把
"理一"的展开看作过程；但他又指出有特殊意义的"道"，即各类
事物各有条理，所以"理一分殊"不可以作为宗旨，例如有日蚀之

---

① 王夫之：《张子正蒙注·太和篇》，《船山全书》第 12 册，第 32—33 页。
② 王夫之：《周易外传·系辞上传第十二章》，《船山全书》第 1 册，第 1028 页。

事就有日蚀之理,这不能用"理一分殊"来解释。[①] 王夫之对"理"("道")即规律性这个概念作了比较细致的分析,表述也比前人确切得多了。

综上所述,在天道观上,王夫之对"理气(道器)"关系问题作了比较正确的解决,达到朴素唯物主义与朴素辩证法的统一。他对程朱的理一元论和陆王的心一元论都作了比较深刻的批判,使张载的气一元论获得了很大的发展。他根据当时的科学资料,对气不灭的思想作了论证,提出"无其器则无其道"的命题,指出实有、运动是绝对的,虚无、静止是相对的。他对"气化之道"作了多方面的阐述,指出了物质固有矛盾是运动的源泉,运动是矛盾的发展过程,还考察了矛盾转化的形式,一般规律和特殊规律的关系等,这些都有其超越前人的贡献。不过,王夫之同张载一样,在讲气的"清通之神"时,仍有泛神论倾向;在论述气化之道时,也未能摆脱循环论。

三、从气一元论出发总结"心物(知行)"之辩

上面讲了王夫之从气一元论出发来总结"理气(道器)"之辩。与之相联系,他又从气一元论出发来总结"心物(知行)"之辩,在认识论上也作出了重要贡献。

在认识、才能的来源问题上,王夫之用朴素唯物主义的反映论反对"生而知之"的先验论。他说:

---

① 见王夫之:《续春秋左氏传博议·士文伯论日食》,《船山全书》第5册,第586—587页。

> 耳有聪，目有明，心思有睿知，入天下之声色而研其理
> 者，人之道也。聪必历于声而始辨，明必择于色而始晰，心出
> 思而得之，不思则不得也。岂蓦然有闻，瞥然有见，心不待
> 思，洞洞辉辉，如萤乍曜之得为生知哉！果尔，则天下之生
> 知，无若禽兽。[①]

就是说，凭借感官心知，进入世界万物声色之中去研究事物的规律，这是人类认识世界的途径。听力一定要经历了种种声音才能辨别，视力一定要择取了种种颜色才能明晰，心一定要思考才能获得道理，不思考便不能获得。难道突然有所闻，偶然有所见，不用费心思，若明若暗地如萤火虫一闪，就叫做"生知"吗？如果这叫"生知"的话，那么天下生而知之的，莫如禽兽。这里王夫之明确地肯定知识是后天获得的。

从认识来源的问题来说，心物关系包含三项，即形、神、物。这里包含有两个关系：神与物的关系（亦即"能"与"所"的关系），形与神的关系。

王夫之用"体用"这对范畴对"能所"关系作了比较正确的论述。他说：

> 境之俟用者曰"所"，用之加乎境而有功者曰"能"。……
> 乃以俟用者为"所"，则必实有其体；以用乎俟用而以可有功
> 者为"能"，则必实有其用。体俟用，则因"所"以发"能"；用乎

---

① 王夫之：《读四书大全说·论语·季氏篇》，《船山全书》第 6 册，第 852 页。

体,则"能"必副其"所"。体用一依其实,不背其故,而名实各
相称矣。①

"所"是有待于主体作用的客观对象,这种客观对象不是"假有",
而是必定"实有其体"。"能"是能作用于客体而有功效的主体,它
也不是"虚无",而是必定"实有其用"。一方面要依赖客体来激发
主体的认识作用,"因所以发能";另一方面,"用"既是作用于客
体,则主观必须符合客观,"能必副其所"。王夫之批评佛教"唯心
唯识"的说法是"消所以入能,而谓能为所"②,即把认识对象消融
在认识的主体中,用主观去代替客观,取消了客观世界。王夫之
对主观唯心主义者提出诘难说:"耳苟未闻,目苟未见,心苟未虑,
皆将捐之,谓天下之固无此乎? 越有山,而我未至越,不可谓越无
山,则不可谓我之至越者为越之山也。"③浙江有山,不能因我未去
而说没有山,更不能说我到了浙江就是浙江有山。主观唯心主义
者以"能"为"所",以为未见未闻未虑就是不存在,不过是凭自己
的主观去构造世界,以自己的心作为世界一切事物的根据罢了。

　对于形神关系问题的论述,王夫之没有超过范缜。他也是用
气禀来解释的。"其在于人,太虚者,心涵神也;浊而碍者,耳目口
体之各成其形也。"④王夫之主观上力图用唯物论原理来解释形神
关系,认为人的一切禀于气,气有清有浊,太虚之气是清的,人禀

---

① 王夫之:《尚书引义·召诰无逸》,《船山全书》第 2 册,第 376 页。
② 同上书,第 377 页。
③ 同上书,第 378 页。
④ 王夫之:《张子正蒙注·太和篇》,《船山全书》第 12 册,第 31 页。

清气而为精神；而耳目等肉体感官则是浊而有碍的形气构成的。
这种观点，最终不可避免地要陷入先验论。他说：

> 原心之所自生，则固为二气五行之精，自然有其良能，（自
> 注：良能者，"神"也。）而性以托焉，知觉以著焉。（自注：性以托，故云
> "具众理"。知觉以著，故云"应万事"。）①

就是说，人禀阴阳五行之精气，精气自然有其"良能"，即精神。性
就存在于精神里，因为它本是太虚絪缊之气，所以本来具有众理，
这清通之理赋予人就是性。性即在心中，心有知觉就能"应万
事"。这种说法就很难与朱熹划清界线。于是王夫之也跟着张载
讲起"德性之知"来了。在这点上，他比王廷相有所倒退（王廷相
也讲气禀，但他力图突破"德性之知"，虽然最后也未能真正克
服）。王夫之的认识论中也有先验主义的因素，不过这在他的整
个哲学体系中是次要的，他基本上是朴素唯物论的反映论者。至
于对形神关系问题真正作科学的解决，那只有在马克思主义将实
践观点引入认识论后才能做到。

　　王夫之对知行关系问题也作了比较正确的解决。他有力地
批判了程朱的"知先行后"说和王守仁的"知行合一"说。他批评
程朱说：

> 宋诸先儒欲折陆、杨"知行合一，知不先，行不后"之说，

------

① 王夫之：《读四书大全说·孟子·尽心上篇》，《船山全书》第 6 册，第 1113 页。

> 而曰知先行后,立一划然之次序,以困学者于知见之中,且将荡然以失据,则已异于圣人之道矣。[①]

他以为程朱讲"知先行后"是将知行割裂开来,引导人们停留在"知见"阶段,不去实践,使学者脱离现实生活,"穷年矻矻于章句之雌黄,器服之象法……行后之误人,岂浅鲜哉!"[②]"知先行后"之说误人匪浅,它培养了一种"寻行数墨",搞烦琐哲学的学风。对王守仁心学的"知行合一"说,王夫之批判道:

> 若夫陆子静、杨慈湖、王伯安之为言也,吾知之矣。彼非谓知之可后也,其所谓知者非知,而行者非行也。知者非知,然而犹有其知也,亦惝然若有所见也。行者非行,则确乎其非行,而以其所知为行也。以知为行,则以不行为行,而人之伦、物之理,若或见之,不以身心尝试焉。[③]

这是说,王学借反对割裂知行的幌子来讲"知行合一",实际上是"销行以归知"[④]。他们所谓的知不是真知,只是"惝然若有所见";而他们以知为行,就是以不行为行,取消了行,所以一切人伦物理都不去尝试了。王夫之以为,程朱、陆王两派是殊途同归,都是"离行以为知"[⑤]。不过,王夫之以为王学的危害尤大,因而对他们

---

① 王夫之:《尚书引义·说命中二》,《船山全书》第 2 册,第 311 页。
② 同上书,第 313 页。
③ 同上书,第 312 页。
④ 同上注。
⑤ 同上书,第 314 页。

的批判也更多一些。

王夫之提出"知行相资以为用"①的命题，认为知与行是互相依赖，互相作用，不能分离的，但也不能把二者等同起来。他说：

> 且夫知也者，固以行为功者也。行也者，不以知为功者也。行焉可以得知也；知焉未可以收行之效也。②

他接着解释说：一方面，人要获得知识，就必须与外界接触，努力在做中学，"将为格物穷理之学，抑必勉勉孜孜，而后择之精，语之详，是知必以行为功也"③。而将获得的知识运用于行动，得到成功，就可以相信知识是正确的；失败了，就要怀疑认识的正确性；有了得失的比较，道理就更明白了，"是行可有知之效也"。但是另一方面，人们在努力实行时却不左思右想，"其力行也，得不以为歆，失不以为恤。志壹动气，惟无审虑却顾，而后德可据，是行不以知为功也"。而有了认识，却因为时机未到，力量不足，只好俟之他日，"是知不得有行之效也"。把这两方面综合起来，王夫之得出结论说：

> 行可兼知，而知不可兼行。下学而上达，岂达焉而始学乎？君子之学，未尝离行以为知也必矣。④

---

① 王夫之：《礼记章句·中庸》，《船山全书》第 4 册，第 1256 页。
② 王夫之：《尚书引义·说命中二》，《船山全书》第 2 册，第 314 页。
③ 同上注。
④ 同上注。

"行可兼知,不能离行以为知。"——这样的命题正确地指出了行
是第一位的,行是知的基础。对《中庸》提出的"学、问、思、辨、行"
五者,王夫之也特别强调了行。他说:"行之弗笃,则当更以学问
思辨养其力;而方学问思辨之时,遇着当行,便一力急于行去,不
可曰吾学问思辨之不至,而俟之异日。若论五者第一不容缓,则
莫如行,故曰'行有余力,则以学文'。"①他既指出知对行的指导作
用,知识能给行动以力量,但又以为不能借口知识没有学完全而
坐待到以后再去行动。在"学、问、思、辨、行"五项中,"行"是第一
不容缓的。他强调行第一,既是批评程朱陆王"离行以为知"而得
出的结论,也是当时社会现实的要求。在王夫之看来,在国家混
乱,民族处于危急之际,最重要的是以实际行动去救国救民。

在肯定行第一、行可兼知的前提下,王夫之以为知与行可以
根据不同情况而立先后之序,有时行先于知,有时知先于行。

> 盖云知行者,致知、力行之谓也。唯其为致知、力行,故
> 功可得而分。功可得而分,则可立先后之序。可立先后之
> 序,而先后又互相为成,则由知而知所行,由行而行则知之,
> 亦可云并进而有功也。②

这里讲到两种情况:一是知先于行,例如他说:"察事物所以然之
理,察之精而尽其变,此在事变未起之先,见几而决,故行焉而无

---

① 王夫之:《读四书大全说·中庸·第二十章》,《船山全书》第 6 册,第 538 页。
② 王夫之:《读四书大全说·论语·为政篇》,《船山全书》第 6 册,第 599—600 页。

不利。"①认识了事物的所以然之故，掌握了事物的规律以及变化的趋势，预见到各种可能性，以这样的理论知识为指导，行动就能无不利，这就是"由知而知所行"。二是行先于知，例如在游泳中学游泳，在与人对弈中学下棋，就是"由行而行则知之"。知行可以分阶段，但不能把二者割裂开来。游泳也须掌握游泳的道理，下棋也要懂得棋谱，把握事物所以然之理，又必须用以指导行动。所以在肯定行第一的基础上，知行可立先后之序，而又互相为成，并进而有功。这就是王夫之的知行统一观。同前人相比，王夫之比较正确地解决了知行关系问题。但他所谓的行，并不是社会实践的意义，只是指个人的行为，他也还不懂得从实践到理论，从理论到实践是包含能动的飞跃的螺旋式前进的运动。

王夫之把知行的"相资为用"看作是一个过程，并进而考察了这个认识过程中的感性与理性的关系问题。他说：

> 知见之所自生，非固有。非固有而自生者，日新之命也。原知见之自生，资于见闻，见闻之所得，因于天地之所昭著与人心之所先得。人心之所先得，自圣人以至于夫妇，皆气化之良能也。②

知识不是先天固有的，知识依赖于见闻，而见闻则随着自然界的"日新之命"而不断地变化发展。见闻的获得有两个前提，一是客观世界所显现的现象；二是"人心之所先得"，即人心具有的神明，

---

① 王夫之：《张子正蒙注·神化篇》，《船山全书》第 12 册，第 89 页。
② 王夫之：《思问录·内篇》，《船山全书》第 12 册，第 420 页。

那是心中精气之良能。王夫之有时说感性经验有三个条件："形也，神也，物也，三相遇而知觉乃发。"①这里的"形"指肉体感官，即所谓"浊而碍者，耳目口体之各成其形也"②；"神"指人心之神明；"物"指客观事物，即"天地之所昭著"。三者"相遇"，人的精神通过肉体感官接触客观事物而有所反映，知觉就产生了。王夫之认为感官必须与外物相接触，心才能有知觉。他说："虽圣人不能舍此而生其知觉，但即此而得其理尔。此内外之合，圣之同于庸也。"③圣人也总是通过"内外之合"而获得知觉，只是他善于从知觉经验中得出"理"。但不论圣与庸，没有内外之合，便不能有"觉心"（意识）。

　　　　内心合外物以启，觉心乃生焉……故人于所未见未闻者不能生其心。④

不过，虽然心对见闻有所"觉"（人的知觉是有意识的），却不能以闻见为心。"流俗以逐闻见为用，释、老以灭闻见为用，皆以闻见为心故也。"⑤他以为流俗逐闻见，释老灭闻见。他们都不知道"超乎闻见，而闻见皆资以备道也"⑥，即是说，正确的认识途径应该是以感性经验为基础上升到理性认识。他说：

---

① 王夫之：《张子正蒙注·太和篇》，《船山全书》第 12 册，第 33 页。
② 同上书，第 31 页。
③ 王夫之：《张子正蒙注·可状篇》，《船山全书》第 12 册，第 364 页。
④ 同上注。
⑤ 同上注。
⑥ 同上注。

> 法象中之文理，唯目能察之，而所察者止于此；因而穷之，知其动静之机，阴阳之始，屈伸聚散之通，非心思不著。①

眼睛对事物的观察，仅仅能达到知其外表的文理的地步；要穷其理，非心思不可，只有通过思考才能把握事物运动的可能性、运动的根源和变化的规律性。这就是"超乎闻见"，上升为理性认识了。

关于认识过程的理论，宋明时期哲学家围绕"格物致知"的不同解释而展开热烈争论。王夫之把"格物致知"解释为两种"知之方"，他说：

> 夫知之方有二，二者相济也，而抑各有所从。博取之象数，远证之古今，以求尽乎理，所谓格物也。虚以生其明，思以穷其隐，所谓致知也。非致知，则物无所裁而玩物以丧志；非格物，则知非所用而荡智以入邪。二者相济，则不容不各致焉。②

他说"格物"与"致知"是认识的两种方式，也是两个阶段。在博学的基础上求其理，是"格物"；虚心地进行逻辑思维，是"致知"。离开"格物"去"致知"，就会成为空想而走上邪路；若只"格物"而不"致知"，则会被表面现象迷惑，以致"玩物而丧志"。他进一步分析说：

---

① 王夫之：《张子正蒙注·太和篇》，《船山全书》第 12 册，第 29 页。
② 王夫之：《尚书引义·说命中二》，《船山全书》第 2 册，第 312—313 页。

> 大抵格物之功,心官与耳目均用,学问为主,而思辨辅
> 之,所思所辨者皆其所学问之事。致知之功则唯在心官,思
> 辨为主,而学问辅之,所学问者乃以决其思辨之疑。"致知在
> 格物",以耳目资心之用而使有所循也,非耳目全操心之权而
> 心可废也。[1]

这是说,在"格物"阶段,即物而穷其理,耳目与心思要并用,学问
之中有思辨,这时要靠耳目接触外界,但也要用思维。在"致知"
阶段,进行逻辑思维完全是心官作用,也要诉之学问,以解决思辨
中的疑难。"致知在格物",是说进行逻辑思维不能离开感性知
觉,首先要由感官供给材料才能进行思维,而且要时时以学问之
所得来验证,决其"思辨之疑"。但王夫之更强调的是思辨的作
用,"天下之物无涯,吾之格之也有涯。吾之所知者有量,而及其
致之也不复拘于量。……则致知者,亦以求尽夫吾心之全体大
用,而岂但于物求之哉?"[2]"格物"是有限的,而"致知"可以不复拘
于量,逻辑思维可以超过"格物"所得而举一反三,闻一知二。这
是正确的。但王夫之以为"致知"是要求"尽夫吾心之全体大用",
这便陷入了唯心论。他同张载一样讲德性之知,说:"德性之知,
循理而反其原,廓然于天地万物大始之理,乃吾所得于天而即所
得以自喻者也。""见闻可以证于知已知之后,而知不因见闻而发。
德性诚有而自喻,如暗中自指其口鼻,不待镜而悉。"[3]他认为通过

---

① 王夫之:《读四书大全说·大学·圣经》,《船山全书》第6册,第406页。
② 同上书,第405页。
③ 王夫之:《张子正蒙注·大心篇》,《船山全书》第12册,第144—145页。

思维，循理及原，可以达到天地万物大始之理，因为精气是"虚而神"，本来就具众理，所以由精气组成的心也具有众理。这种德性之知不是来自后天，而是人心所固有，它一经唤醒，便是自明的真理。感性经验虽在德性之知的已知之后有验证的作用，但德性之知并不是依赖见闻而发生的。这种先验论观点，无非是要把封建道德归之于人心固有的良能，反映了王夫之的阶级局限性。

　　既然"致知"是"虚以生其明，思以穷其隐"，那么怎样才能虚心而使思虑深入隐微呢？王夫之以为，要虚心，就要破除种种成见，克服种种错误观点，首先要破"二愚"："流俗之徇欲者，以见闻域其所知也；释氏之邪妄者，据见闻之所穷而遂谓无也。致知之道，惟在远此二愚，大其心以体物体身而已。"①这是说，一要破停留在见闻之知的经验论，二要破虚无主义。既不能囿于见闻，也不能把见闻看成是无，这样才能"大其心"。"大其心"就是要破除一切"成心"、私意，不以一己之利害为天地之得失，这才是真正虚心。王夫之在《庄子通》中又从心与物的关系讲了两种错误倾向。"或师其成心，或随物而移意"②，从而走入迷途。他以为这二者虽不可据守，但也不能离开心与物而他求空寂之境，重要的是要"虚中受外，以中裁外"，达到内外、心物的统一。如何才能做到这一点呢？他说：

　　　　师心不如师古，师古不如师天，师天不如师物。③

---

① 王夫之：《张子正蒙注·大心篇》，《船山全书》第 12 册，第 155 页。
② 王夫之：《庄子通·天运》，《船山全书》第 13 册，第 508 页。
③ 王夫之：《庄子通·人间世》，《船山全书》第 13 册，第 499 页。

只有"以物为师",力求按照事物的本来面貌来了解它,才能获得正确的认识,达到主客、内外的统一。这是鲜明的唯物主义观点。

王夫之把如实地反映事物称为"实明",把唯心论和主观主义之类称为"浮明"。他说:

> 报以其实而"实明"生,报之以浮而"浮明"生。浮以求"明"而报以实者,未之有也。"浮明"者,道之大贼也。①

"报以其实"就是要坚决地、严肃地尊重客观实在,"报之以浮"就是把主观的一知半解强加于现实。王夫之指出,浮以求明者都是恍惚有见,似若有觉,便傲然自称已获得了真理,因而就背离了道,造成祸害,"求'明'之害,尤烈于不'明'"②。他以为"乍然见闻所得,未必非道之一曲",但若把"一曲"绝对化,"成乎己私,违大公之理"③,那便走入歧途了。在王夫之看来,诸子百家"莫非道之所可,而成乎性之偏,惟挟之以为成心,而不能极道之深,充道之广也"④。这种说法与荀子的"解蔽"大体相同。总之,王夫之以为只有破除"浮明",去了"成心",才是虚心。虚心了,才能"思以穷其隐"。

王夫之把学习和思维看作是辩证的运动,说:

> 学成于聚,新故相资而新其故;思得于永,微显相次而显

---

① 王夫之:《尚书引义·尧典一》,《船山全书》第 2 册,第 240 页。
② 同上书,第 241 页。
③ 王夫之:《张子正蒙注·大心篇》,《船山全书》第 12 册,第 149 页。
④ 同上书,第 151 页。

察于微。①

就是说，学习、认识是个不断积累的过程，新旧知识互相作用不断地推陈出新；思想是在不断运动中发展的，明显的现象和隐微的本质相继得到考察，现象便从本质得到说明。王夫之认为人的思维运动所借助的概念是由人类在漫长的历史发展过程中积累而来的，这是人不同于动物的地方。"其不然者，禽兽母子之恩，啅啅嘍嘍，稍长而无以相识；夷狄君臣之分，炎炎赫赫，移时而旋以相戕；则惟其念与念之不相继也，事与事之不相继也尔矣。"②就民族来说，文化要靠积累，以形成传统；就个人说，也要念与念相继，不断积累知识，以求从现象深入到本质。"夫才以用而日生，思以引而不竭。江河无积水，而百川相因以注之。止水之洼，九夏之方煤而已涸也。"③人的才能在运用中不断发展，人的思维如同江河的水一样，只有在不停的流动中才会永不穷竭，小水洼被夏天的太阳一晒就干枯了，因为小水洼中的水是不流动的。人的思想如果停滞了，也是要枯竭的。

　　王夫之把人的思维的发展和知识、才能的增长，都看作是运动中前进的过程。因此，他非常重视"动"，而反对老子"静为躁君"的说法。他指斥那些主张寂静、无为的人说：难道像"禹之抑洪水，周公之兼夷驱兽，孔子之作《春秋》"，反而不及饱食终日之

----

① 王夫之：《周易外传·系辞上传第五章》，《船山全书》第 1 册，第 1008 页。
② 同上注。
③ 王夫之：《周易外传·震》，《船山全书》第 1 册，第 948 页。

徒能"穷物理，应事机"吗？难道关在圈里的猪比人更有贤智吗？[①]
坐着不动绝不能使智慧增长，一定要在行动人中发展的知识、才
能，在实践中培养人们的德性。王夫之的这种重视"动"、强调
"行"的精神，是同理学家"主静"的说教正相反对的。

　　总之，在认识论上，王夫之比较正确地阐明了能所关系；提出
了"行可兼知而知不可兼行"的论点，批判了程朱的"知先行后"说
和王学的"知行合一"说，比较正确地解决了知行关系问题，达到
了朴素唯物主义与朴素辩证法的统一。他还对"格物致知"作了
唯物的解释，把它们看作是认识的两种方式、两个阶段。以为"格
物"是在博学的基础上穷理，"致知"是虚心地进行逻辑思维，这两
个阶段是相互联系、不能割裂的。他还指出，学习和思维、知识和
才能，都应看作是在运动中前进的过程。这些，都是合理的见解。
不过，他以气禀来解释精神，讲"德性之知"和"人心之所先得"的
"良能"，说"尽性者，极吾心虚灵不昧之良能，举而与天地万物所
从出之理合，而知其大始"[②]等等，说明他在有些场合陷入了先
验论。

四、揭示"名"（概念）、"辞"（判断）、"推"（推理）的辩证性质

　　以上论述了王夫之对"理气（道器）"之辩、"心物（知行）"之辩
都作了出色的总结。那么，当他在进行批判的总结时，运用的武
器即逻辑和方法论是什么呢？

　　在先秦，关于逻辑问题的讨论，是围绕"名实"之辩而展开的。

[①]　见王夫之：《周易外传·震》，《船山全书》第 1 册，第 948 页。
[②]　王夫之：《张子正蒙注·大心篇》，《船山全书》第 12 册，第 144 页。

秦汉以后,"名实"之辩仍以不同形式继续着。到魏晋,演变为"言意"之辩。到宋明,"名实"、"言意"之辩就和"象"与"道"的关系问题结合在一起。王夫之说:

> 名非天造,必从其实。[①]
>
> 言、象、意、道,固合而无畛。[②]

他在"名从实起"[③]的唯物主义前提下讲名与实、言与意、象与道的对立统一,继荀子之后,对"名实"之辩再次作了批判的总结,在逻辑和方法论上作出了重要的贡献。

王夫之以为,真知识一定是名与实的统一。他说:"知实而不知名,知名而不知实,皆不知也。"[④]不过,在他看来,实是第一性的,名是第二性的。人们亲眼看到某种实物,虽不能马上给以名称,形成概念,但经过审问、学习、思考,"则实在而终得乎名",达到名实的统一。而知名不知实,却很容易走入邪道。"以为既知之矣,则终始于名"[⑤],一味在名称、概念中兜圈子,而不用事实来检验自己的认识,进而从概念出发,"以其名加诸迥异之体"[⑥],执著一偏之见,强加于客观现实。这就是"规规然求诸名象以刻画天地"[⑦]的先验论的方法,是完全错误的。

---

① 王夫之:《思问录·外篇》,《船山全书》第 12 册,第 448 页。
② 王夫之:《周易外传·系辞下传第三章》,《船山全书》第 1 册,第 1040 页。
③ 王夫之:《思问录·外篇》,《船山全书》第 12 册,第 449 页。
④ 王夫之:《姜斋文集·知性论》,《船山全书》第 15 册,第 83 页。
⑤ 同上注。
⑥ 同上书,第 84 页。
⑦ 王夫之:《周易外传·序卦传》,《船山全书》第 1 册,第 1111 页。

但这决不意味着王夫之认为名言不重要。他说：

> 言者，人之大用也，绍天有力而异乎物者也。①

人有语言，是人异乎物的特点、功能之一，它使人能继天而有力（不断地接受自然界力量来增强自己）。"言者，动之法也。"②"古之君子以动必议者，其议必有所拟；以言必拟者，其拟必从其实。"③这是说，语言是行动的法规。人们要行动，就要议论，以便互相交流思想，统一认识。而议论必然有所模拟，只有如实地模拟现实，才能正确地指导行动。所以王夫之也主张"正名"，他说："君子必正其名而立以为道。名者，人道之大者也。"④这是儒家的一贯主张。

但是，名言、概念能否如实地模写现实？特别是，逻辑思维能否把握宇宙发展法则（天道）？这却是自古以来争论不休的问题。老子讲"无名"，庄子讲"坐忘"，禅宗讲"无念"，都认为名言、概念不足以表达变化之道，只有破除一切名相，才能达到与本体合一。理学家受了道释二氏的影响，有许多人也追求虚寂的境界，以为圣人之心就像明镜，只是"物来而顺应"，并不在心里留下任何观念。王夫之反对这类"无念"或"罔念"的说法，他强调"克念"。克是能的意思，所谓"克念"，用现在的话来说，就是能够进行正确的

---

① 王夫之：《思问录·内篇》，《船山全书》第 12 册，第 424 页。
② 王夫之：《尚书引义·召诰无逸》，《船山全书》第 2 册，第 375 页。
③ 同上书，第 379 页。
④ 王夫之：《尚书引义·泰誓牧誓》，《船山全书》第 2 册，第 332 页。

思维。①

> 彼之言曰：念不可执也。夫念，诚不可执也。而惟克念
> 者，斯不执也。有已往者焉，流之源也，而谓之曰过去，不知
> 其未尝去也。有将来者焉，流之归也，而谓之曰未来，不知其
> 必来也。其当前而谓之现在者，为之名曰刹那；（自注：谓如断一
> 丝之顷。）不知通已往将来之在念中者，皆其现在，而非仅刹
> 那也。②

这里，王夫之把人的概念看作一个过程。既不可执著概念而使之
成为僵死的，也不可把概念的运动看作刹那生灭，不留痕迹的。
思维是一个前有来源、后有趋向的现实的流。"已往者"过去了，
却又被保留在现在之中；"将来者"尚未到来，而从现在又可以推
测其必来。所以理性在当前把握的概念，是可以同已往和将来相
通的。王夫之说：

> 前古有已成之迹，后今有必开之先。一室者千里之启
> 途，兆人者一人之应感。今与昨相续，彼与此相函。克念之
> 则有，罔念之则亡。③

---

① 《书·多方》："惟圣罔念作狂，惟狂克念作圣。"孔传："惟圣人无念于善则为狂人，惟狂人
能念于善则为圣人。""克念"原意指"能念于善"。王夫之说："孔子曰：'默而识之。'识也
者，克念之实也。"（《尚书引义·多方一》，《船山全书》第 2 册，第 390 页）他以为"克念"
的实质是默识心通，善于思维。
② 王夫之：《尚书引义·多方一》，《船山全书》第 2 册，第 389—390 页。
③ 同上书，第 391 页。

在善于正确地思维的头脑里,念与念相续,而每一现在的概念都包含对过去的总结和对未来的预测。思维总是在各个个别头脑里进行的,但是概念又超出个别的人们所处的时间、地点的限制,能概括亿兆人的经验,把握千万里外的事物。佛家、老庄以及受他们影响的理学家讲什么"无念"、"罔念",只能引人走入迷途。王夫之以为,"克念"与"罔念",乃是"圣狂之大界"。

王夫之在这里触及了逻辑思维的辩证本性:概念的运动是一个前后相续、彼此相函的发展过程。在这个过程中,每一个概念既是现在的,又超乎一时一地的局限而具有概括的性质。正因为此,通过事与事相继、念与念相续的认识运动,个人的知识能不断积累,人类的文化能形成传统,而逻辑思维便有可能从现象深入到本质,揭示出现实的变化法则。王夫之讲"克念",实际上是把名实的统一了解为一个辩证的运动过程。

王夫之不仅提出了"克念"的概念理论,还考察了"辞"和"推"的辩证因素。关于"辞"(判断),他着重指出它是文质的统一。他说:

> 物生而形形焉,形者质也。形生而象象焉,象者文焉。①

这里的"质"指形体、实质,"文"指属性。他同公孙龙一样,也举白马为例,马是一类实体,人与马是质的不同,白是事物的一种属性,白与黑是文的不同。因此讲白马时,白是白马之白,不是人之

---

① 王夫之:《尚书引义·毕命》,《船山全书》第 2 册,第 411 页。

白、玉之白、雪之白。"这是白马"这个命题,是"从白类而马之,从马类而白之"①。可见,文质是统一的,不可分的,不能"偏为损益"。如果把二者割裂开来,"以一马该天下之马而无白马,以一白该天下之白而并无白人"②,则会造成个别与一般相割裂,导致"白马非马"、"白人非白"这类诡辩。正因为客观事物本来都是文与质的统一,一般与个别的统一,所以王夫之说:

> 是故先王视之而得其质,以敦人心之诚,而使有以自立;察之而得其文,以极人心之诚,而使有以自尽;于是而辞兴焉。夫辞所以立诚,而为事之会、理之著也。③

这是说,经验把握了一个个实体（质）,深入地考察又认识了事物的一般属性（文）,然后思维才能作出文质统一的判断——"辞"。思维真正把握了事物之间的关系和客观规律、行动准则,都要用"辞"来表达。王夫之说:"辞,所以显器而鼓天下之动,使勉于治器也。"④他强调判断要正确地反映现实事物,并且能动地指导实践,使人"勉于治器"。这是鲜明的唯物主义观点。

　　"辞"（判断）是对事物的裁断。现实事物变化无穷,如何才能正确地加以裁断? 对于这个问题,王夫之在解释《易传》"化而裁之存乎变"一语时说:

---

① 王夫之:《尚书引义·毕命》,《船山全书》第 2 册,第 411 页。
② 同上书,第 414 页。
③ 王夫之:《尚书引义·毕命》,《船山全书》第 2 册,第 412 页。
④ 王夫之:《周易外传·系辞上传第十二章》,《船山全书》第 1 册,第 1029 页。

> 存,谓识其理于心而不忘也。变者,阴阳顺逆事物得失之数。尽知其必有之变而存之于心,则物化无恒,而皆豫知其情状而裁之。①

就是说,虽然物质的运动变化(所谓"化")是绝对的,但阴阳顺逆的转化和得失吉凶的变化(所谓"变")有其必然规律。全面地认识了事物间转化、变动的必然规律,有了科学预见,就能作出正确判断了。"辞"(判断)同时总是对"义"(意)的判别。例如,说"天尊地卑",那是就空间位置(上下)的意义作了判别;说"此是彼非"、"甲善乙恶",那是就认识和行为的价值作了判别。但是,一切判别都有其相对性。王夫之说:

> 天尊于上,而天入地中,无深不察;地卑于下,而地升天际,无高不彻。其界不可得而剖也。……天下有公是,而执是则非;天下有公非,而凡非可是。善不可谓恶,盗跖亦窃仁义;恶不可谓善,君子不废食色。其别不可得而拘也。②

这是说,既要区别天地上下,又要看到上下高低的界限是相对的,因为地之上即天,所以在深渊是天入地中,而在高山是地升天际。唯物主义者肯定实在的客观性,当然承认天下有公是公非。但如果"执是",把"是"绝对化,就会转化为"非",而"非"在一定条件下也可以转化为"是"。善与恶的相互关系也是这样。很显然,王夫

---

① 王夫之:《张子正蒙注·天道篇》,《船山全书》第 12 册,第 71 页。
② 王夫之:《周易外传·说卦传》,《船山全书》第 1 册,第 1073—1074 页。

之关于判断的理论，批判地利用了公孙龙、惠施和庄子的思想资料，克服了他们的绝对主义和相对主义，揭示出判断所包含的某些辩证因素。

关于推（推理），王夫之在解释《易传》"推而行之存乎通"一语时说：

> 通者，化虽变而吉凶相倚，喜怒相因，得失相互，可会通于一也。推其情之所必至，势之所必反，行于此者可通于彼而不滞于一隅之识，则夏之葛可通于冬之裘，昼之作可通于夜之息……惟豫有以知其相通之理而存之，故行于此而不碍于彼；当其变必存其通，当其通必存其变，推行之大用，合于一心之所存，此之谓神。[①]

这里所说，包含有三层意思：

首先，所谓"通"，是指得失、吉凶等对立面的互相贯通、互相转化。因此从推理来说，既要推出"情之所必至"，也要推出"势之所必反"。夏葛而冬裘，昼作与夜息，是相反而相通的。

其次，既要"存其通"，又要"存其变"。这是讲既要掌握一般的相通之理，又要因时间、地点、条件的不同而灵活运用。"推"要和"辨"相结合。"推其所以然之由，辨其不尽然之实，均于善而醇疵分，均于恶而轻重别。"[②]意思是，不仅要一般地推知事物为善为恶之所以然，而且要辨别在不同条件下，善有醇疵之分，恶有轻重

---

① 王夫之：《张子正蒙注·天道篇》，《船山全书》第 12 册，第 72 页。
② 王夫之：《读通鉴论·卷末·叙论二》，《船山全书》第 10 册，第 1179—1180 页。

之别。

第三,预先把握了"相通之理"来进行推理,就能对行动起指导作用,思想符合事物之间本来的联系,就能"行于此而不碍于彼"。

王夫之讲"推行",要求逻辑思维贯彻知行统一的精神。他在谈到研究历史时说:"于其得也,而必推其所以得;于其失也,而必推其所以失。其得也,必思易其迹而何以亦得;其失也,必思就其偏而何以救失;乃可为治之资,而不仅如鉴之徒悬于室,无与焫之者也。"[1]就是说,对历史上的得失,不仅要推明其所以然之故,而且要从中吸取经验教训,作为当前怎么办的借鉴。至于在道德领域,他以为一个人毕生都应当健健不息,"因事物而得理,推理而必合于生,因生而得仁,因仁而得义,因仁义而得礼乐刑政"[2],即认为,掌握了事物生长发育的规律,再依据规律来进行推理,那么推出的论断必然符合"生理",便可以根据"生理"来推行仁义道德。这样不断地在理论上"寻绎其所已知",在实践上"敦笃其所已能,以熟其仁",才是真正"推而通之"。[3]

总起来看,王夫之关于"名"、"辞"、"推"的学说体现了朴素唯物主义与朴素辩证法的统一。他并不探讨思维的形式结构,而是强调概念的运动是前后相续、彼此相函的过程,而这种概念的辩证本性也正表现在判断、推理的矛盾运动中。这是辩证逻辑的思想。从理论来源说,它是上承《易传》和张载的。前面已说,张载

---

① 王夫之:《读通鉴论·卷末·叙论四》,《船山全书》第 10 册,第 1184 页。
② 王夫之:《周易外传·无妄》,《船山全书》第 1 册,第 889 页。
③ 王夫之:《思问录·内篇》,《船山全书》第 12 册,第 416 页。

发挥《易传》"化而裁之谓之变，推而行之谓之通"二语时，触及了"名"、"辞"、"推"三者的辩证关系问题，王夫之关于"名"、"辞"、"推"的学说，显然是继承了张载而又大大地向前推进了。

五、"言、象、意、道"的统一

根据唯物主义的名实统一的观点，王夫之进而提出"言、象、意、道"统一的理论。关于这四者的关系，他举仁义为例说：

> 仁义中正，可心喻而为之名者也。得恻隐之意，则可自名为仁，得羞恶之意，则可自名为义，因而征之于事为，以爱人制事，而仁义之象著矣。[1]

这是说，客观存在着仁义中正之理（"道"），它为人们所认识而心喻其"意"，于是用仁义之名（"言"）表达出来，并在实际的行为中得到验证，这样仁义之"象"就显著了。所以，"言"是"意"的表达形式，"意"是"言"的思想内容，内容与形式是不可分割的。而"道"和"象"，则既指"言"之所指的客观对象，也指"意"所把握的规律和范畴（或类概念）。"象"和"道"也是不可分割的。王夫之说：

> 天下无象外之道。[2]

他以为"道"与"象"不是如父与子那样"相与为两"，而是好比耳之

---

① 王夫之：《张子正蒙注·天道篇》，《船山全书》第 12 册，第 74 页。

② 王夫之：《周易外传·系辞下传第三章》，《船山全书》第 1 册，第 1038 页。

于聪、目之于明那样"相与为一"的。他接着说：

> 今夫象，玄黄纯杂，因以得文；长短纵横，因以得度；坚脆
> 动止，因以得质；大小同异，因以得情；……象不胜多，而一之
> 于《易》。《易》聚象于奇偶，而散之于参伍错综之往来，相与
> 开合，相与源流。……然则汇象以成《易》，举《易》而皆象，象
> 即《易》也。①

人们从玄黄的颜色和纯杂的毛羽等概括出"文"的范畴，从长短的
数量和纵横的空间关系等概括出"度"的范畴，文、度、质、情等等
都是"象"，对它们还可以作进一步的概括。所有的"象"即范畴
（或类概念）汇集成一个体系，就是《易》。总起来说，《易》可以概
括为奇偶或乾坤"对立之象"的矛盾运动；分开来说，《易》象无数，
是一个有机联系、变化多端的范畴体系。"象即《易》也"，正是通
过这些范畴的辩证的联系与运动，揭示出宇宙的变化法则（易
道）。

　　这基本上是《易传》的"立象以尽意，系辞焉以尽其言"的逻辑
思想的发挥。不过，王夫之的理论是对经过长期发展的"言意"之
辩和"道器（象）"之辩的总结，特别富有批判的精神。它既反对了
从汉儒到邵雍之流的烦琐的象数之学，也反对了从王弼"得意忘
象、得象忘言"到宋儒割裂"道器"关系的形而上学。

　　对唯心主义的"象数"之学，王夫之批评说：

---

① 王夫之：《周易外传·系辞下传第三章》，《船山全书》第 1 册，第 1038—1039 页。

　　京房八宫六十四卦，整齐对待，一倍分明。邵子所传《先天方图》、蔡九峰《九九数图》皆然。要之，天地间无有如此整齐者，唯人为所作则有然耳。圜而可规，方而可矩，皆人为之巧，自然生物未有如此者也。[1]

京房、邵雍、蔡沈等用"象数"来解释世界的变化，实际上是凭主观把八卦、六十四卦配合成世界图式，以"人为之巧"强加于自然界。如邵雍的《先天图》，无非是一分二，二分四，四分八……得出了许多数，这种"两片四片之说，猜量比拟，非自然之理也"[2]。

　　对"五行生克"之说，王夫之也有详细的批判。他认为，自然界并不是从一个固定的印版中印制出来的，但阴阳家却把五行看作印版，认为"万化从此刷出"[3]，所以老是讲配合，如以四时配五行，配不上，便说土位于季夏，这显然是牵强附会的比拟。王夫之根据当时的科学技术水平，指斥阴阳家的方法论是"略其真体实用而以形似者强配而合之"；"凡夫以形似配合而言天人之际者，未有非诬者"。[4] 是说，阴阳家讲"天人感应"，其错误根源就在于忽视"真体实用"，而只讲"形似"，搞强行"配合"。他们不是根据事物本质（"真体实用"）进行科学的类比，而是借事物的表面相似之处作主观的推定，用人事来比附自然，导致神学迷信。不过，王夫之对《内经·素问》的五行学说是肯定的。"故诸家之说，唯《素

① 王夫之：《思问录外篇》，《船山全书》第 12 册，第 440 页。
② 同上书，第 441 页。
③ 同上书，第 447 页。
④ 王夫之：《尚书引义·洪范二》，《船山全书》第 2 册，第 350 页。

问》为见天地之化而不滞五运之序。"①《素问》之所以能做到这一点,是因为"理据其已成而为之序……非有相生之说也。气因其相得者而合……非有相克之说也"②。王夫之对中医的"五运六气"的解释是否正确,是可以讨论的。但值得注意的是,他在这里提出了从已成事实出发(不是从主观模式出发)和从"类"的观点进行考察(不是搞形似配合)的方法论原理。

怎样才能真正把握"类",而不是只看到表面上的相似之处呢? 王夫之说:

> 凡物,非相类则相反。《易》之为象……错者,同异也;综者,屈伸也。万物之成,以错综而成用。……或始同而终异,或始异而终同,比类相观,乃知此物所以成彼物之利。③

这是说,真正考察事物要运用"比类相观"的方法,比较各类事物的同异、屈伸的关系,既把握水寒、火热等等之"异",金铄而肖水之类的"同",又把握"金得火而成器、木受钻而生火"④等等的屈伸变化。这样,从"错(同异)综(屈伸)而成用"中认识事物,就能逐步把握各类事物的本质,形成正确的类概念。

类概念即"象","象"又和"数"相联系。王夫之反对主观比附的象数之学,但不是说逻辑思维可以不用"象"和"数"。他说:

---

① 王夫之:《思问录·外篇》,《船山全书》第 12 册,第 464 页。
② 同上书,第 465 页。
③ 王夫之:《张子正蒙注·动物篇》,《船山全书》第 12 册,第 106 页。
④ 同上注。

> 不累其迹者，因数而知象，数为象立，不泥于数；因象而穷理，象为理设，不执于象也。①

他强调"不泥于数"，"不执于象"，不要搞先天的模式；同时又指出，要因象数而穷理。这是讲"象数"和"理"的关系。

至于"象"和"数"二者的关系，王夫之说：

> 天下无数外之象，无象外之数。……是故象数相倚，象生数，数亦生象。……象生数者，天使之有是体，而人得纪之也。（自注：如目固有两以成象，而人得数之以二；指固有五以成象，而人得数之以五。）数生象者，人备乎其数，而体仍以成也。（自注：如天子诸侯降杀以两，而尊卑之象成；族序以九，而亲疏等杀之象成。）②

意思是说，"象"和"数"是互相依赖的，自然界包括无数种类的物体、形象，人可以用数来记之，即从数量关系上把握它们，这是"象"生"数"。而人在活动中，依据数量关系来制作各种器物，得以成功，这是"数"生"象"。他又说：

> 因已然以观自然，则存乎象；期必然以符自然，则存乎数。③

---

① 王夫之：《张子正蒙注·大易篇》，《船山全书》第12册，第284页。
② 王夫之：《尚书引义·洪范一》，《船山全书》第2册，第338页。
③ 王夫之：《周易外传·说卦传》，《船山全书》第1册，第1079页。

这是说，顺着已成的秩序去观察自然，要依靠"象"，而根据必然规律来制作器物，使之符合自然，则是根据数量关系来进行的。自然界无心以成化，它的秩序是人所不能违背的。但人又能根据"象生数，数亦生象"的关系，从自然界概括出范畴和类概念，用类的观点观察自然，并掌握各类事物之间的数量关系，依据数量的必然性来改造自然。这就是所谓"象数相因、天人异用"①。

前面已说，中国古代的科学都很重视"比类"的方法，而"比类"总是和"取象"、"运数"（度量）相联系的。沈括既注重"取象"，也注重度量，他的方法论对科学发展起了积极的推动作用。王夫之讲"比类相观"、"象数相倚"，可说是进一步从哲学上加以概括。当然，王夫之讲"象数相倚"具有思辨哲学的特征，并不是近代的实证科学的方法。他讲《易》的"象数"，也难免有牵强之处。不过他用"象生数，数生象"来讲天人关系，这是符合科学的。

王夫之的"言、象、意、道"统一的理论指出正确的方法不能"泥于象数"，而应善于从"象数"关系中把握理，因而认为王弼的"得意忘象"的玄学方法是不足取的。王弼针对汉人烦琐的象数之学，指出："言者所以明象，得象而忘言；象者，所以存意，得意而忘象。犹蹄者所以在兔，得兔而忘蹄；筌者所以在鱼，得鱼而忘筌也。"②自王弼以后，无论玄学、佛学，还是理学唯心主义，它们论证唯心主义的主要方法之一就是"得意忘象"、"离器言道"。王夫之多次驳斥了这种玄学方法，指出："无其器则无其道。"又说："象者

---

① 王夫之：《尚书引义·洪范一》，《船山全书》第 2 册，第 339 页。
② 王弼：《周易略例·明象》，楼宇烈校释：《王弼集校释》下册，中华书局 2012 年版，第 609 页。

像器者也……辞者辨器者也。"①在他看来，既然"道"内在于"器"，而"言"、"象"正是通过摹写、辨别器物来得"道"之"意"，那么当然就不能"得意"而"忘象"、"忘言"。易"道"与"象"相与为一。而筌与鱼、蹄与兔却是不同的事物，用它们作比喻是不恰当的。所以王夫之说：

> 王弼曰："筌非鱼，蹄非兔。"愚哉，其言可乎！……"得言忘象，得意忘言"②，以辨虞翻之固陋则可矣，而于道则愈远矣。③
>
> 言、象、意、道，固合而无畛，而奚以忘耶？④

正是在对"忘言"、"忘象"的玄学方法的批判中，王夫之提出了"言、象、意、道"统一的理论。

"因象数而穷理，不离器以言道"，换一种说法，亦即"由用以得体"。王夫之说：

> 善言道者，由用以得体；不善言道者，妄立一体而消用以从之。⑤
>
> 天下之用，皆其有者也。吾从其用而知其体之有，岂待

---

① 王夫之：《周易外传·系辞上传第十二章》，《船山全书》第1册，第1028页。
② "得言忘象，得意忘言"是"得象忘言，得意忘象"之误。
③ 王夫之：《周易外传·系辞下传第三章》，《船山全书》第1册，第1040页。
④ 王夫之：《周易外传·系辞下传第三章》，《船山全书》第1册，第1040页。
⑤ 王夫之：《周易外传·大有》，《船山全书》第1册，第862页。

疑哉！①

从作用的实有而肯定实体的存在，把现象界了解为物质实体的自己运动的表现，这是唯物主义的"体用不二"观点。而那些标榜"得意忘象"的唯心主义者，虽然嘴上也讲"体用不二"，实际上都是把"体用"、"道器"割裂开来，"妄立一体而消用以从之"。从逻辑方法说，他们有两个主要论证：佛家认为事物都是"因缘和合"而成的，所以是假有而非实在，本体只能是绝对的虚静；道家从刹那生灭来看事物，认为运动是绝对的，现象刚产生就消灭了，所以本体是虚无。针对这两种唯心主义的论证，王夫之运用了"由用以得体"的方法加以驳斥，指出：

可依者有也，至常者生也，皆无妄而不可谓之妄也。②

"因缘"就是事物所依赖的条件，可以依赖的就是有；一切事物都在生生不已的洪流中，生就是"至常"。人要生活，就要依赖土地、空间、水、火、粮食、饮料等等条件，这些条件都是实有而非虚妄。天地间事物都"相待而有，无待而无"③，世界是个"物物相依"的因缘之网，是现象全面地互相联系的客观实在。当条件具备了，事物就运动，就产生。春天到来时，春雷动，万物萌发，破块启蒙，灿

---

① 王夫之：《周易外传·大有》，《船山全书》第 1 册，第 861 页。
② 王夫之：《周易外传·无妄》，《船山全书》第 1 册，第 887 页。
③ 同上注。

然皆有，这正说明生是"物与无妄"①的特征。王夫之指出，"凡生而有者"都有其真实的运动过程，要经历"胚胎"、"流荡"、"灌注"、"衰减"、"散灭"等阶段，这些阶段均是"因缘和合"的矛盾运动所造成的，最后达到"推故而别致其新"，而"推故致新"正体现了"天地之生理"。② 王夫之所说的"物物相依"、"推故致新"，反映了客观事物的辩证法。从方法论来说，"由用以得体"，就是指要从全面联系和变化日新的观点来考察物质自己运动的必然规律。

"体"和"用"是中国哲学史上的一对重要范畴。魏晋以来，哲学家们通过"体用"之辩，对事物运动原因的认识（或者说，对"故"的逻辑范畴的考察）是越来越深入了。正确的结论是"体用不二"：物质实体即自因，作用即实体自己运动。"体用不二"的观点具有重要的方法论意义。范缜早已运用质（体）用统一的观点解决形神关系问题。张载也是运用"体用不二"的思想作武器，对"有无（动静）"之辩作总结，并在《正蒙》中批评佛老的谬误都在于分割"体用"，片面夸大"体"的虚，而不知一切真实作用都本于天道，都是实体自己运动的表现。王夫之在"体用"关系上的基本观点是和张载一致的。不过他在《正蒙注》中又作了许多发挥，指出：周敦颐讲"太极生阴阳"，程朱讲"理在气先"，和老子说"有生于无"同样是错误的；又指出：王守仁说"无善无恶心之体"，以为是非善恶、事物伦理都生于"意之动"，这其实不过是佛家"以山河大地为见病"的换一种说法。所以，在王夫之看来，张载对老、佛的批评，也适用于程朱、陆王，这些唯心主义派别都属于"不善言

---

① 王夫之：《周易外传·无妄》，《船山全书》第 1 册，第 888 页。
② 同上注。

道者,妄立一体而消用以从之"。王夫之在批判中阐明了"由用以得体"的方法,这对唯物主义的"体用不二"思想是个重要的发展。

六、"微言以明道"——分析与综合相结合

"言、象、意、道,固合而无畛",并非说言与意、象与道直接等同,没有矛盾。王夫之说:"'书不尽言,言不尽意',是故有微言以明道。"[①]他认为言确实有不足以达意的情况,不过不能由此引出"得意忘言",而应该用"微言"来明道。用什么样的"微言"呢? 王夫之说:

> 《易》曰:"一阴一阳之谓道。"或曰,抟聚而合一之也;或曰,分析而各一之也。呜呼! 此微言之所以绝也。[②]

"一阴一阳之谓道"就是"微言"的一例,它包含着"既是分析的、又是综合的判断的环节"[③](我在这里借用了黑格尔的术语),是辩证法的语言。但是,有的人片面强调综合,有的人片面强调分析,这就破坏了"微言"。人们"由用以得体","因象数而得理",通过既分析又综合的过程,达到"一阴一阳之谓道"的认识。但道家和佛家,程朱和陆王,却各执一端,不知要用分析与综合相结合的方法来把握"道"。

---

① 王夫之:《周易外传·系辞上传第五章》,《船山全书》第 1 册,第 1002 页。
② 同上注。
③ 黑格尔著,杨一之译:《逻辑学》下卷,商务印书馆 1976 年版,第 537 页。

王夫之指出，道家是片面强调了分析：

> 以为分析而各一之者，谓阴阳不可稍有所畸胜，阴归于阴，阳归于阳，而道在其中。则于阴于阳而皆非道，而道且游于其虚，于是而老氏之说起矣。①

就是说，片面地讲分析，把阴阳分割开来，阴归阴，阳归阳，而阴不是"道"，阳不是"道"，于是便说"道"是虚无。这是老氏之说。

接着他又指出，佛家是片面强调了综合：

> 以为抟聚而合一之者，谓阴阳皆偶合者也。同即异，总即别，成即毁，而道函其外。则以阴以阳而皆非道，而道统为摄，于是释氏之说起矣。②

就是说，片面地讲综合，说本体统摄一切，而阴阳、天地、万物都是偶合而成的假象，于是便说"道"是具圆成实性的真心。这是释氏之说。在理学家中，程朱近道，陆王近禅；程朱偏重于分析，而陆王则偏重于综合。因此，王夫之所讲的不能片面地强调分析或综合，用来批评程朱、陆王也是适当的。

王夫之以为"两间皆阴阳"、"两间皆道"③，"道"与阴阳是一回事，二者是统一的。那么为什么说"一阴一阳之谓道"呢？

---

① 王夫之：《周易外传·系辞上传第五章》，《船山全书》第1册，第1002—1003页。
② 同上书，第1003页。
③ 同上注。

　　　　一之一之云者，盖以言夫主持而分剂之也。①

就是说，"道"对阴阳起统一主持和分别调节的作用。"道"在阴，也在阳；"道"在"阴阳之乘时"，也在"阴阳之定位"；"道"在自然界的阴阳消长，也在人类的健顺之性；总之是"一之一之而与共焉，即行其中而即为之主"②。王夫之以为阴阳与"道"是"二"（对立）和"一"（统一）的关系，他说：

　　　　故合二以一者，既分一为二之所固有矣。③

就是说，阴阳与"道"是对立的统一，既分"一"（"道"）为"二"（阴阳），又"合二以一"，这是客观世界固有的辩证法。因此，从逻辑和方法论来说，就要求既分析又综合。王夫之认为，《易》的范畴体系以乾坤并建为首，而"乾坤与《易》相为保合而不可破"④。用"一阴一阳之谓道"的"微言"来表达"道"与阴阳是合适的，但是不能将分析和综合的环节割裂开来。

　　王夫之还在批判前儒"截然分析"思想的过程中，进一步阐明了分与合的问题。他指出："盖阴阳者，终不如斧之斯薪，已分而不可复合；沟之疏水，已去而不可复回。"⑤阴阳可以分析，但这不是斧劈柴，剖开了就不可复合；也不像沟分水，流去了就不再回

────────────

① 王夫之：《周易外传·系辞上传第五章》，《船山全书》第 1 册，第 1004 页。
② 同上书，第 1005 页。
③ 同上书，第 1027 页。
④ 同上注。
⑤ 王夫之：《周易外传·说卦传》，《船山全书》第 1 册，第 1075 页。

来。他认为审声、成文、别味亦然。分辨五音、五色、五味等都是必要的，但不是分崩离析，而是要既分辨，又协调统一。五音协调，声音就悦耳了；五色配合，色彩就美观了；五味参和，味道就可口了。如果把五音分割开来，再间隔地排列一下，则"音必瘖"。同样，把五色割裂，"列而纬之"，把五味割裂，"等而均之"，也只能得到暗色、恶味。人们要"穷理"，就必须批判形而上学。王夫之举邵雍为例说：

> 邵子之于理也，执所见以伸缩乎物，方必矩而圆必规，匠石之理而已矣。……穷理而失其和顺，则贼道而有余。古今为异说不一家，归于此而已矣。①

这是个有普遍意义的结论。人们"穷理"而或有所见，然而执著这个"理"，把它绝对化，成了僵化的公式，失去了"和顺"（灵活生动）之情，并以之强加于事实，于是便导致形而上学和唯心主义。这个批评也适用于程朱。王夫之说：

> 有即事以穷理，无立理以限事。故所恶于异端者，非恶其无能为理也，闵然仅有得于理，因立之以概天下也。……故曰理一而分殊，不可得而宗也。②

程朱讲"即物穷理"，固然有其合理之处，但他们的整个哲学体系

---

① 王夫之：《周易外传·说卦传》，《船山全书》第 1 册，第 1076 页。
② 王夫之：《续春秋左氏传博议·士文伯论日食》，《船山全书》第 5 册，第 586—587 页。

是以"理一而分殊"为宗旨,从方法论说,也无非是"立理以限事",把固然仅得的"理"夸大为终极真理,从它推演出万事万物。这是先验主义逻辑的共同特征。

那么,怎样才能克服概念的僵化,使之成为灵活的、生动的?王夫之提出"相反而固会其通"①的论点。这既是讲客观过程的辩证法,也是讲概念的辩证法,认为真正要克服概念的僵化,那便要"乐观其反"②,因相反而"会其通"。他指出,有的人对矛盾抱疑虑的态度,以为"不相济,则难乎其一揆;不相均,则难乎其两行"③。就是说,排斥(不相济)就不能一致,不平衡(不相均)就不能并行。这些人不懂辩证法。其实,殊流汇成江河,众响合成乐曲,客观过程都是对立面的统一,所以主观思维应该是"乐观而利用之,以起主持分剂之大用"④。正确的态度应是既积极地利用矛盾双方的互相联系,以便统一掌握;又利用矛盾双方的互相排斥,以便分别调节。

但是,王夫之认为,决不能把"相反而固会其通"了解为相对主义,借"乐观其反"来进行诡辩。他说:

> 规于一致而昧于两行者,庸人也。乘乎两行而执为一致者,妄人也。⑤

---

① 王夫之:《周易外传·杂卦传》,《船山全书》第 1 册,第 1112 页。
② 同上注。
③ 同上书,第 1113 页。
④ 同上注。
⑤ 同上注。

意思是，那种拘守一致而不知对立双方并行的人，是害怕矛盾的庸人；那种鼓吹是非、善恶并行就是一致的人，是狂妄之徒。王夫之既反对庸人，更反对妄人。认为妄人不懂得"相反而固会其通"是对立面合乎规律地互相转化而达到统一，他们"惊于相反而无所不疑"①，从相对主义导致怀疑论、虚无主义。王夫之说："其不然者，一用其刚，一用其柔，且有一焉不刚不柔，以中刚柔而尸为妙；一见为忧，一见为乐，且有一焉不忧不乐，以避忧乐而偷其安。则异端以为缘督之经，小人以为诡随之术矣。"②是说，相对主义者尸居于不刚不柔的地位，以调和刚柔；自处于不忧不乐的境界，以苟且偷安。他们自称这就是"中道"（缘督之经），其实不过是谲诈善变。他们中有些人甚至以为："盛一时也，衰一时也，盛德必因于盛时，凉时聊安于凉德。古人之道可反，而吾心之守亦可反也。"③这样讲"反"，就成了无原则的"否定"，民族传统的道德和个人良心的操守都用不着讲了。这样的理论可以替一切"凉德"作辩护，似乎卖国、投降，以及像冯道那样做"长乐老"，都是有"理由"的。王夫之以最激烈的语言抨击王畿、李贽之属，称他们为"小人无惮之儒"，骂他们"以良知为门庭，以无忌惮为蹊径，以堕廉耻、捐君亲为大公无我。故上鲜失德，下无权奸，而萍散波靡，不数月而奉宗社以贻人，较汉之亡为尤亟焉"④。他把明朝的灭亡归罪于王学，是把问题简单化了；他对李贽的抨击，包含有某种阶

---

① 王夫之：《周易外传·杂卦传》，《船山全书》第 1 册，第 1113 页。
② 同上注。
③ 同上注。
④ 王夫之：《读通鉴论》卷五，《船山全书》第 10 册，第 203 页。

级偏见。不过相对主义、怀疑论和诡辩思潮的泛滥，确实可以使人们丧失廉耻，使国家团结瓦解。因此王夫之的批判也不无意义。

总之，王夫之既反对片面的"分析而各一之"，也反对片面的"抟聚而合之一"；既反对形而上学的独断论（这是程朱派的流弊），也反对相对主义的诡辩术（这是陆王派的流弊）。他认为，客观现实和主观思维都是既分又合的过程。从客观辩证法说，"合者，阴阳之始本一也，而因动静分而为两，迨其成又合阴阳于一也"①。从主观辩证法说，"分言之则辨其异，合体之则会其通"②。《易》的"微言"是"合而有辨也"③，而逻辑思维无非是遵循必由之秩序来"推之使通，辨之使精"④。

根据列宁的观点，"从肯定到否定——从否定到保存着肯定东西的'统一'"⑤，是辩证思维的对立统一规律。运用这一规律作为辩证思维的方法就是分析与综合相结合。而为要"从肯定到否定"，便必须批判形而上学者使肯定论断成为僵死的公式；为要"从否定到与肯定的东西的统一"，便必须批判相对主义者使否定论断成为概念游戏和导致怀疑论。——王夫之讲分与合的统一，既反对片面强调分析的道家、程朱，也反对片面强调综合的佛家、陆王；既要"乐观其反"，不使"穷理而失其和顺"⑥，又要善"会其

① 王夫之：《张子正蒙注·太和篇》，《船山全书》第 12 册，第 37 页。
② 同上书，第 27 页。
③ 同上书，第 38 页。
④ 王夫之：《张子正蒙注·动物篇》，《船山全书》第 12 册，第 105 页。
⑤ 列宁：《黑格尔〈逻辑学〉一书摘要》，《列宁全集》第 55 卷，第 196 页。
⑥ 王夫之：《周易外传·说卦传》，《船山全书》第 1 册，第 1076 页。

通"，不能"惊于相反而无所不疑"①。这表明他已经在一定程度上把握了逻辑思维的辩证规律。

总之，在逻辑与方法论上，王夫之不仅揭示了"名"（概念）、"辞"（判断）、"推"（推理）的某些辩证性质，而且提出了"言、象、意、道"统一的逻辑理论，批判唯心主义象数之学是"猜量比拟"②，"形似配合"③，批判玄学和佛学是"妄立一体而消用以从之"，批判程朱、陆王是割裂分析与综合。对于中国哲学史上这几种唯心论的主要方法，王夫之都作了深入的分析批判。在批判总结的过程中，他比前人更深入地阐明了"类"、"故"、"理"的逻辑范畴。关于"比类"的方法，他提出"象数相倚"；关于"求故"的方法，他提出在物物相依和变化日新中把握实体（即"由用而得体"）；关于"明理"（明道）的方法，他提出分析和综合相结合，"乐观其反"而善"会其通"。这些都是辩证逻辑的思想，并且是比较丰富而深刻的。

大体说来，王夫之在对宋明理学以及整个中国古代哲学进行批判的总结时，运用的武器便是如此。这也是他对"名实"之辩的又一次总结，比之荀子、《易传》来是大大提高了。不过王夫之的辩证逻辑思想也仍然是朴素的，缺乏近代实证科学的基础。他的"汇象以成《易》，举《易》而皆象"的体系，在形式上是思辨的，有一些表述是不清晰的。尽管如此，却应该承认，王夫之在辩证逻辑方面确实曾提供了不少新的东西，直至今天也仍有其可供借鉴之处。

---

① 王夫之：《周易外传·说卦传》，《船山全书》第 1 册，第 1113 页。
② 王夫之：《思问录·外篇》，《船山全书》第 12 册，第 441 页。
③ 王夫之：《尚书引义·洪范二》，《船山全书》第 2 册，第 350 页。

七、理势合一的历史观

宋明时期的"理气（道器）"之辩也是人道观方面的论争。例如陈亮批评朱熹"舍人而为道"，李贽反对道统说，他们强调"道在事中"，讲的都是人道观方面的问题。王夫之提出"无其器则无其道"的命题（可能受了王廷相的影响），首先也是从社会历史观角度讲的。王夫之说：

> 无其器则无其道，人鲜能言之，而固其诚然者也。洪荒无揖让之道，唐、虞无吊伐之道，汉、唐无今日之道，则今日无他年之道者多矣。[①]

王夫之把人类社会历史了解为不断变化发展的过程，各个历史时代都有其特殊规律。他以为生活在太古洪荒时代的人就同禽兽一样；中国在黄帝以前也曾处于野蛮时代。人类是怎样由野蛮进入文明的呢？他说：

> 燧、农以前，我不敢知也，君无适主，妇无适匹，父子、兄弟、朋友不必相信而亲，意者其仅颎光之察乎？昏垫以前[②]，我不敢知也，鲜食艰食相杂矣，九州之野有不粒不火者矣，毛血之气燥，而性为之不平。轩辕之治，其犹未宣乎？《易》曰："黄帝、尧、舜垂衣裳而天下治。"食之气静，衣之用乃可以文。

---

① 王夫之：《周易外传·系辞上传第十二章》，《船山全书》第 1 册，第 1028 页。
②《书·益稷》："洪水滔天，浩浩怀山襄陵，下民昏垫。""昏垫"，谓困于水灾而昏瞀沉溺。"昏垫以前"，指传说中的洪水以前的远古时代。

> 烝民之听治，后稷立之也。……呜呼！天育之，圣粒之，凡民乐利之，不粒不火之禽心，其免矣夫！[1]

王夫之对历史演化过程的描绘，同韩非、柳宗元相似。虽然他把这一演化归功于圣人，这仍然还是唯心史观。但他用人类使用火、学会耕种等来说明人类的文明之光如何一点一点地扩大，如何逐步地脱离野蛮状态，使"不粒不火之禽心"（或兽性）得到克服，而使社会伦理关系和国家政治制度随之建立起来。他朴素地指出了"人之异于禽兽者"在于劳动生产，显然是具有合理因素的。

王夫之批评许多儒者美化"三代"，泥古不化。他以为三代的"封建"就像明清时川广一带少数民族地区土司的统治，决不是什么理想的制度。他同意柳宗元《封建论》的观点，说："柳宗元之论出，泥古者犹竞起而与争；勿庸争也，试使之行焉，而自信以必行否也？"[2]自从柳宗元用"势"来解释郡县制替代分封制是历史的必然以后，叶适以为治天下之大原在于"知其势而以一身为之"，王夫之进而提出理势合一的历史观。他说：

> 迨已得理，则自然成势，又只在势之必然处见理。[3]
> 顺必然之势者，理也；理之自然者，天也。[4]

---

[1]　王夫之：《诗广传·周颂》，《船山全书》第 3 册，第 491—492 页。
[2]　王夫之：《读通鉴论》卷二十，《船山全书》第 10 册，第 772 页。
[3]　王夫之：《读四书大全说·孟子·离娄上篇》，《船山全书》第 6 册，第 994 页。
[4]　王夫之：《宋论》卷七，《船山全书》第 11 册，第 177 页。

天者,理而已矣;理者,势之顺而已矣。①

这是说,凡合乎历史规律的就自然形成为发展趋势,而不得不然的历史趋势正体现了它的发展规律。这里说的"天"就是自然的意思。人类历史是一个理势统一的自然过程,它的规律性可以从历史发展的必然趋势中见到。王夫之讲理势统一,接近于黑格尔的"凡是现实的都是合乎理性的,凡是合乎理性的都是现实的"②这一命题。从辩证法的观点来看,不是任何现存事物、历史活动都无条件地具有现实性,"现实性在其展开过程中表明为必然性"③,亦即必然的发展趋势,而这必然趋势一定是合理的。王夫之说:"势因乎时,理因乎势。"④势依存于现实的时代条件;时代条件不同,历史就有不同的发展趋势,不同的发展趋势就有不同的历史规律。

同理和势这对范畴相联系,还有历史发展中的必然与偶然的关系问题。柳宗元已经指出不能用历史上个别人物的动机来解释历史的发展,在偶然性后面隐蔽着必然性。王夫之进一步阐明这一观点。他举秦始皇、汉武帝为例,说:

秦以私天下之心而罢侯置守,而天假其私以行其大公,

---

① 王夫之:《宋论》卷七,《船山全书》第 11 册,第 179 页。
② 转引自恩格斯:《路德维希·费尔巴哈和德国古典哲学的终结》,《马克思恩格斯选集》第 4 卷,第 215 页。
③ 同上注。
④ 王夫之:《读通鉴论》卷十二,《船山全书》第 10 册,第 458 页。

存乎神者之不测,有如是夫![1]

> 武帝之始,闻善马而远求耳,骞以此而逢其欲,亦未念及牂柯之可辟在内地也。然因是而贵筑、昆明垂及于今而为冠带之国,此岂武帝、张骞之意计所及哉? 故曰:天牖之也。[2]

这是说,秦始皇置郡守,主观动机是为了一己之私利,然而用郡县制代替分封制,却符合于历史发展的趋势。汉武帝派张骞去西域,主观动机是想取得天马,而结果却通了西域,并随后开拓了西南边疆,云贵一带都入了中国版图。王夫之把历史的发展趋势归之于"天",这个"天"就是"理之自然"。帝王的动机是偶然的东西,但正是在偶然的动机后面,存在着自然的必然性。王夫之在评论汉武帝开辟西南地区时说:

> 君臣父子之伦,诗书礼乐之化,圣人岂不欲普天率土而沐浴之乎? 时之未至,不能先焉。迨其气之已动,则以不令之君臣,役难堪之百姓,而即其失也以为得,即其罪也以为功,诚有不可测者矣。[3]

这是说,在时势未到,条件不具备的时候,即使圣人也不能对这些地区施仁义礼乐的教化。而当客观条件具备,物质运动已达到一定的阶段时,虽然在位的君主并不善良,老百姓因连年用兵而受

---

[1] 王夫之:《读通鉴论》卷一,《船山全书》第 10 册,第 68 页。
[2] 王夫之:《读通鉴论》卷三,《船山全书》第 10 册,第 138 页。
[3] 同上注。

苦难，却也产生了非始料所及的后果，失变为得，罪变为功，这正说明必然性通过偶然性而开辟道路。

那么，历史的必然性从哪里去发现呢？王夫之说："可以行之千年而不易，人也，即天也，天视自我民视者也。民有流俗之淫与偷而相沿者矣，人也，非天也，其相沿也，不可卒革，然而未有能行之千年而不易者也。"①就是说，流俗中的坏东西，也有相沿成俗者，但不可能千年不易。一种制度能否推行千年而不易，要看人民接受不接受；如果人民持久地乐于接受，那便一定合乎理之自然。所以"圣人所用之天，民之天也"②。这是站在平民立场上说的话，是一种人文主义的新思想。

当然，在王夫之的时代还不可能提出真正科学的历史观。但王夫之把历史了解为理势统一的自然过程，要求人们通过偶然性去发现必然性，从"势之必然处"去探求历史规律，这就指明了向真理前进的方向，无疑也是个重要的理论贡献。

八、"性日生而日成"的人性论

人道观的另一个重要方面是关于"性"和"命"的理论。命与力、性与习的关系问题的争论，是"天人"之辩的继续，王夫之对此也作了批判的总结。

自李翱提出"复性"说以来，程朱、陆王都讲"复其初"、"复如旧"、"复心之本体"等等，以为只要通过"存天理，灭人欲"的工夫，恢复天命之性，就能达到圣人的境。这种"复性"说的要害是宣扬

---

① 王夫之：《读通鉴论》卷十九，《船山全书》第 10 册，第 697 页。
② 王夫之：《尚书引义·皋陶谟》，《船山全书》第 2 册，第 271 页。

宿命论。他们讲的天理即天命，实质上是封建伦理纲常的形而上学抽象；而所谓的"天命之谓性"，是认为人性中的一切都是命定了的、无法改变的。"复性"就是要人们自觉地遵守封建统治秩序，说这样就能自觉地与天命为一，于是浑然与物同体而达到天人合一了。

在明代中叶以后，有一些思想家如泰州学派、李贽等起来反对这种"复性"说。但泰州学派说"造命由我"，李贽说情欲"天成"，都表现了一种唯意志论倾向。用唯意志论来反对宿命论，当时虽有一定的进步意义，但在理论上是不足取的。王夫之则继承和发展了先秦儒家（荀子和《易传》）的"成性"说，提出了"性日生而日成"的命题，比较正确地阐明了天和人、命和力、性和习的关系，真正有力地驳斥了理学唯心主义者的"复性"说。

在天和人的关系问题上，王夫之继承和发展了荀子的"明于天人之分"的思想。这首先表现在他区分了"天之天"和"人之天"。他说：

> 人所有者，人之天也，晶然之清，晶然之虚，沦然之一，穹然之大，人不得而用之也。虽然，果且有异乎哉？昔之为天之天者，今之为人之天也；他日之为人之天者，今尚为天之天也。[1]

这里的"天之天"是指张载说的"清、虚、一、大"之"天"，是离开人们意识而独立自存的物质世界，本来不是为人所占有、所利用的。但他认为"天之天"可以转化为"人之天"，这接近马克思主义哲学

---

[1]　王夫之：《诗广传·大雅》，《船山全书》第 3 册，第 463 页。

所讲的"自在之物"可以转化为"为我之物"的意思。人所有的一切都来自"天"，昨天的"自在之物"已转化为今天的"为我之物"，今天的"自在之物"到明天有可能转化为"为我之物"。所以说，"入乎人者出乎天，天谓之往者人谓之来"①。虽有"往来"（转化），但"人之天"既出乎天，人为的领域当然也是自然过程，就物质性说，"为我之物"和"自在之物"并无原则差别。

在讲到命和力的关系问题时，王夫之一方面肯定"天之命，有理而无心者也"②，"命"就是"理之流行"，是人决不能违背的。但另一方面，他又肯定人可以"造命"，这不同于王艮说的"造命由我"，而是指人能按照客观规律行事。王夫之以为，不仅"君相可以造命"，而且人人都可以"造命"，"修身以俟命，慎动以永命，一介之士，莫不有造焉"③，所以人在自然面前不是无能为力的。王夫之说：

> 人之道，天之道也；天之道，人不可以之为道者也。语相天之大业，则必举而归之于圣人。乃其弗能相天与，则任天而已矣。鱼之泳游，禽之翔集，皆其任天者也。人弗敢以圣自尸，抑岂曰同禽鱼之化哉？……夫天与之目力，必竭而后明焉；天与之耳力，必竭而后聪焉；天与之心思，必竭而后睿焉；天与之正气，必竭而后强以贞焉。可竭者天也，竭之者

---

① 王夫之：《诗广传·大雅》，《船山全书》第 3 册，第 463 页。
② 王夫之：《读通鉴论》卷二十四，《船山全书》第 10 册，第 936 页。
③ 同上书，第 937 页。

人也。①

这是说，人道也是天道，即人的活动法则也遵循自然规律。但人不能拿天道作为人道，人不能"任天"，而要"相天"，即要发挥主观能动性来辅助自然、治理自然。天给人以耳目心知，给人以本能，但人必须"竭之"，即尽主观努力，使本能得到充分的发展，达到耳聪目明，成为富有智慧和正气浩然的大丈夫。

王夫之强调"造命"、"相天"，强调人力能胜天。"天之所无，犹将有之；天之所乱，犹将治之。"②但他也指出：

> 人定而胜天，亦一理也，而不可立以为宗。③

王夫之哲学的根本宗旨是"言心、言性、言天、言理，俱必在气上说"。认为讲人定胜天，不能离开唯物主义的根本前提。以上这些思想基本上是对荀子以及柳宗元、刘禹锡的"明于天人之分"的论点的发挥。

王夫之的杰出贡献，尤在于把"人之道"看作是天人合一（天人交互作用）的过程，从而把关于人性的理论推进了一大步。他说：

> 禽兽终其身以用天而自无功，人则有人之道矣。禽兽终

---

① 王夫之：《续春秋左氏传博议·吴徵百牢》，《船山全书》第5册，第617页。
② 同上注。
③ 王夫之：《续春秋左氏传博议·士文伯论日食》，《船山全书》第5册，第587页。

其身以用其初命,人则有日新之命矣。有人之道,不谮乎天;
命之日新,不谮其初。俄顷之化不停也,祇受之牖不盈也。
一食一饮,一作一止,一言一动,昨不为今功①,而后人与天之
相受如呼吸之相应而不息。息之也其唯死乎!②

意思是说,人和禽兽是不同的。禽兽只能"用其初命",天生的本
能决定它们的一生,而人不满足于他们的天生的本能,人把自己
和天(自然界)对立起来,这就有了"日新之命",即人在和自然界
的交往("相受")过程中,不断地改造自己,培养德性。

在性和习的关系问题上,王夫之也赞成"习与性成"之说。他
说:"习与性成者,习成而性与成也。"③"习"就是人的习行、学习、
习惯、习俗等等,所有这些,归根到底是人和自然的交互作用,人
的德性正是通过这种交互作用来形成的。他又说:

夫性者生理也,日生则日成也。则夫天命者,岂但初生
之顷命之哉!④

就是说,人性是每天每天在生成着、发展着,而不是像动物那样,
由初生的"命"决定了它们的一生。人性是"未成可成,已成可革。
性也者,岂一受成侀,不受损益也哉?"⑤王夫之看到了人性不是一

---

① "功"字,金陵刻本无,此据周调阳校补。《船山全书》中"功"字旁无注。
② 王夫之:《诗广传·大雅》,《船山全书》第3册,第464—465页。
③ 王夫之:《尚书引义·太甲二》,《船山全书》第2册,第299页。
④ 同上注。
⑤ 同上书,第301页。

成不变的，而是可以变革、改造的，可以在人与自然界的交互作用中不断地完善起来。他说：

> 生之初，人未有权也，不能自取而自用也。惟天所授，则皆其纯粹以精者矣。天用其化以与人，则固谓之命矣。生以后，人既有权也，能自取而自用也。自取自用，则因乎习之所贯，为其情之所歆，于是而纯疵莫择矣。①

王夫之在这里以为人在初生之时，天所授的都是"纯粹以精"，这是相对于禽兽来说的，但也为"性善"说留了后路。不过，重要的是王夫之认为除了"生之初"是"惟天所授"之外，"已生以后"，便不仅是自然界授予人，而且人也有主动性"能自取而自用"。人性的形成，一方面是"命日受，性日生"，不断地接受自然界给予的影响，另一方面在已生以后，人也能进行权衡和选择而"自取自用"；正因为这样，人们顺着自己的爱好和习惯去"取用"，"习以成性"，便形成"纯疵"之别了。

所以，人性的形成不全是被动的，也是人主动地权衡取舍，"自取自用"的结果。他说：

> 目日生视，耳日生听，心日生思，形受以为器，气受以为充，理受以为德。取之多、用之宏而壮；取之纯、用之粹而善；取之驳、用之杂而恶；不知其所自生而生。是以君子自强不

---

① 王夫之：《尚书引义·太甲二》，《船山全书》第 2 册，第 300—301 页。

息，日乾夕惕，而择之、守之，以养性也。①

这是说，人的视听、思维的发展，才能、德性的养成都是个主客观交互作用的过程。形、气、理是自然的，人只能被动地接受，但人有意识，有主观能动性，能加以权衡取舍。君子之所以要自强不息，就是因为培养什么样的德性、人格，人是能够主动地选择道路，作坚持不懈的努力的。

《易传》说："一阴一阳之谓道，继之者善也，成之者性也。"王夫之对此作了许多发挥，说：

> 甚哉，继之为功于天人乎！天以此显其成能，人以此绍其生理者也。性则因乎成矣，成则因乎继矣。不成未有性，不继不能成。天人相绍之际，存乎天者莫妙于继。然则人以达天之几，存乎人者，亦孰有要于继乎？②

王夫之用"继"来说明"天人之际"：天有其良能，"阴阳健顺之德本善"③；天之良能不断地赋予人，成为人之"生理"。人之"生理"即性，它是从天那里继承来的，是自然的赋予，也是人自强不息的结果。所以"继"既是指"天人相绍"的自然过程，也是指人"自继以善无绝续"④的"作圣之功"。王夫之说：

① 王夫之：《尚书引义·太甲二》，《船山全书》第 2 册，第 301 页。
② 王夫之：《周易外传·系辞上传第五章》，《船山全书》第 1 册，第 1007 页。
③ 王夫之：《张子正蒙注·诚明篇》，《船山全书》第 12 册，第 129 页。
④ 王夫之：《周易外传·系辞上传第五章》，《船山全书》第 1 册，第 1008 页。

性可存也，成可守也，善可用也，继可学也，道可合而不可据也。至于继，而作圣之功莀以加矣。①

"一阴一阳"的天道虽然是人所不能占据的，但人可以认识它并与之合一。人要达到与天道合一（成为圣人），必须在"继"字上用功，而如何不断地择取善而摒弃恶，是人可以通过努力而学到的。"善者性之所资也。"②人能不断地用善之资来培养性、凝成性，并坚守不失，这便是"习成而性与成"了。

王夫之认为，"习与性成"既可以"成性之善"，也可以"成性之恶"。自然界的形气有纯驳之别，而人的觉悟又有高低之差，"然则饮食起居，见闻言动，所以斟酌饱满于健顺五常之正者，奚不日以成性之善；而其卤莽灭裂，以得二殊五实之驳者，奚不日以成性之恶哉？"③因此，从人性的完成形态来说，有善有恶；而就其本源来说，则"天命"之"良能"无有不善。所以，王夫之也是主张"性善"说的。他在评论各家的人性论时说：

故专言性，则"三品""性恶"之说兴；溯言善，则天人合一之理得；概言道，则无善、无恶、无性之妄又熺矣。④

悬一性于初生之顷，为一成不易之侀，揣之曰："无善无不善"也，"有善有不善"也，"可以为善可以为不善"也，呜呼！

---

① 王夫之：《周易外传·系辞上传第五章》，《船山全书》第 1 册，第 1008 页
② 同上书，第 1007 页。
③ 王夫之：《尚书引义·太甲二》，《船山全书》第 2 册，第 302 页。
④ 王夫之：《周易外传·系辞上传第五章》，《船山全书》第 1 册，第 1008 页。

岂不妄与!①

他以为"性三品"说、"性恶"说、"性善恶混"说等都是离开天道来专言人性的既成形态,而"性无善无恶"说则离开了人来讲天道,它们都不懂得"继善成性"的道理;而不论哪一种说法,都是以为人性一受成形便不变更,都不懂得"性日生而日成"的道理。程朱陆王主张"复性"说,认为在初生之顷的"天命之性"是完满具足的,所以这里"岂不妄与"的批评对他们也是适用的。王夫之在《读四书大全说》中说:

> 愚于《周易》《尚书》传义中,说生初有天命,向后日日皆有天命,天命之谓性,则亦日日成之为性,其说似与先儒不合。今读朱子"无时而不发现于日用之间"一语,幸先得我心之所然。②

虽然王夫之说朱熹"先得我心",其实朱熹这句话决没有"日日成之为性"的意思。王夫之的"性日生而日成"的理论是明显地同"先儒"(包括朱熹)的"复性"说相悖的,是在批判理学唯心主义中提出来的。

当然,王夫之的理论也还是一种抽象的人性论。他没有社会实践的观点,也不懂得人的本质在其现实性上是社会关系的总和。因此,他不可能科学地说明道德的客观基础。他说:"何以谓

---

① 王夫之:《尚书引义·太甲二》,《船山全书》第 2 册,第 302 页。
② 王夫之:《读四书大全说·大学·传一章》,《船山全书》第 6 册,第 407 页。

之德？行焉而得之谓也。何以谓之善？处焉而宜之谓也。"①这是讲道德上的善。他试图为道德的善找本体论的根据，说"阴阳健顺之德本善"②，于是也主张"性善"说，这便陷入了先验论去了。不过，他提出了"性日生而日成"的命题，把人性了解为一个过程，超过了以往任何一种人性理论，是向真理迈进了一大步。

九、"成身成性"与"循情定性"的"成人之道"

王夫之继承了儒家的传统观点，认为人的德性是可以通过教育培养成的。而学习、修养以至哲学理论的探讨之所以必要，归根到底是因为"自非圣人，必以学为成人之道"③。他说的"继善成性"，既是指人性发育的自然过程，也是指培养德性的作圣之功。王夫之"成性"说与理学家"复性"说，不仅是人性论上的对立（上面已经说了），而且也是"成人之道"或"作圣之功"上的对立。

王夫之给"德性"下了这样的定义："德性者，非耳目口体之性，乃仁义礼智之根心而具足者也。"④这并没有超出儒家的眼界。但王夫之心目中的理想人格，却不是道学家所要培养的"醇儒"。他说：

> 吾惧夫薄于欲者之亦薄于理，薄于以身受天下者之薄于以身任天下也。⑤

---

① 王夫之：《礼记章句卷·大学补传衍》，《船山全书》第 4 册，第 1483 页。
② 王夫之：《张子正蒙注·诚明篇》，《船山全书》第 12 册，第 129 页。
③ 王夫之：《四书训义·论语十四·宪问》，《船山全书》第 7 册，第 780 页。
④ 王夫之：《张子正蒙注·天道篇》，《船山全书》第 12 册，第 72 页。
⑤ 王夫之：《诗广传·陈风》，《船山全书》第 3 册，第 374 页。

他讲的理想人格是勇于"以身任天下"的大丈夫,这样的人决不是禁欲主义者,而是对天下人的幸福和疾苦感同"身受"的人。所以他以为,"成性"(造就德性)不能离开"成身"。

张载说过"君子之道,成身成性以为功者也"。王夫之发挥了这一论点。他说:

> 身者道之用,性者道之体。合气质攻取之性,一为道用,则以道体身而身成;大其心以尽性,熟而安焉,则性成。①
>
> 天以其阴阳五行之气生人,理即寓焉而凝之为性。故有声色臭味以厚其生,有仁义礼智以正其德,莫非理之所宜。声色臭味,顺其道则与仁义礼智不相悖害,合两者而互为体也。②

这是说,人之性一方面"有仁义礼智以正其德",另一方面"有声色臭味以厚其生",两者本来是不可分割的。如果声色臭味"顺其道",即合乎理性的权衡标准,那便和仁义礼智不相悖害,而且两者"互为体",具有互相促进的作用。所以不能像理学家那样讲"无欲"或"灭人欲",而应该合理地来满足人的欲望,在"成身"的过程中"成性"。王夫之讲"成身"与"成性"统一,也就是比较重视人的身与心、感性与理性的全面发展。

王夫之用"成身"来解释孟子的"践形"。③ 他以为"性者道之

---

① 王夫之:《张子正蒙注·中正篇》,《船山全书》第 12 册,第 161 页。
② 王夫之:《张子正蒙注·诚明篇》,《船山全书》第 12 册,第 121 页。
③ 孟子说:"形色,天性也,惟圣人然后可以践行。"(《孟子·尽心上》)。

体"，"形者性之凝"①，德性必须凝于形色，所以"成性"正在于"践形"或"成身"。他说：

> 汤、武身之也，谓即身而道在也。道恶乎察？察于天地。性恶乎著？著于形色。有形斯以谓之身，形无有不善，身无有不善，故汤、武身之而以圣。②
>
> 入五色而用其明，入五声而用其聪，入五味而观其所养，乃可以周旋进退，与万物交，而尽性以立人道之常。色、声、味之授我也以道，吾之受之也以性。吾授色、声、味也以性，色、声、味之受我也各以其道。乐用其万殊，相亲于一本，昭然天理之不昧，其何咎焉！③

即是说，"道"不能离开天地万物而被察见，"性"不能离开形色而显现，一个人只有在形色中亲身实践了"道"，才是"成性"，才能成为像汤武那样的圣人。只有进入"五色"、"五声"之中发挥聪明之性的作用，才可以在周旋进退中合乎礼，在与万物交接中合乎义，才是"尽性以立人道之常"。这是一个主客观交互作用的过程：客观事物的色声等感性性质给予我以"道"（客观规律和当然之则），我接受了"道"而使性"日生日成"；我通过感性活动而使"性"得以显现，具有色声等性质的客观事物各以其"道"（不同的途径和规律）而使人的"性"对象化了。

---

① 王夫之：《尚书引义·洪范三》，《船山全书》第 2 册，第 352 页。
② 同上注。
③ 王夫之：《尚书引义·顾命》，《船山全书》第 2 册，第 409 页。

显然,在这一人与自然的交互作用过程中,"我"即意识主体起着关键的作用。所以,王夫之反对"无我"之说。他指出:

> 或曰:圣人无我。吾不知其奚以云无也。我者,德之主,性情之所持也。必狭其有我之区,超然上之而用天,夷然忘之而用物,则是有道而无德,有功效而无性情矣。①

意思是说,我是德性的主体,如果说"圣人无我",那便没有了圣人之德,于是就会一方面说天道超然,非人所能得,另一方面则冷漠地"循物以为功效"②,对外界的活动"犹飘风冻雨之相加"③,完全失去了人的性情。这样的人,怎么能叫做理想人格呢?

"圣人无我",是道家、佛家和理学唯心主义者的共同主张。程颐《易传》释"咸卦"说:"贞者,虚中无我之谓也。"④释"艮卦"说:"不获其身,不见其身也,谓忘我也。无我则止矣。"⑤程颢《定性书》也说:"夫天地之常,以其心普万物而无心;圣人之常,以其情顺万事而无情。故君子之学,莫若廓然而大公,物来而顺应。"⑥理学家把心灵比作明镜,以为"去人欲,存天理",把蒙在镜子上面的尘垢擦拭干净,恢复虚明之体,便是"无我"、"无心"、"无情",于是就能"物来而顺应"了。王夫之既反对"无我"之说,也不赞成明镜

---

① 王夫之:《诗广传·大雅》,《船山全书》第 3 册,第 448 页。
② 同上注。
③ 同上注。
④ 程颐:《周易下经上·咸》,《周易程氏传》卷三,《二程集》下册,第 857—858 页。
⑤ 程颐:《周易下经下·艮》,《周易程氏传》卷四,《二程集》下册,第 968 页。
⑥ 程颢:《答横渠张子厚先生书》,《河南程氏文集》卷二,《二程集》上册,第 460 页。

之喻。他批评朱熹说：

> 朱子说"鉴空衡平之体，鬼神不得窥其际"，此语大有病在。南阳忠国师勘胡僧公案，与《列子》所记壶子事，正是此意。①

就是说，朱熹把圣人之心说成是"至虚至静，鉴空衡平"，正落入了佛、老的神秘主义圈套。

王夫之以为，对《大学》的"修身在正其心"一语，应理解为"欲修其身者，为吾身之言行动立主宰之学"。② 不能讲"无心"或"心不在焉"，而是要"以道义为心"，作言行动止的主宰。"以道义为心者，孟子之志也。持其志者，持此也。"③所以王夫之以为"正心"就是"正志"。他说：

> 正其志于道，则事理皆得，故教者尤以正志为本。④
>
> 意之所发，或善或恶，因一时之感动而成乎私；志则未有事而豫定者也。意发必见诸事，则非政刑所能正之；豫养于先，使其志驯习乎正，悦而安焉，则志定而意虽不纯，亦自觉而思改矣。⑤

---

① 王夫之：《读四书大全说·大学·传七章》，《船山全书》第 6 册，第 426 页。
② 同上书，第 424 页。
③ 同上书，第 423 页。
④ 王夫之：《张子正蒙注·中正篇》，《船山全书》第 12 册，第 188 页。
⑤ 同上书，第 189 页。

书》所说）。他说："成，犹定也，谓一以性为体而达其用也。善端见而继之不息，则始终一于善而性定矣。"①他以为情是性的表现，是从性发出来的端倪；善于因人之情加以引导，便可以使"善端见而继之不息"，达到"定性"的效果。但情有真挚与浮夸之分。王夫之说："古之善用其民者，定其志而无浮情。"②他以为应该去掉浮夸之情，而要让情有助于志向的坚定与贯彻。"定其志"才能"定性"。也就是说，情应从属于志，而志则根据于对道的认识。但这不是说情不重要，"循情可以定性"，恰恰是强调情的重要。王夫之讲德性的培养，比较注意知、意、情三者的全面发展，因而包含有要求真、善、美统一的意思。

那么，如何来"循情以定性"呢？王夫之认为要用诗歌、音乐等来陶冶人的性情。他说：

　　　　圣人达情以生文，君子修文以函情。琴瑟之友，钟鼓之乐，情之至也。③

他认为诗歌、音乐等艺术的创作本是用来表达感情的，所以对感情具有文饰和节制的作用，礼乐对人格的培养是必不可少的手段。这些是先秦儒家早已阐明了的观点。但王夫之的"循情定性"说更深入地探讨了什么是美的问题。他说：

---

① 王夫之：《张子正蒙注·诚明篇》，《船山全书》第 12 册，第 130 页。
② 王夫之：《诗广传·唐风》，《船山全书》第 3 册，第 363 页。
③ 王夫之：《诗广传·召南》，《船山全书》第 3 册，第 307 页。

　　　　乐为神之所依，人之所成。①

他以为音乐是气的清通之"神"之所依，而由人创作出来的。不仅音乐等艺术，而且一切美的创造，都是一方面有自然的根据，另一方面有人为的加工。他说：

　　　　天能生之，地能成之，而斟酌饱满以全二气之粹美者，人之能也。稑有可丰美之道而未尽昭著，后稷因天之能，尽地之利，以人能合而成之。凡圣人所以用天地之神而化其已成之质，使充实充辉者，皆若此。②

关于美的定义，他继承了孟子的"充实之谓美，充实而有光辉之谓大"和荀子的"不全不粹不足以为美"的观点。认为自然界的五谷本有可丰美之质，但未充分显示出来，这是天地之"神"，二气之"粹"。农民种植庄稼，利用自然界的"神"，使五谷的可丰美之质变得充实而有光辉，这就是美的创造。而人本身的"神"是最美的。"天致美于百物而为精，致美于人而为神，一而已矣。"③所谓"乐为神之所依"，这"神"不仅指自然界的"二气之粹"，而且也是指人的精神、德性。

　　王夫之又指出，性表现为情，而情则通过音（声音）和容（容貌、形象）而与天地万物相交通。他说：

---

① 王夫之：《诗广传·商颂》，《船山全书》第 3 册，第 511 页。
② 王夫之：《张子正蒙注·乐器篇》，《船山全书》第 12 册，第 317 页。
③ 王夫之：《诗广传·商颂》，《船山全书》第 3 册，第 513 页。

交于天地之间者，事而已矣；动乎天地之间者，言而已矣。事者，容之所出也，言者，音之所成也。……天之与人，与其与万物者，容而已矣，音而已矣。卉木相靡以有容，相切以有音，况鸟兽乎？虫之蝡有度，毃之鸣有音，况人乎？……动而应其心，喜怒作止之几形矣；发而因其天，郁畅舒徐之节见矣。而抑不域之以方所，则天下之至清至明者矣。[①]

是说，自然界的草木在风中摇摆、互相摩擦，便有形象和声音；虫蠕动有尺度，鸟鸣叫有音韵，自然界的音容与人心相感应，人的喜怒哀乐就表现于形象了；人情的感发因万物之自然，自然的节奏就表现于人的音容了。形象、节奏是不受地域限制的，所以通过"音"（音乐）与"容"（舞蹈）可以表现清明之"神"，或者说，可以使清明的德性在艺术作品中凝定下来。这里所说，与上文已提到的"色声味之授我也以道，吾之受之也以性；吾授色声味也以性，色声味之受我也各以其道"，意思是相似的。在王夫之看来，在审美活动和艺术创作中，声色（音容）授我以"道"，我则受之以"成性"；我授声色（音容）以"性"（性显现为情），声色则受之各以其"道"（秩序、节奏）。这样，在艺术形象中人性便对象化了，人就可以从中直观自身的本质。这样的艺术作品便能陶冶人的性情。

王夫之的上述观点，为艺术意境的理论提供了哲学根据。王夫之在论诗时，要求在情景交融中表现"神理"。他说：

---

① 王夫之：《诗广传·商颂》，《船山全书》第3册，第511页。

　　夫景以情合，情以景生，初不相离，唯意所适。①

　　意为主，势次之。势者，意中之神理也。②

　　这里的"意"指意旨，大体相当于我们现在讲的艺术理想。情与景的结合、展开，是为了表现艺术理想；艺术理想于情景的展开中表现为"势"，"势"即气势，它是包含在"意"中的"神理"的形象体现。

　　王夫之关于艺术意境的理论，也具有批判的性质。宋代理学家片面地强调"文以载道"，甚至说"作文害道"，他们以语录教条代替文艺，把诗歌变成干巴巴的道德说教，这是对艺术的破坏。严羽的《沧浪诗话》则说："诗有别材，非关书也；诗有别趣，非关理也。"③他以为诗是"吟咏情性"的，强调要靠"妙悟"。这在当时虽然具有反对以道德说教为艺术的意义，但表现出为艺术而艺术的倾向。王夫之批评了这两种错误倾向，说："非理抑将何悟？"④"正不得以名言之理相求耳。"⑤他既肯定艺术要"以意为主"，要表现理想，起陶冶性情的作用；又指出艺术意境是"意"在情景交融中表现为"势"，而不是抽象概念，这是关于抒情艺术理论的一个批判总结，是同"循情定性"说密切相联系着的。

　　总之，王夫之关于"成人"（培养理想人格）的学说，反对了理学家的"无欲"、"无情"、"无我"等等的说教，比较注意身与心的全

---

① 王夫之：《姜斋诗话·夕堂永日绪论内编》，《船山全书》第 15 册，第 826 页。
② 同上书，第 820 页。
③ 严羽：《沧浪诗话·诗辩》，张健校笺：《沧浪诗话校笺》上册，上海古籍出版社 2012 年版，第 129 页。
④ 王夫之：《姜斋诗话·诗译》，《船山全书》第 15 册，第 813 页。
⑤ 王夫之：《古诗评选》卷四，《船山全书》第 14 册，第 687 页。

面发展，知、意、情的全面发展。他的"循情以定性"的理论尤其富有特色，使什么是美的问题的探讨深入了一步。当然，他的理想人格仍然是地主阶级的圣贤。他说"阴阳健顺之德本善"，"天致美于人而为神"，说明他试图从阴阳之气和自然界中寻找善与美的根源，而不懂得人的德性、精神主要应从人的社会存在来解释。这是马克思主义以前的旧唯物论的共同的局限性。

总起来看，王夫之对"理气（道器）"之辩和"心物（知行）"之辩作了批判的总结，同时对"天人"、"名实"之辩也又一次作了批判的总结，建成朴素唯物主义与朴素辩证法统一的气一元论体系，在天道观、认识论和逻辑学上都作出了杰出的贡献，形成了中国古代哲学的发展高峰。在人道观上，他提出"理势合一"的历史观和"性日生而日成"的人性论，在论"成人之道"即培养理想人格时强调要"成身成性"、"循情定性"，这些也都包含有合理因素。

不过，王夫之的哲学思想在形式上是思辨的，有一些表述是不清晰的、令人费解的，还掺杂有一些唯心主义和形而上学的杂质，如关于"德性之知"的理论便是。而且他毕竟是个地主阶级的思想家，有些著作（如《四书训义》等）还包含有不少封建的糟粕。他虽然对从事耕田、纺织、捕鱼、打猎等劳动者的悲惨处境，表示"寒心而栗体"[1]；但他又用剥削阶级的偏见来看待劳动人民，说："庶民之终日营营"，"其异于禽兽者，百不得一也"[2]。说明他蔑视人民群众，缺乏民主思想。就这一点来说，他要比同时代的黄宗羲逊色。

---

① 王夫之：《黄书·大正第六》，《船山全书》第 12 册，第 528 页。
② 王夫之：《俟解》，《船山全书》第 12 册，第 478 页。

第三节　黄宗羲的启蒙思想与历史主义的方法

与王夫之同时代的黄宗羲，也对理学做了批判总结。如果说王夫之博大精深，我们应着重注意他对古代哲学的全面总结，那么，黄宗羲则目光敏锐，我们应着重注意他对近代思想的启蒙作用。

黄宗羲（公元 1610 年—1695 年），字太冲，号南雷，学者称梨洲先生，浙江余姚人。其父为"东林"名士，因弹劾魏忠贤被陷害入狱而死。黄宗羲 19 岁"袖长锥"入都讼冤，为父报仇。从学于刘宗周①，曾领导复社进行反对宦官权贵的斗争。清兵南下，他召募义兵，成立"世忠营"，进行武装抵抗。明亡后隐居著书，屡拒清廷征召。晚年恢复刘宗周创办的"证人书院"，从事讲学活动。学识渊博，对天文学、算术、乐律、经史百家以及释道之书，无不研究，在史学上贡献尤大，他的学风影响了清代的浙东史学学派。著作主要有《明儒学案》②、《宋元学案》③、《明夷待访录》④、《孟子师

---

① 刘宗周（公元 1578 年—1645 年），字起东，号念台，山阴（今浙江绍兴）人。南明政权覆亡，绝食 20 日而卒。学者称蕺山先生。著作有《刘子全书》《刘子全书遗编》。

② 《明儒学案》：共 62 卷，叙录了明代 202 个学者的生平、思想、哲学著作。作者所加的评论表现了他的哲学观点。是中国第一部有系统的学术史、哲学史著作。此书在清初有两个刻本，即故城贾若水和其儿子贾醇庵刻本（称为贾刻本）和雍正末年慈溪郑氏的刻本（称为郑刻本），二者稍有不同。

③ 《宋元学案》：作者未竟而殁，由其儿子黄百家、清初学者全祖望等续成，最后经王梓材和冯云濠的补充，成为定本共 100 卷。前后经过 163 年。于道光二十六年（1846 年）由何绍基初刻于北京，现通行的本子都是以此刻本为依据。

④ 《明夷待访录》：共 21 篇，是作者政治思想的代表作。明夷，《周易》卦名，坤上离下，"明入地中"之象，指有智慧而被压抑。《易》有"箕子之明夷"句。黄宗羲自序称："吾虽老矣，如箕子之见访，或庶几焉。"用箕子为周武王陈《洪范》故事，说明自己像箕子那样坚贞，但对国家的未来，却不能"秘其言"。有道光二十七年（1847 年）刻本。又有中华书局和古籍出版社印本。

说》①、《南雷文案》、《南雷文定》、《南雷文约》。② 后人汇集为《梨洲
遗著汇刊》③。

一、《明夷待访录》的民主思想

黄宗羲写的《明夷待访录》，是中国历史上第一部系统地阐发
民主主义思想的著作。黄宗羲对理学的批判真正触到了君臣之
义这一封建统治的本质问题。他斥责程朱之流是"小儒"，说：

> 今也天下之人怨恶其君，视之如寇仇，名之为独夫，固其
> 所也。而小儒规规焉以君臣之义无所逃于天地之间。④

就是说，人民已经把专制皇帝视为盗寇、仇敌、独夫，而理学家还
要借"天命"、"天理"的名义叫人服服帖帖地接受统治。这就把批
判的矛头直接指向了"君为臣纲"的封建专制制度。

在国家起源问题上，黄宗羲吸取荀子的观点。他说：

> 有生之初，人各自私也，人各自利也，天下有公利而莫或
> 兴之，有公害而莫或除之。有人者出，不以一己之利为利，而

---

① 《孟子师说》：共 7 卷，黄宗羲阐发其师刘宗周对《孟子》的解释，故名。实际上也阐述了
作者自己的哲学观点。有慈溪醉经阁冯氏刻本。又有南林张氏汇刻本，收入《适园丛
书》第 11 集。

② 此三书为黄宗羲 77 岁移居后整理以往著作的题名。先是自定《南雷文案》，复又删繁就
简编成《南雷文定》，后复变为《南雷文约》。

③ 《梨洲遗著汇刊》：系清人编辑的黄宗羲著作集，共收 33 种。民国以后有时中书局刊本。
解放以后，中华书局出版了《黄梨洲文集》、《黄梨洲诗集》，浙江古籍出版社出版了《黄宗
羲全集》。

④ 黄宗羲：《明夷待访录·原君》，《黄宗羲全集》第 1 册，第 2 页。

使天下受其利；不以一己之害为害，而使天下释其害。此其
人之勤劳必千万于天下之人。①

他认为人都是自私自利的，要满足人的利益就要兴天下的"公
利"，除天下的"公害"，于是就需要有国家制度、政府组织等等。
他认为，尧舜禹汤是为天下勤劳服务的君主，而秦汉以来实行君
主专制，情况便不同了。皇帝"以为天下利害之权皆出我，我以天
下之利尽归于己，以天下之害尽归于人，亦无不可"②。君主专制
使君主掌握了天下大权，于是就以为可以独占天下之利，便把天
下看成个人的产业，可"传之子孙，受享无穷"③。这样就颠倒了百
姓和君主的主客关系。他指出：

> 古者以天下为主，君为客，凡君之所毕世而经营者，为天
> 下也；今也以君为主，天下为客，凡天下之无地而得安宁者，
> 为君也。④

君主专制制度使主客关系根本颠倒了，不是君主为天下人服务，
而是君主使得天下人无处可以安身。君主用"屠毒天下之肝脑，
离散天下之子女"⑤的办法来窃取政权，说这是"为子孙创业"⑥；用

---

① 黄宗羲：《明夷待访录·原君》，《黄宗羲全集》第 1 册，第 1—2 页。
② 同上书，第 2 页。
③ 同上注。
④ 同上注。
⑤ 同上注。
⑥ 同上注。

"敲剥天下之骨髓，离散天下之子女"①的办法以满足个人的淫乐，还视之为当然，说："此我产业之花息也。"②黄宗羲认为，正是由于有了专制的君主，天下人都被迫去满足君主的欲望，因此便不得自利，他说：

> 然则为天下之大害者，君而已矣。向使无君，人各得自私也，人各得自利也。③

黄宗羲在这里抨击了封建纲常教义中最核心的东西。虽然他的国家学说，仍然是唯心主义的历史观，但他肯定人"各得自私"、"各得自利"是合理的，认为君主专制使人们"不敢自私，不敢自利"④，所以是天下大害，这代表了市民阶层的观点。他要求把被颠倒了的主客关系再颠倒过来，以民为主，以君为客，是鲜明的民主思想。

　　黄宗羲从民主思想出发，说："天下之治乱，不在一姓之兴亡，而在万民之忧乐。"⑤按这种观点，天下（国家）的治乱和王朝的兴亡有区别，所以做官的不是为一姓效劳，而应以天下为事。他还认为君臣之间应是"师友"关系，而不应是主奴关系。长期以来，专制君主视臣为奴婢，"习之既久，小儒不通大义，又从而附会之

---

① 黄宗羲：《明夷待访录·原君》，《黄宗羲全集》第 1 册，第 2 页。
② 同上注。
③ 同上注。
④ 同上注。
⑤ 黄宗羲：《明夷待访录·原臣》，《黄宗羲全集》第 1 册，第 4 页。

曰:'君父,天也'"①。这种自居奴才的臣就是宦官之流。黄宗羲非常厌恶宦官,痛斥他们"舍其师友之道而相趋于奴颜婢膝之一途"②,以为正是这些人败坏了一世之人心学术。

黄宗羲强调改革法制。他认为君主专制的封建法制是"一家之法,而非天下之法"③,是"所谓非法之法"④,应该建立"天下之法"来取代"一家之法"。他强调"有治法而后有治人"⑤,有了好的法制,即使君主"其人非也,亦不至深刻罗网,反害天下"⑥。

黄宗羲还提出"必使治天下之具皆出于学校"⑦的主张。他认为学校不仅是培养"士"的地方,而且要成为监督政府的机关。"天子之所是未必是,天子之所非未必非,天子亦遂不敢自为非是,而公其非是于学校。"⑧他认为君主的政见并非全都正确,因此他不应自以为是地作决断,而应该到学校去,让大家来评定其政见的是非。黄宗羲大概受到明代某些书院发挥议政作用的启发,提出了这种中国最早的议会制的思想。

黄宗羲在经济上提出"工商皆本"⑨的主张,反对"以工商为末"的传统政策,反映了市民阶层的要求。他主张恢复井田制,当然是空想,但在当时具有抑制兼并的积极意义。他还揭露封建国

---

① 黄宗羲:《明夷待访录·奄宦上》,《黄宗羲全集》第 1 册,第 39 页。
② 同上注。
③ 黄宗羲:《明夷待访录·原法》,《黄宗羲全集》第 1 册,第 5 页。
④ 同上书,第 5—6 页。
⑤ 同上书,第 6 页。
⑥ 同上注。
⑦ 黄宗羲:《明夷待访录·学校》,《黄宗羲全集》第 1 册,第 9 页。
⑧ 同上注。
⑨ 黄宗羲:《明夷待访录·财计三》,《黄宗羲全集》第 1 册,第 36 页。

家的税收不合理，主张"重定天下之赋，必当以下下为则"①，即收取最低限额的赋税。

总之，黄宗羲从政治、法律、经济等方面提出一个具有民主思想的改革方案，反对封建专制主义。因此他的《明夷待访录》长期被清王朝列为禁书。直到清朝末年，资产阶级变法维新运动兴起后才被大量翻印。梁启超说，这本书是当时"刺激青年最有力之兴奋剂"②。

二、"心即气"的泛神论

在哲学上，黄宗羲用一种具有泛神论倾向的学说批判理学唯心主义。他以鄙夷的口吻指斥当时的道学家：

> 今之言心学者，则无事乎读书穷理；言理学者，其所读之书不过经生之章句，其所穷之理，不过字义之从违。……天崩地解，落然无与吾事，犹且说同道异，自附于所谓道学者，岂非逃之者之愈巧乎？③

他指出当时是"天崩地解"的变革时代，而道学已成了逃避现实的巧妙方式。他特别鄙视程朱派道学家，斥之为"道学之乡愿"④。并批评他们的"道统"说是"私为不传之秘，至谓千五百年之间，

---

① 黄宗羲：《明夷待访录·田制一》，《黄宗羲全集》第 1 册，第 21 页。
② 梁启超：《中国近三百年学术史》，林志钧编：《饮冰室合集》第 10 册，中华书局 1989 年版，第 47 页。
③ 黄宗羲：《留别海昌同学序》，《黄宗羲全集》第 20 册，第 561 页。
④ 黄宗羲：《孟子师说》卷七，《黄宗羲全集》第 1 册，第 154 页。

天地亦是架漏过时,人心亦是牵补度日,是人皆不可以为尧舜矣"①。

就"心物"之辩来说,黄宗羲既说:"盈天地间皆气也"②,又说:"盈天地皆心也"③,还说:"心即气也。"④在他看来,世界统一原理即气即心,物质和精神原是合一的。黄宗羲是个态度鲜明的无神论者,他写了《读葬书问对》⑤等文,运用当时的科学知识批判了种种鬼神迷信。但他把物质和精神视为一体,这就成了泛神论。

黄宗羲同他的老师刘宗周一样,没有完全摆脱心学的传统影响,但是把王守仁的心学往泛神论方向发展了。在《明儒学案·蕺山学案》中,黄宗羲说:

> 盈天地间皆气也,其在人心,一气之流行,诚通诚复,自然分为喜怒哀乐。仁义礼智之名,因此而起者也。……盖离气无所为理,离心无所为性。佛者之言曰:"有物先天地,无形本寂寥,能为万象主,不逐四时凋。"此是他真赃实犯,奈何儒者亦曰理生气? 所谓毫厘之辨,竟亦安在?⑥

在《先师蕺山先生文集序》中又说:

---

① 黄宗羲:《孟子师说》卷六,《黄宗羲全集》第 1 册,第 134—135 页。
② 黄宗羲:《明儒学案·蕺山学案》,《黄宗羲全集》第 17 册,第 1649 页。
③ 黄宗羲:《明儒学案·自序》,《黄宗羲全集》第 13 册,第 3 页。
④ 黄宗羲:《孟子师说》卷二,《黄宗羲全集》第 1 册,第 57 页。
⑤ 见黄宗羲:《读葬书问对》,《黄宗羲全集》第 20 册,第 573—575 页。
⑥ 黄宗羲:《明儒学案·蕺山学案》,《黄宗羲全集》第 17 册,第 1649 页。

　　师以为指情言性，非因情见性也；即心言性，非离心言善
也。形而上者谓之道，形而下者谓之器；器在斯道在，离器而
道不可见。……性学不明，只为将此理另作一物看，如钟虚
则鸣，妄意别有一物主所以鸣者。夫盈天地间，止有气质之
性，更无义理之性，谓有义理之性不落于气质者，臧三耳之
说也。①

这里所说，是刘宗周和黄宗羲的共同见解。

　　就"理气（道器）"之辩来说，他们反对"离气言理"、"离器言
道"。认为程朱学派说"理生气"，和佛老讲"有物先天地"一样，都
是妄想在具体事物之外找一个主宰，于是视"理"或"虚"为"另作
一物"，陷入了和"臧三耳"相似的诡辩。黄宗羲说："'鸡三足'，
'臧三耳'，谓二足二耳有运而行之者，则为三矣。四端之外，悬空
求一物以主之，亦何以异于是哉！"②这是对一切形而上学的"或
使"说的有力驳斥。他说："在天为气者，在人为心，在天为理者，
在人为性。"③他以为天和人都是"即气即心"、"即气即理"。论天
道，不能舍屈伸往来之气而别求所谓"理"；论人性，也不能舍明觉
自然有条理之心而别求所谓"性"。不是先有仁义礼智之"性"
（"理"）而后发为恻隐、羞恶、辞让、是非之"心"（"气"），仁义礼智
即是喜怒哀乐之"气"的当然之则。这是从"本体"这一方面来
说的。

---

① 黄宗羲：《先师蕺山先生文集序》，《黄宗羲全集》第 19 册，第 47 页。
② 黄宗羲：《孟子师说》卷二，《黄宗羲全集》第 1 册，第 66 页。
③ 黄宗羲：《明儒学案·诸儒学案中一》，《黄宗羲全集》第 16 册，第 1204 页。

三、"工夫所至,即其本体"——关于认识过程的理论

黄宗羲同王守仁一样,也以为"本体"与"工夫"是统一的。他在《明儒学案·自序》中说:

> 盈天地皆心也。变化不测,不能不万殊。心无本体,工夫所至,即其本体。故穷理者,穷此心之万殊,非穷万物之万殊也。[①]

这里,他否定心为虚寂的本体。他说"工夫所至,即其本体",便是把"本体"看作是随"工夫"(精神活动)而展开的过程,而在这过程中,此心"一本而万殊",所以决不能独断地"必欲出于一途"[②]。这里包含有真理(本体)在人类的认识过程(工夫)中展开和通向真理可有不同途径的意思,有一定的合理因素。

就认识论中的知行关系问题来说,黄宗羲强调"学贵践履"[③],即重视行。他在解释王守仁的"致良知"时说:"致字即是行字。"[④]以为王守仁讲"知行合一",强调的是"力行",就是实际去做,把"良知"之"天理"贯彻于事事物物。至于"格物致知",黄宗羲则从泛神论观点作了新解释,他说:

> 夫心以意为体,意以知为体,知以物为体。……家国天

---

① 黄宗羲:《明儒学案·自序》,《黄宗羲全集》第 13 册,第 3 页。
② 同上注。
③ 黄宗羲:《明儒学案·师说》,《黄宗羲全集》第 13 册,第 9 页。
④ 黄宗羲:《明儒学案·姚江学案》,《黄宗羲全集》第 13 册,第 185 页。

　　下固物也，吾知亦有离于家国天下之时，知不可离，物有时离，如之何物为知体乎？人自形生神发之后，方有此知，此知寄于喜怒哀乐之流行，是即所谓物也。……格有通之义，证得此体分明，则四气之流行，诚通诚复，不失其序，依然造化，谓之格物。①

这里的"体"有本原、根据的意义。黄宗羲以为，人的意识活动（"心"）以意向为根据，而意向以知识为根据，知识以客观事物为根据。前面说过，泰州学派以意为心之主宰，有唯意志论倾向。黄宗羲（以及刘宗周）也很重视意，但以为意志要服从理智，知识要"以物为体"，这便具有唯物论的倾向。不过在黄宗羲看来，心物合一，即心即气，此知寄于喜怒哀乐之流行，就是家国天下之物。他说"格"有"通"的意思，喜怒哀乐之气不失其序，心与天地造化为一，就是"格物"。也就是说，"格物"是心与物相沟通，融合为一。这样"诚通"，便是"诚复"，亦即工夫所至，证得本体了。所以，"诚通诚复"就是"本体"随"工夫"而展开为过程。

　　正如同王守仁以"种树"为喻，黄宗羲以"谷种"为喻，说：

　　　　仁之于心，如谷种之生意流动，充满于中。然必加艺植灌溉之功，而后始成熟。……"继之"者，继此一阴一阳之道。……"成之"者，成此"继之"之功，即《中庸》"成己仁也；成物知也"之谓。向非成之，则无以见天降之全，到得成之，方可

---

① 黄宗羲：《答万充宗论格物书》，《黄宗羲全集》第 19 册，第 176 页。

　　谓之熟，不然，苗而不秀，秀而不实，终归无用。①

　　这也是对《易传》的"继善成性"说的发挥。他以为谷种虽具有胚胎，充满生意（生机），但必须经过种植、灌溉，方能长成禾苗结出果实；同样道理，人心中虽也具备"天降之全"，但必须加"继之之功"，经过"格物穷理"，以及如孟子说的"居仁由义"、"必有事焉而勿忘勿助长"，直到达到成己成物，才是真正的成熟。黄宗羲也主张"性善"说，以为人和禽兽不同，就在于所受于天者，禽兽只有知觉而无"灵明"，人则知觉中有"灵明"，这点"灵明"便是孟子所说的"四端"。黄宗羲说："端者，倪也。有端倪不可不穷分量，故须扩充。""扩充之道，存养此心，使之周流不息，则发政施仁，无一非不忍人之心矣。"②

　　这种把"即心即气"的"本体"随"工夫"而展开了解为一个发育、扩充的过程的观点，固然可以说是王守仁以心体为过程的思想的进一步发展，但实际上已根本不同于程朱和陆王两派。

　　理学唯心主义讲"工夫"，最后都归结到"悟"字，以为一旦彻悟，便"复性"而与虚寂的本体合一了。对此，黄宗羲作了批评：

　　　　故求性者，必求之"人生以上"③，至于"心行路绝"而后

_____

① 黄宗羲：《孟子师说》卷六，《黄宗羲全集》第 1 册，第 133—134 页。
② 黄宗羲：《孟子师说》卷二，《黄宗羲全集》第 1 册，第 65—66 页。
③ 《礼记·乐记》："人生而静，天之性也。感于物而动，性之欲也。"二程说："盖生之谓性，'人生而静'以上不容说，才说性时，便已不是性也。"（《河南程氏遗书》卷一，《二程集》上册，第 10 页）程朱理学以为"上天之载，无声无臭"，本不容说。人之生是天命之性与气禀的结合，因而有善有恶。不过正如水流有清浊，但加以澄治之功，可复归"人生而静以上不容说"的境界。

　　已，不得不以悟为极则，即朱子之"一旦豁然贯通"，亦未免堕
此蹊径。①

就是说，朱熹讲"格物穷理"，以为最后能达到"豁然贯通"，顿悟太
极的全体，便是复归"'人生而静'以上不容说"的"天地之性"。这
是神秘主义的理论。

　　王守仁也说"无善无恶心之体"，说："利根之人，直从本源上
悟入。……一悟本体，即是功夫。"②对此，黄宗羲诘难说：

　　　　若心体果是无善无恶，则有善有恶之意又从何处来？ 知
　　善知恶之知又从何处来？ 为善去恶之功又从何处起？ 无乃
　　语语断流绝港乎！③

黄宗羲根本反对理学家虚拟一个"无善无恶"、"无声无臭"的本体
置于天地万物之上。在他看来，既然为学的"工夫"就是"知善知
恶"、"为善去恶"，那么"工夫所至，即其本体"只能是一个"善"的
扩充、发育过程，而决非从"无"生"有"而复归到"无"。

　　因此，他反对以镜为喻。他说：

　　　　先儒之言性者，大略以镜为喻，百色妖露，镜体澄然，其
　　澄然不动者为性，此以空寂言性。而吾人应物处事，如此则

─────────

① 黄宗羲：《孟子师说》卷二，《黄宗羲全集》，第 1 册，第 65 页。
② 王守仁：《传习录下》，《王阳明全集》上册，第 133 页。
③ 黄宗羲：《明儒学案·姚江学案》，《黄宗羲全集》第 13 册，第 227 页。

安,不如此则不安,若是乎有物于中,此安不安之处,乃是性也。镜是无情之物,不可为喻。①

就是说,明镜之喻把性比之为澄然不动的镜体,这是以"性"为空虚寂静。其实,人们在待人接物时,自然感到"如此则安"、"不如此则不安",所以,"心"不是空虚的,而是有内容的,这内容便是"善",亦即人天生来具有的"性"。而"心即气也","心"即天赋予人的精粹之"气","性"即这精气具有的"生意"(生机)。"如将一粒种看,生意是性,生意默然流行便是气,生意显然成象便成质。"②所谓"工夫",就是让这点"生意"充分发展起来,扩充至乎其极。

总之,黄宗羲说的"工夫所至,即其本体",是说"即心即气"的本体具有"善性"(端倪),它随"工夫"而展开为过程。这一过程又可以从两个角度来考察:从总体来说,是人类认识的历史过程;从个人来说,是理想人格的培养过程。以下我们分别从这两个角度加以论述。

四、历史主义的方法论

黄宗羲写下了《明儒学案》和《宋元学案》,对宋明理学作了系统的批判总结。可以说,他正是把理学作为人类认识的历史过程来考察的。

他在《明儒学案·自序》中提出"工夫所至,即其本体"的论点,以

---

① 黄宗羲:《马雪航诗序》,《黄宗羲全集》第 19 册,第 83 页。
② 黄宗羲:《孟子师说》卷六,《黄宗羲全集》第 1 册,第 128 页。

为"穷理者穷此心之万殊"，于是就表现为"殊途百虑之学"。他说：

> 诸先生深浅各得，醇疵互见，要皆功力所至，竭其心之万殊者而后成家，未尝以懵懂精神冒人糟粕。[1]

就是说，那些在学术上卓然成家的学者，都努力想"穷此心之万殊"，他们的途径不同，而"工夫"（人的认识活动）所至，各有所得，对"本体"（真理）各有所见。所以，真理正是在这些"深浅各得，醇疵互见"的学派纷争中展开的。他说："先儒之语录，人人不同，只是印我之心体变动不居"[2]，这当然是唯心论观点；但是他以为学派纷争的历史正体现了"本体"随"工夫"而展开的运动，并认为通过历史的考察可以把握其"一本而万殊"的脉络。这种把真理视为过程的历史主义态度，包含有辩证法因素。

黄宗羲以这种历史主义态度对理学进行批判的考察，在《明儒学案》中提出他的具有创造性的研究哲学史、学术史的方法论，这主要表现在以下几个方面：

第一，要把握各学派的"宗旨"。在《明儒学案·发凡》中说：

> 大凡学有宗旨，是其人之得力处，亦是学者之入门处。[3]

对历史上每个学派要在详细占有材料的基础上把握它的"宗旨"，

---

① 黄宗羲：《明儒学案·自序》，《黄宗羲全集》第13册，第3页。
② 同上注。
③ 黄宗羲：《明儒学案·发凡》，《黄宗羲全集》第13册，第5页。

因为这是这一学派的"得力处",也是我们研究这个学派的"入门处"。如果不能把握一个学派的"宗旨",那么就会感到它的思想、言论犹如无头绪的乱丝,无从下手。如果读一个人的著作不能得其"宗旨",那就同张骞刚到西域,"不能得月氏要领"[①]的情况一样。真正要把握一个学者的"宗旨"、要领,那便要化工夫"从全集纂要钩元",经过分析研究,认识"其人一生之精神"[②]。黄宗羲善于用简练的语言概括一个学者、学派的"宗旨"。就哲学来说,"宗旨"就是哲学体系的要领,抓住了宗旨,看哲学家是如何围绕宗旨来进行论证、阐述自己的观点,并驳斥别人的学说的,这样就能把握他们的体系。

第二,要注意研究各学派、学者的独创见解。黄宗羲说:

> 学问之道,以各人自用得著者为真。凡倚门傍户依样葫芦者,非流俗之士,则经生之业也。此编所列,有一偏之见,有相反之论。学者于其不同处,正宜著眼理会。[③]

在他看来,那种人云亦云、拾人牙慧的理论可以忽视,而学者的独特见解应当重视,各学派的不同之处应当用心研究。学问贵在创造,对于"一偏之见"、"相反之论",只要是独特见解就应重视。这种观点反对了儒家的"道统"说,具有民主精神。黄宗羲虽然批判了道家、佛家,但也认为对佛、道不能忽视。"道非一家之私,圣贤

之血路，散殊于百家。"①所以道、佛也"不可谓无与于道者也"。这是赞成百家争鸣的民主态度。

第三，要把各学派联系起来进行考察，把握其一贯的脉络。黄宗羲说：

> 于是为之分源别派，使其宗旨历然，由是而之焉，固圣人之耳目也。间有发明，一本之先师，非敢有所增损其间。……学案宗旨杂越，苟善读之，未始非一贯。②

就是说，要"分源别派"，看各学派如何提出自己的宗旨而对"一本"有所"发明"，并将它们联系起来加以考察，以求把握其演变、发展的线索。但这不是像禅宗《传灯录》那样用立家谱的方法来"附会源流"。儒家各派，有的有师徒传授关系，有的则没有。为要如实地反映各学派"发明一本之所在"，黄宗羲强调要对它们作历史的考察。在《明儒学案·姚江学案》中他反复说明王学是怎样在程朱学派发生流弊之后产生的，同时也考察了王守仁一生中思想的演变。而从整个《明儒学案》来说，它的纲就是："有明学术，白沙开其端，至姚江而始大明"③，到刘宗周达到总结。他认为这就是明代学术发展的主线。黄宗羲在谈诗的演变时也曾说："正变云者，亦言其时耳。"④以为风雅有"正"有"变"，这是时代条

---

① 黄宗羲：《钱先生墓志铭》，《黄宗羲全集》第 20 册，第 379 页。
② 黄宗羲：《明儒学案·自序》，《黄宗羲全集》第 13 册，第 3—4 页。
③ 黄宗羲：《移史馆论不宜立理学书书》，《黄宗羲全集》第 19 册，第 193 页。
④ 黄宗羲：《陈苇庵年伯诗序》，《黄宗羲全集》第 19 册，第 41 页。

件造成的。虽然黄宗羲不可能有唯物史观,他讲"时为之也"①也还是用思想的演变来解释精神现象;但他用"一本而万殊"的观点来看待学术史,以为经过"分源别派,使其宗旨历然",再综合起来,可以把握"数百年学脉"②,这却是朴素辩证法的观点。

第四,把握一贯的学脉,是为了引导人们去做切实的工夫。黄宗羲把他的《明儒学案》比做一坛酒,说:

> 此犹中衢之罇,后人但持瓦瓯椫杓,随意取之,无有不满腹者矣。③

在他看来,一本万殊,各学派都是"心体"的表现,所以学者都可以从《学案》中吸取于己有益的营养,以"印我之心体"④。他说:"修德而后可讲学"⑤,如果自己的书只是使"学者徒增见解,不作切实工夫"⑥,就无补于后人,反而获罪于天下。他强调知行统一,做学问要指导大家力行,做工夫。

哲学有历史,哲学史也有自己的历史。《庄子·天下》是研究中国哲学史的第一篇论文。但中国真正的哲学史、学术史可说是由黄宗羲开创的。黄宗羲提出的哲学史方法论尽管从整体来说是唯心论的,但里面包含着今天可以借鉴的东西。可以说黄宗羲

---

① 黄宗羲:《陈苇庵年伯诗序》,《黄宗羲全集》第 19 册,第 41 页。
② 黄宗羲:《明儒学案·自序》,《黄宗羲全集》第 13 册,第 4 页。
③ 同上注。
④ 同上书,第 3 页。
⑤ 同上注。
⑥ 黄宗羲:《明儒学案·发凡》,《黄宗羲全集》第 13 册,第 6 页。

的方法论中包含着逻辑与历史统一的思想的萌芽。他以为学术史或哲学史不是偶然事件的堆集，不是一个家谱，而是有其一贯的脉络，即合乎规律地发展，这种规律或学脉可以从"分源别派，使其宗旨历然"①中来把握。这是合理的见解。我们今天研究哲学史，也要善于把握各学派的"宗旨"，看他们如何进行论证而形成体系；要着重把握各种哲学体系中的独创性的见解，因为正是在这种见解中，可能包含着认识史的必要环节；然后放在时代背景中进行分源别派，作比较分析；再综合起来，把握其规律性的发展，以指导实践。

五、理想人格(豪杰)的精神及其表现

黄宗羲又从"工夫所至，即其本体"来讲理想人格的培养与表现。在这方面，他也提出了和理学家不同的学说。他说：

> 儒者之学，经纬天地。而后世乃以语录为究竟，仅附答问一二条于伊、洛门下，便厕儒者之列，假其名以欺世。治财赋者则目为聚敛，开阃扞边者则目为粗材，读书作文者则目为玩物丧志，留心政事者则目为俗吏，徒以"生民立极、天地立心、万世开太平"之阔论钤束天下。一旦有大夫之忧，当报国之日，则蒙然张口，如坐云雾，世道以是潦倒泥腐，遂使尚论者以为立功建业别是法门，而非儒者之所与也。②

---

① 黄宗羲：《明儒学案·自序》，《黄宗羲全集》第 13 册，第 3 页。
② 黄宗羲：《赠编修弁玉吴君墓志铭》，《黄宗羲全集》第 20 册，第 450 页。

黄宗羲心目中的理想人格是能"经纬天地、建功立业"的"豪杰"，而并非朱熹所说的"醇儒"。他要求儒者成为懂得经济、政治、军事的人才，也善于读书、写文章，而决不能像道学家那样只知背诵语录，空说"为生民立极，为天地立心"之类的大话，其实一点真才实学都没有，当国家处于危难之际，只能"蒙然张口"，束手无策。

　　这种思想同宋代浙东学派的事功之学有着明显的承继关系，但黄宗羲的"豪杰"有其更为广阔的眼界和更为深刻的时代意义。他说：

> 　　从来豪杰之精神，不能无所寓。老、庄之道德，申、韩之刑名，左、迁之史，郑、服之经，韩、欧之文，李、杜之诗，下至师旷之音声，郭守敬之律历，王实甫、关汉卿之院本，皆其一生之精神所寓也。苟不得其所寓，则若龙挐虎跛，壮士囚缚，拥勇郁遏，垒愤激讦，溢而四出，天地为之动色，而况于其他乎？[1]

意思是说，从哲学、政治到文学艺术、科学等民族文化的各个领域，许多杰出的创造都是历代"豪杰"的精神之所寄寓。黄宗羲以为，"豪杰"的精神是一定要发泄出来的，如果它"不得其所寓"，那就如同"龙挐虎跛，壮士囚缚"，要爆发激烈的挣扎、冲突，使"天地为之动色"。反过来也可以说，"豪杰"的精神也正是在反抗、挣脱"囚缚"中表现出来的。黄宗羲心目中的理想人格是充满反抗精

---

① 黄宗羲：《靳熊封诗序》，《黄宗羲全集》第19册，第53—54页。

神的战士。

那么，"豪杰"之士是怎样造就的呢？黄宗羲说：

> 学莫先于立志。立志则为豪杰，不立志则为凡民。……
> 如洛闽大儒之门下，碌碌无所表见，仅以问答传注，依样葫
> 芦，依大儒以成名者，是皆凡民之类也。①

就是说，首先要立为"豪杰"之"志"，而不是只求依傍门户，做个
"凡民"。真正立志，便要把志向坚持贯彻于言行。但"志"和
"气"是统一的，"人身虽一气之流行，流行之中，必有主宰"②，"主
宰"便是"志"。所以"持志"正在于"养气"。黄宗羲解释孟子"养
气"一语，说："养气者，使主宰常存，则血气化为义理。""志之所
至，气即次（舍）于其所，气亦无非理义矣。"③就是说，坚持不懈地
把"志"贯彻于知觉运动（"气之流行"），也就是使知觉运动一贯地
合乎义理，这便是"养浩然之气"。所以说："养气即是养心，然言
养心犹难把捉，言养气则动作威仪，旦昼呼吸，实可持循也。"④这
里所谓"养气即养心"，即认为不能离开人的感性活动来谈"养
心"，同王夫之讲"成身成性"一样，包含有要求身与心全面发展的
意思。

黄宗羲也要求"知"、"意"、"情"的全面发展。关于理智和意

---

① 黄宗羲：《孟子师说》卷七，《黄宗羲全集》第1册，第141页。
② 黄宗羲：《孟子师说》卷二，《黄宗羲全集》第1册，第58页。
③ 同上注。
④ 同上注。

志的关系,他既指出"意以知为体",又指出"养气持志",则"气亦无非理义矣",说明了二者的统一。关于理智与情感的关系,他在论文时说:"文以理为主,然而情不至,则亦理之郭廓耳。"[1]文章要求理与情统一,人格也要求理与情统一,因为文如其人,诗文本是人格的表现。

黄宗羲把"韩欧之文,李杜之诗,师旷之音声,王实甫、关汉卿之院本"都视为"豪杰"精神之所寓,即理想人格的艺术表现。他在美学和文艺理论方面作了许多探讨,他所主张的"言志"说(表现说)也富于民主主义精神。他说:

> 凡情之至者,其文未有不至者也,则天地间街谈巷语、邪许呻吟,无一非文,而游女、田夫、波臣、戍客,无一非文人也。[2]
>
> 所谓文者,未有不写其心之所明者也。……故古今来不必文人始有至文,凡九流百家以其所明者,沛然随地涌出,便是至文。[3]

是说,诗文在于明理、达情,好作品都"自胸中流出",所以九流百家有真知灼见,游女田夫一往情深,都可以表现为"至文"。而那些只知比拟皮毛的文人,满口道德性命的理学家,他们的著作反而若"败梗飞絮",因为他们并无真性情。黄宗羲甚至认为:"盖自

① 黄宗羲:《论文管见》,《黄宗羲全集》第 20 册,第 581 页。
② 黄宗羲:《明文案序上》,《黄宗羲全集》第 19 册,第 16 页。
③ 黄宗羲:《论文管见》,《黄宗羲全集》第 20 册,第 583 页。

有宇宙以来，凡事无不可假，唯文为学力才禀所成，笔才点牍，则底里上露。"①文如其人，丝毫不能弄虚作假，落笔纸上，字里行间便显出作者的底细来了。所以他以为，"论诗者，但当辨其真伪，不当拘以家数"②。论风格，历代诗人各有其独到之处。如果一定要摹拟这一家、那一家，那只能窒息自己的性情。

不过，黄宗羲以为，"有一时之性情，有万古之性情"③，怨女逐臣，触景感动而为文，是一时之性情；而合乎孔子"兴、观、群、怨"标准的诗篇，却千百年来一直具有感染人的力量，使人能"观风俗之盛衰"，发挥了教育群众和对不良政治进行批评的作用。这种具有"万古之性情"的艺术作品是怎样产生的呢？黄宗羲以为作者必须有"学力才禀"，特别是要"知性"。他说：

> 彼知性者，则吴、楚之色泽，中原之风骨，燕、赵之悲歌慷慨，盈天地间，皆恻隐之流动也。而况于所自作之诗乎？④

他所谓"知性"，就是要真正把握"即心即气"、"心性统一"的泛神论世界观。有了这样的观点，作者便看到各地人们的美妙的"色泽"、悲壮的歌声，以及包含在其中的感染力和骨劲，都是气的流行、恻隐之心的表现，于是自己作诗，就自然会以艺术形象来抒写真挚的性情。黄宗羲说：

---

① 黄宗羲：《郑禹梅刻稿序》，《黄宗羲全集》第 19 册，第 57 页。
② 黄宗羲：《南雷诗历·题辞》，《黄宗羲全集》第 21 册，第 787 页。
③ 黄宗羲：《马雪航诗序》，《黄宗羲全集》，第 19 册，第 83 页。
④ 同上书，第 84 页。

> 诗人萃天地之清气,以月露风云花鸟为其性情,其景与意不可分也。月露风云花鸟之在天地间,俄顷灭没,而诗人能结之不散。①

这里讲了艺术意境的创作就在于作为真性情流露的"意"(审美理想)与月露风云花鸟等景物的有机结合,自然景物不断变化,而诗人加以剪裁以体现性情,便凝结成艺术形象了。这是对传统的言志说与意境理论的发挥。

不过,黄宗羲的特色尤在于他不满足于"温柔敦厚"的"诗教",而具有"豪杰"的胸怀,召唤着"变徵之声"、"风雷之文"。他说:

> 不以博温柔敦厚之名,而靳世人之好也。②
> 夫文章,天地之元气也。……逮夫厄运危时,天地闭塞,元气鼓荡而出,拥勇郁遏,坌愤激讦,而后至文生焉。③
> 其文盖天地之阳气也。阳气在下,重阴锢之,则击而为雷;阴气在下,重阳包之,则搏而为风。④

黄宗羲在这里发挥了韩愈"不平则鸣"的思想,以为真正的"至文"往往产生在社会矛盾激烈的时代。社会矛盾激发为奔雷、为巨

---

① 黄宗羲:《景州诗集序》,《黄宗羲全集》第 19 册,第 13—14 页。
② 黄宗羲:《金介山诗序》,《黄宗羲全集》第 19 册,第 80 页。
③ 黄宗羲:《谢皋羽年谱游录注序》,《黄宗羲全集》第 19 册,第 29 页。
④ 黄宗羲:《缩斋文集序》,《黄宗羲全集》第 19 册,第 11 页。

风,表现为雄伟的艺术,悲怆动人,长久地具有兴观群怨的作用。所谓"古今自有一种文章不可磨灭,真是'天若有情天亦老'者"[1],就是指这种"风雷之文"。"风雷之文"正是"豪杰"精神之所寓。黄宗羲这一理论触及了壮美（崇高）的本质,在美学上是一个贡献。

总起来看,黄宗羲建立了具有泛神论色彩的哲学体系,保留了某些心学的传统影响,因而有其局限性。但他提出了"心无本体,工夫所至,即其本体"的新论点,否认心为绝对虚寂的本体,把"即心即气"之体了解为随着人的认识活动（"工夫"）而展开的过程,从而向唯物主义方向迈进了一大步;他在对宋明理学的批判总结中提出了一套历史主义的方法论,用矛盾斗争的观点来阐述理想人格的精神面貌及其艺术表现,更是充满辩证法的光辉。他为中国近代勾画了一幅民主主义的理想蓝图,用"风雷之文"召唤着"豪杰之士"起来冲破"囚缚",为迎接新时代的到来而斗争。他确实是一个立足于当时的现实而又一脚跨进了未来的伟大思想家。

第四节　顾炎武以科学方法治经学

和王夫之、黄宗羲同时的顾炎武,被清人推为"开国儒宗",清代朴学的开山祖。他批判了宋明理学（特别是心学）的空疏,认为"舍经学无理学",对经学的研究是为了"经世致用",需要有科学

---

[1]　黄宗羲:《论文管见》,《黄宗羲全集》第 20 册,第 582 页。

的方法。他的科学精神和科学方法影响了一代学风。

顾炎武(公元 1613 年—1682 年),初名绛,字宁人,曾自署蒋山佣,江苏昆山亭林镇人,故又号亭林。早年参加"复社",议论朝政,反对宦官权贵。明亡,参加昆山、嘉定一带人民的抗清起义。失败后,十谒明陵,遍游华北。后半生广为收集资料,到各地调查访问,尤致力于边防和西北地理的研究,时时不忘拯救民族的沦亡。晚年卜居华阴。学问渊博,对经史百家、天文、地理、典章制度、金石文字等都有研究,音韵学上成就尤大。治经侧重考证,对后来考据学中的吴派、皖派都有影响。主要著作有《日知录》[①]、《天下郡国利病书》《音学五书》《亭林文集》[②]等。

一、天下兴亡,匹夫有责

顾炎武强调,天下兴亡,匹夫有责。他以为"国"与"天下"有别,"亡国"是指改朝换代,因此"保国"是统治者、贵族们的事情;而"天下兴亡"则是指关系到整个民族生死存亡的大事,因此他说:

> 保天下者,匹夫之贱与有责焉耳矣![③]

顾炎武以高度的政治责任感来研究中国历史和当时现状,对封

---

① 《日知录》:顾炎武哲学思想的代表作,自谓"生平之志与业,皆在其中"(《与友人论门人书》)。内容"上篇经术,中篇治道,下篇博闻",共 32 卷,大部分是考据,亦有议论。有清刻本和《万有文库》本。

② 《亭林文集》:共 6 卷,有潘耒刻本、《四部丛刊》本,并收入中华书局 1959 年和 1983 年出版的《顾亭林诗文集》点校本及上海古籍出版社 2011 年出版的《顾炎武全集》中。

③ 顾炎武:《正始》,《日知录》卷十三,黄珅等主编:《顾炎武全集》第 18 册,上海古籍出版社 2011 年版,第 527 页。

建社会末期的许多重大问题，如土地兼并的剧烈、赋税的繁重、封建统治集团的腐败、人民生活的困苦、水利的失修等等，都从历史文献和现实情况两方面作了调查研究，体现了严谨的科学态度。他和王夫之、黄宗羲一样，把批判的矛头直指封建专制主义。他说：

> 尽天下一切之权而收之在上，而万几之广，固非一人之所能操也，而权乃移于法，于是多为之法以禁防之。虽大奸有所不能逾，而贤智之臣亦无能效尺寸于法之外。相与兢兢奉法，以求无过而已。于是天子之权不寄之人臣，而寄之吏胥。①

意思是说，君主专制制度必然造成法网稠密，使得贤智之臣不能发挥作用，而由各级官僚执掌大权，这些人只凭"科条文簿"进行统治，根本不关心现实问题和人民疾苦。顾炎武指出："天下之病民者有三：曰乡宦，曰生员，曰吏胥。"②豪绅地主（乡宦）、各级官僚以及作为官僚候补者的生员，三者互相勾结，他们按法律都享有免徭役的特权，而把一切"杂泛之差"都强加于小百姓身上，所以他们是"病民者"。这种揭露和批判触及了封建专制下的官僚政治及其社会基础，是比较深刻的。

顾炎武还对分封制和郡县制作了历史的考察。他认为"自古

---

① 顾炎武：《守令》，《日知录》卷九，《顾炎武全集》第 18 册，第 398—399 页。
② 顾炎武：《生员论中》，《亭林文集》卷一，《顾炎武全集》第 21 册，第 70 页。

帝王相传之统,至秦而大变"①,郡县制取代分封制,乃是历史必然。但是随着历史的演变,郡县制的弊病也已充分暴露。"封建之失,其专在下;郡县之失,其专在上。"②他以为,郡县制适应了君主专制的要求,君主把四海之内视为我之郡县,权力集中于一身,于是造成"人人而疑之,事事而制之。科条文簿日多于一日"③的局面。就是说,君主谁也不信任,事事要自己专制,实际靠官僚机构统治。这同王夫之说的"以天下私一人,以一人疑天下"是同样的意思。

顾炎武以为,明清之际已到了"法不变,不可以救"④的地步。那么,如何变法呢? 他读了《明夷待访录》后写信给黄宗羲,表示很赞赏,说:"读之再三,于是知天下之未尝无人,百王之敝可以复起,而三代之盛可以徐还也。"⑤并说自己的《日知录》一书,"其中所论,同于先生者十之六七"。⑥ 说明他在政治思想上和黄宗羲基本一致。但他没有像黄宗羲那样鲜明地提出民主主义的变革方案。他以为当时"郡县之敝已极",改革的途径不是恢复三代的封建,而应该是"寓封建之意于郡县之中"⑦。一个县令如果做得好就可以让他世袭,这个县相当于他的封地,这样他便会把一县人民都看作他的子弟,一县土地都看作他的田产,就会出于私心而努力治理了。这当然是一种空想。顾炎武还强调巩固氏族联系

①　顾炎武:《子张问十世》,《日知录》卷七,《顾炎武全集》第 18 册,第 302 页。
②　顾炎武:《郡县论一》,《亭林文集》卷一,《顾炎武全集》第 21 册,第 57 页。
③　同上注。
④　顾炎武:《军制论》,《亭林文集》卷六,《顾炎武全集》第 21 册,第 184 页。
⑤　顾炎武:《与黄太冲书》,《亭林文集》卷九,《顾炎武全集》第 21 册,第 298 页。
⑥　同上书,第 299 页。
⑦　顾炎武:《郡县论一》,《亭林文集》卷一,《顾炎武全集》第 21 册,第 57 页。

的重要性，以为宗法制有助于抵抗外敌侵略和防范农民起义。[1]
这种主张显然是保守的，反映了他的阶级局限性。虽然顾炎武相
当深刻地揭露、批判了封建社会的黑暗，但他提出的改革方案却
无多大的可取之处。

二、为"修己治人之实学"提供认识论的基础

与政治上的批判相联系，顾炎武对理学（特别是心学）进行了
尖锐的批判。他说：

> 古之所谓理学，经学也……今之所谓理学，禅学也。[2]
>
> 不习六艺之文，不考百王之典，不综当代之务，举夫子论
> 学论政之大端，一切不问，而曰一贯，曰无言，以明心见性之
> 空言，代修己治人之实学。[3]

他批评当时理学家搞的是佛教禅宗那一套，只会背诵语录，讲"明
心见性"之类的空话，既不研习六经和历史典籍，也不懂得当前现
实问题，根本不知什么是"修己治人之实学"。他说，魏晋的清谈，
谈的是老庄；宋明的清谈，谈的是孔孟。魏晋清谈，导致五胡乱
华；明末清谈，导致明亡误国。他认为自己的责任是"拨乱反正"，
于是提出了"古之所谓理学，经学也"的命题，以为"舍经学无理
学"，亦即用经学来否定理学，用"修己治人之实学"来反对"明心

---

① 见顾炎武：《裴村记》，《亭林文集》卷五，《顾炎武全集》第 21 册，第 158—159 页。
② 顾炎武：《与施愚山书》，《亭林文集》卷三，《顾炎武全集》第 21 册，第 109 页。
③ 顾炎武：《夫子之言性与天道》，《日知录》卷七，《顾炎武全集》第 18 册，第 307—308 页。

见性之空言",这标志了清初学风的转变。

　　顾炎武对理学家的思辨不感兴趣,但他也为"修己治人之实学"提供了哲学(特别是认识论)的基础。他说:

　　　　盈天地之间者,气也。①
　　　　非器则道无所寓。②

在"理气"之辩上,顾炎武有唯物论的倾向。不过他也是用气禀来解释精神,说:

　　　　气之盛者为神。神者,天地之气而人之心也。③

这是"心物"之辩上的泛神论命题。他在批判心学时说:

　　　　心不待传也,流行天地间贯彻古今而无不同者,理也。理具于吾心而验于事物,心者所以统宗此理而别白其是非。④

这是说,"理"是气之流行的秩序,是客观的。但"气之盛者"就是"神",所以"理"是"心"具有的,"理"统一于"心",是"心"用以判别

---

① 顾炎武:《游魂为变》,《日知录》卷一,《顾炎武全集》第 18 册,第 78 页。
② 顾炎武:《形而下者谓之器》,《日知录》卷一,《顾炎武全集》第 18 册,第 79 页。
③ 顾为武:《游魂为变》,《日知录》卷一,《顾炎武全集》第 18 册,第 78 页。
④ 顾炎武:《心学》,《日知录》卷十八,《顾炎武全集》第 19 册,第 717—718 页。

是非的标准。这种说法接近朱熹的"心具众理而应万事"，不过比朱熹有较多的唯物论因素。因为顾炎武强调指出："理"一定要从事物中得到验证，他反对理学家"专用心于内"①之说。

在知行问题上，顾炎武也主张知行统一、认识论与伦理学统一。他说：

> 愚所谓圣人之道者如之何？曰"博学于文"，曰"行己有耻"。自一身以至于天下国家，皆学之事也；自子臣弟友以至出入往来、辞受、取与之间，皆有耻之事也。耻之于人大矣！不耻恶衣恶食，而耻匹夫匹妇之不被其泽。……呜呼，士而不先言耻，则为无本之人；非好古而多闻，则为空虚之学。以无本之人，而讲空虚之学，吾见其日从事于圣人而去之弥远也。②

他以为圣人之道就是"博学于文"与"行己有耻"的统一。"行己有耻"，不仅是要在"辞受"、"取与"之间有所不为，而且还要对天下兴亡有责任感，要像伊尹那样，以为匹夫匹妇有不被尧舜之泽者，便是自己的耻辱。有了这种以天下为己任的胸怀，还要"博学于文"。他说："'君子博学于文。'自身而至于家国天下，制之为度数，发之为音容，莫非文也。"③以为从礼制、音乐到人类全部文化都属学习的范围。"行己有耻"而又"博学于文"，那便是"修己治

---

① 顾炎武：《内典》，《日知录》卷十八，《顾炎武全集》第 19 册，第 716 页。
② 顾炎武：《与友人论学书》，《亭林文集》卷三，《顾炎武全集》第 21 册，第 93 页。
③ 顾炎武：《博学于文》，《日知录》卷七，《顾炎武全集》第 18 册，第 308 页。

人之实学",而非"以无本之人,而讲空虚之学"了。顾炎武批评理学家"舍多学而识以求一贯之方,置四海之困穷不言,而终日讲危微精一之说"①,就是批评他们既不"博学于文",又不"行己有耻"。

从认识论来说,他主张不能"舍多学而识,以求一贯之方",就是强调不能离开直接、间接的经验去求一以贯之的抽象理论,强调要尊重经验、尊重感性。他说:

> 圣人所闻所见,无非《易》也。若曰扫除闻见,并心学《易》,是《易》在闻见之外也。六十四卦三百八十四爻,皆所以告人行事,所谓"拟之而后言,议之而后动"者也。若夫"堕枝体,黜聪明",此庄周、列御寇之说,《易》无是也。②
>
> "形而上者谓之道,形而下者谓之器。"非器则道无所寓,说在乎孔子之学琴于师襄也。已习其数,然后可以得其志,已习其志,然后可以得其为人。是虽孔子之天纵,未尝不求之象数也,故其自言曰:"下学而上达。"③

意思是说,"易道"不在感性经验之外,抽象原理内在于具体事物之中。人们从经验中概括出"象"、"数",用来摹拟现实,指导行动,"易道"就在这些"象数"之中。即使是孔子学琴,也必须首先练习弹琴的技术("数"),然后才能把握琴曲中所包含的情志,进而体会到作曲者的人格。所以,"下学而上达"、由具体经验上升

---

① 顾炎武:《与友人论学书》,《亭林文集》卷三,《顾炎武全集》第 21 册,第 92—93 页。
② 顾炎武:《与人书二》,《亭林文集》卷四,《顾炎武全集》第 21 册,第 138 页。
③ 顾炎武:《形而下者谓之器》,《日知录》卷一,《顾炎武全集》第 18 册,第 79 页。

到抽象原理，这是人类认识的正确途径。

顾炎武一方面批评了那种舍"多学而识"而求"一贯"的空疏之学，另一方面又指出认识不能停留在见闻上，而应在博学的基础上"观其会通"，真正把握一以贯之的道理。他说：

> "好古敏求，多见而识"，夫子之所自道也。然有进乎是者。六爻之义，至赜也，而曰"知者观其象辞，则思过半矣"。三百之诗，至汜也，而曰："一言以蔽之，曰思无邪。"……此所谓"予一以贯之"者也。其教门人也，必先叩其两端，而使之以三隅反。故颜子则闻一以知十，而子贡切磋之言，子夏礼后之问，则皆善其可与言诗。岂非天下之理，殊涂而同归，大人之学，举本以该末乎？①

这是说，只有在"好古"、"多见"的基础上进一步将经验上升到理论，才能以简驭繁，举本该末，如《易》卦六爻由象辞来作概括，《诗》三百篇用"思无邪"一言来作概括，都是例子。同时，也只有发挥理性思维的作用，把握了一以贯之的道理，才能触类旁通、举一反三、由此及彼地进行推理，如颜渊闻一以知十，子贡、子夏和孔子讨论诗，都是例子。

顾炎武比较正确地阐明了感性和理性、经验和理论的关系，这也表现在他对"致知"的解释上。他说：

---

① 顾炎武：《予一以贯之》，《日知录》卷七，《顾炎武全集》第 18 册，第 315 页。

> 致知者，知止也。知止者何？ 为人君止于仁，为人臣止于敬，为人子止于孝，为人父止于慈，与国人交止于信，是之谓止，知止然后谓之知至。君臣、父子、国人之交，以至于"礼仪三百、威仪三千"，是之谓物。[①]

他用"知止"来解释"致知"。以为人的各种行为和伦理关系都是"物"，"有物有则"，君臣、父子、与国人之交等各有其当然之则，认识这些当然之则并照着去做，便是"知其所止"，即是"致知"。这是讲人在社会关系中的认识活动。至于人和自然界的关系，顾炎武引《易传》来解释《中庸》说："'诚者，天之道也。'故天下雷行，物与无妄，而'先王以茂对时育万物'。"[②]他以为天道真实无妄，各类自然物都有其必然规律，人类的任务就在于认识无妄的规律、根据时间条件来"育万物"。顾炎武不是抽象地讲把握天道和人道，而是要求具体地对各类自然物认识其规律、在各种伦理关系中"知其所止"。这是科学家的唯物主义态度。他又说：

> 以格物为"多识于鸟兽草木之名"，则末矣。知者无不知也，当务之为急。[③]

在他看来，草木鸟兽之名也要多识，但那是"末"而非"本"。重要的是面对现实，关心当前现实的重大问题。这就是说，为学在于

---

① 顾炎武:《致知》,《日知录》卷六,《顾炎武全集》第 18 册,第 289 页。
② 顾炎武:《诚者天之道也》,《日知录》卷六,《顾炎武全集》第 18 册,第 298 页。
③ 顾炎武:《致知》,《日知录》卷六,《顾炎武全集》第 18 册,第 290 页。

"经世致用"。

三、科学的治学方法

以上说明，顾炎武基本上是用朴素唯物主义的观点对知和行、理性和感性的关系问题进行考察。在此基础上，他提出了一套科学方法，运用于经学、音韵学、地理学等领域，取得了显著的成就。

顾炎武方法论的要点如下：

首先，要系统地占有材料，特别是要实地调查。顾炎武认为一个人如果舍博学而求一贯之方，是不可能的。真正的一以贯之一定要以博学为前提。博学包括"历九州之风俗，考前代之史书"[①]，即系统地取得直接和间接两方面的经验，而亲身经历即直接经验尤为重要。顾炎武在考察苏州、嘉定一带的水利问题时指出：凡论及东南水利的都推崇宋代郏亶、单锷，这两个人确实有贡献，可是时间已经过去五百年了，河道有很大的变迁，不应简单地效法古人。他说：

> "以书御马者，不尽马之情。以古治今者，不尽今之变。"善治水者，固以水为师耳。[②]

真正善于治水的人要"以水为师"，亲身去了解水的实际情况；如果只是以古人的书本为准，不注重现实，就要为古人所笑。顾炎武的一生，足迹半天下。他每到一地就实地考察，找人谈话，了解

---

① 顾炎武：《外国风俗》，《日知录》卷二十九，《顾炎武全集》第 19 册，第 1116 页。
② 顾炎武：《嘉定县志·水利考》，《天下郡国利病书》，《顾炎武全集》第 13 册，第 560 页。

各方面情况。在《与黄太冲书》中说自己在北方亲身考察了 15 年，
"流览出川，周行边塞"①。他的许多著作是实地考察与书本知识
相结合而写成的。

其次，要进行科学的比较和归纳。潘耒写的《日知录序》中说
顾炎武是：

> 有一疑义，反复参考，必归于至当；有一独见，援古证今，
> 必畅其说而后止。②

"疑义"就是对传统的说法提出质疑，"独见"即独创的见解。顾炎
武要求在调查研究的基础上，运用归纳和比较的方法，提出"疑
义"和"独见"。为了解决"疑义"，就要用书本与书本对照，用书本
与事实对比，反复考订、比较，才可以提出新的见解来代替传统见
解，这也就是"独见"。顾炎武强调有独创，反对模仿，更反对剽
窃。他以铸铜钱为比喻，说：

> 尝谓今人纂辑之书，正如今人之铸钱。古人采铜于山，
> 今人则买旧钱，名之曰废铜，以充铸而已。③

认为当时一些纂辑之书好比是把现成的旧钱捣碎后重铸，这样铸
出的钱既粗劣，又破坏了人的传世之宝，岂不两失？真正做学问

---

① 顾炎武：《与黄太冲书》，《亭林文集》卷四，《顾炎武全集》第 21 册，第 298 页。
② 潘耒：《日知录序》，载顾炎武：《顾炎武全集》第 18 册，第 12 页。
③ 顾炎武：《与人书十》，《亭林文集》卷四，《顾炎武全集》第 21 册，第 142 页。

好比是"采铜于山"，自己到山上采掘新的矿石，然后铸出好的新钱。他曾讲到《日知录》一书的著作情形，凡读书"有所得"就记述下来，但经常修改，一经发现自己的论述是前人已讲过的，就予以删去。这正表明他重视创见。

从逻辑来说，提出"独见"是形成了假设，还须进一步论证。如何论证？顾炎武根据明人陈第所说，指出考据时要有"本证"、"旁证"。本证即本书中的证据，旁证即别的书中的证据。《尚书》中有两句："无偏无颇，遵王之义。"唐玄宗认为不押韵，改"颇"为"陂"。顾炎武指出了他的错误：

> 盖不知古人之读"义"为"我"，而"颇"之未尝误也。《易象传》："鼎耳革，失其义也；覆公餗，信如何也。"《礼记·表记》："仁者右也，道者左也；仁者人也，道者义也。"是义之读为我，而其见于他书者，遽数之不能终也。①

这里，顾炎武提出"古人读义为我"这一"独见"，举出《易传》中以"义"与"何"押韵，《礼记·表记》中以"义"与"左"押韵等为例证，正面进行了论证，同时也就驳斥了唐玄宗凭主观改字的错误。这种论证方法是一种归纳论证的方法。所谓科学的归纳法就是经过对事实的比较研究而提出一个见解（假设），进而广泛搜集证据进行论证。证据多而有力，并无反证，便可信为定论；若有有力之反证，那便抛弃这个见解。后来乾嘉学派的考据都是用这种方

---

① 顾炎武：《答李子德书》，《亭林文集》卷四，《顾炎武全集》第 21 册，第 122—123 页。

法的。

第三,要作历史的考察,以"疏通源流"。顾炎武研究古音的演变,指出沈约的四声谱用的都是东汉以后诗赋的音韵,与古代是不同的,古代流传下来的音韵到这时为之一变。到宋代,宋韵行而唐韵亡,又起了变化了。在做了这样的考证之后,他说:

> 于是据唐人以正宋人之失,据古经以正沈氏、唐人之失,而三代以上之音,部分秩如,至赜而不可乱。乃列古今音之变,而究其所以不同。①

就是说,对古今音韵作了比较考察,于是便可进而从历史的联系来探索古今音韵演变的所以然之故了。同样,他对经学也作了历史考察,说:

> 经学自有源流,自汉而六朝而唐而宋,必一一考究,而后及于近儒之所著,然后可以知其异同离合之指。②

这也是说,只有历史地一一加以考察,才能深入把握其"异同离合"的演变规律。顾炎武的《日知录》对经义、史学、政治、财赋、礼制、舆地、艺文等众多方面,都力求"一一疏通其源流,考正其谬误"③,体现了历史的态度与批判精神的统一。

---

① 顾炎武:《音学五书序》,《亭林文集》卷二,《顾炎武全集》第 21 册,第 74 页。
② 顾炎武:《与人书四》,《亭林文集》卷四,《顾炎武全集》第 21 册,第 139—140 页。
③ 潘耒:《日知录序》,载顾炎武:《顾炎武全集》第 18 册,第 12 页。

　　第四,要验于事物,不断更新自己的认识。顾炎武一再强调:"君子之为学,以明道也,以救世也。"①"引古筹今,亦吾儒经世之用。"②为"经世致用"之学,当然不能脱离实际,而应该用实际事物来检验自己的见解。全谢山在《亭林先生神道表》中说:

> （先生）所至阨塞,即呼老兵退卒,询其曲折。或与平日所闻不合,则即坊肆中发书而对勘之。③

说明顾炎武非常虚心地向普通群众学习,经常用群众的实际经验来检验自己已经获得的知识,并富于自我批评的精神。他说:"非好学之深,则不能见己之过。"④他非常强调学者要"能见己之过",不断改正错误,提高认识。他在《初刻日知录自序》中说:

> 老而益进,始悔向日学之不博、见之不卓……盖天下之理无穷,而君子之志于道也,不成章不达,故昔日之得,不足以为矜;后日之成,不容以自限。⑤

顾炎武始终不满足于已获得的成就,他对《日知录》不断地增改,

---

① 顾炎武:《与人书二十五》,《亭林文集》卷四,《顾炎武全集》第 21 册,第 148 页。
② 顾炎武:《与人书八》,《亭林文集》卷四,《顾炎武全集》第 21 册,第 141 页。
③ 全祖望:《亭林先生神道表》,《鲒埼亭集》卷十二,朱铸禹汇校集注:《全祖望集汇校集注》上册,上海古籍出版社 2000 年版,第 230 页。
④ 顾炎武:《与人书十四》,《亭林文集》卷四,《顾炎武全集》第 21 册,第 144 页。
⑤ 顾炎武:《初刻日知录自序》,《亭林文集》卷二,《顾炎武全集》第 21 册,第 75—76 页。

申明要"以临终绝笔为定"①。他还说:"有一日未死之身,则有一日未闻之道。"②所以一个人应该活到老、学到老,任何时候都不容以"已闻之道""自限"。这种以为天下之理无穷,因此必须持"日有孳孳,斃而后已"③的求学态度,是对追求"一旦豁然贯通"的先验主义的否定。

　　章学诚④曾说:"顾氏宗朱而黄氏宗陆。"⑤从学术的流变来说,黄宗羲侧重批判程朱,保留着某些陆王心学的影响;顾炎武则侧重批判陆王,他的方法论可以说是朱熹"格物致知"的方法论向唯物主义方向的发展。前面说过,朱熹要求在博学的基础上进行辨析、类推,包含有科学抽象的合理因素;但是他又把由辨析、类推而获得的抽象概念形而上学化,导致先验主义。顾炎武把朱熹的"格物致知"方法中的合理因素大大发展了,而将其中的形而上学和先验主义倾向在基本上克服了。

　　顾炎武的方法论对后世影响很大,它为乾嘉学派⑥所继承和

---

① 顾炎武:《与潘次耕书》,《亭林文集》卷四,《顾炎武全集》第 21 册,第 130 页。
② 顾炎武:《朝闻道夕死可矣》,《日知录》卷七,《顾炎武全集》第 18 册,第 304 页。
③ 同上注。
④ 章学诚(公元 1738 年—1801 年),清史学家、思想家。字实斋,会稽(今浙江绍兴)人。乾隆进士,官国子监典籍。后赞助湖广总督毕沅编纂《续资治通鉴》等工作,一生从事讲学、著述和编修方志。所著《文史通义》与唐刘知几的《史通》并称史学理论名著。在哲学上提出"道(理)寓于器(事物)"的命题,强调应从实际事物的考察中寻得客观规律。阐发了"六经皆史"的观点,主张治经应将考证史料和发挥义理相结合,把治经引向治史。学风上反映了从经学旧传统中解放出来的趋向。1922 年有《章氏遗书》刊行。
⑤ 章学诚:《文史通义·浙东学术》,叶瑛校注:《文史通义校注》上册,中华书局 1985 年版,第 523 页。
⑥ 乾嘉学派:清乾隆、嘉庆年间(公元 1736—1820 年)讲究训诂考据的经学派系。发端于明清之际的顾炎武。到乾嘉时,学者继承古文经学的训诂方法而加以条理发明,用于古籍整理和语言文字研究,形成所谓"朴学"(汉学)。主要分以惠栋为首的吴派和以戴震为首的皖派两大支。从校订经书解释经义扩大到考究历史、地理、天文历法、音律、典章制度,对古籍和史料的整理有较大的贡献。也有人称之为汉学派和清代古文经学派。

发展。但是，乾嘉学派主要运用它于整理古籍，违背了顾炎武"经世致用"的初衷，因而这种继承和发展是片面的。

王夫之、黄宗羲、顾炎武三个人在方法论上都有贡献。但是这几个大思想家却没有提供近代自然科学的方法。而这一时期，西方已有了由培根、笛卡尔、伽利略奠定基础的近代实验科学方法，西方人用这种方法研究自然，促进了自然科学迅速发展。王夫之、黄宗羲、顾炎武都是富有科学精神的人，就这一点讲，他们并不亚于同时代的欧洲科学家。但当时中国的条件不是使他们走向实验室和工厂，而首先是面对社会的现实问题和回顾总结历史，所以他们方法论的贡献主要在哲学、史学、考据学等方面。

第五节　颜元论"习行"

较黄宗羲等稍后，清初出现了一个颜李学派，主要代表是颜元和他的学生李塨①，强调"习行"（"践履"），反对宋明理学家空谈心性。

颜元（公元 1635 年—1704 年），字易直，又字浑然，号习斋，博野（今属河北）人。少时好陆王书，随之笃信程朱，最后又批判程朱，主张恢复"周孔正学"。一生教书、行医，未做过官。晚年主讲

---

① 李塨（公元 1659 年—1733 年），字刚主，号恕谷，保定蠡县（今属河北）人。颜元的大弟子，出身中小地主家庭。青年时曾经营农业、兼习医卖药，后长期从事教学。晚年修葺习斋学舍，发挥颜元的学说，从游弟子甚多。后转入考据学，与颜元在治学方法上稍有不同。著作主要有《大学辨业》《论语传注问》《圣经学规纂》《论学》《恕谷文集》等。

肥乡漳南书院。主张多研究实际问题和科学技术，反对死读书。哲学著作主要有《四存编》、《四书正误》、《朱子语类评》、《习斋记余》等①。

在"义利"之辩上，颜李学派主张功利主义，这和陈亮、叶适是一致的。颜元把董仲舒所说的"正其谊不谋其利，明其道不计其功"，改成"正其谊以谋其利，明其道而计其功"②。又说："以义为利，圣贤平正道理也。"③"义中之利，君子所贵也。"④把义和利、道和功看成是统一的。颜元特别激烈地批评了程朱，说：

> 千余年来率天下入故纸堆中，耗尽身心气力，作弱人、病人、无用人者，皆晦庵为之。⑤

他从功利主义观点出发，批评朱熹的学说只是教人钻故纸堆，是"无用之学"，而"全不以习行经济为事"⑥，朱熹其实是个"手执四书、五经之禅僧"⑦。他公开讲"去一分程朱，方见一分孔孟"，"程、朱之道不熄，周、孔之道不著"。⑧ 认为程朱理学和孔孟之道是"判然两途"，根本相敌对的。他说，孔门师弟"但一坐便商确兵、农、

① 《四存编》：包括《存性编》（批判朱熹关于性的学说）、《存学编》（批判道学）、《存治编》（论述社会理想）、《存人编》（反对佛教道教）。《四书正误》和《朱子语类评》是晚年的著作，《习斋记余》2卷是作者的杂记。颜元、李塨等人著作，后人汇集成为《颜李丛书》。
② 颜元：《四书正误》卷一，《颜元集》上册，第163页。
③ 同上注。
④ 同上注。
⑤ 颜元：《朱子语类评》，《颜元集》上册，第251页。
⑥ 同上书，第257页。
⑦ 同上书，第251页。
⑧ 颜元：《未坠集序》，《习斋记余》卷一，《颜元集》下册，第398页。

礼、乐，但一行便商确富民、教民"；而理学家却只"静坐、读书，居不习兵、农、礼、乐之业，出不建富民、教民之功"①。颜元主持漳南书院时，主张在正庭习讲堂分设四斋，讲习"文事"、"武备"、"经史"和"艺能"，其中"文事"包括礼、乐、书数、天文、地理等科，"艺能"包括水学、火学、工学、象数等科。他主张用这些"实学"反对理学和八股，所以学习"程朱陆王之学"的理学斋和学习"八股举业"的帖括斋都应北向，以"见为吾道之敌对，非周、孔本学"②。颜元在教育上主张"文事"和"武备"结合、"经史"和"艺能"并重的观点，这是和历来儒生重文轻武、把技能看作雕虫小技的偏见相反对的。

在政治上，颜元提不出什么积极的方案，他主张恢复三代的封建、井田，这只是空想。不过，他说"使予得君，第一义在均田"③，也揭露了当时土地问题的严重性，有要求抑制兼并的意义。但他攻击柳宗元的《封建论》，这是迂腐的表现。

在哲学方面，就"理气"之辩而言，颜元主张"理气融为一片"，具有泛神论的倾向。《存性篇》中有颜元画的一幅"浑天地间二气四德化生万物之图"，他解释说：

> 上帝主宰其中，不可以图也。左阳也，右阴也，合之则阴阳无间也。阴阳流行而为四德，元、亨、利、贞也。……知理气融为一片，则知阴阳二气，天道之良能也；元、亨、利、贞四德，阴

① 颜元：《四书正误》卷四，《颜元集》上册，第214页。
② 颜元：《漳南书院记》，《习斋记余》卷二，《颜元集》下册，第413页。
③ 颜元：《三代第九》，《颜习斋先生言行录》卷上，《颜元集》下册，第654页。

张载已用公与私来区分志（志向）与意（意向、动机），王夫之对此又作了许多发挥。他以为人格的培养以"正志"为本，而"正志"就是使志向服从于对道的理性认识，并锲而不舍地坚持下去。在他看来，因一时之感动而发生的意向或动机，是与个人的私见相联系的，或善或恶，难以预定，也不是见诸行事后用刑法所能匡正。但只要志向端正，并乐于坚持，那么人便有了高度的自觉性，一旦发现意向或动机不纯，便能主动考虑加以改正。

王夫之在这里比较正确地阐明了理智与意志的关系。他非常重视意志力量，而且他自己能够在患难中"介然以其坚贞之志，与日月争光"①。他又强调"正其志于道"，以为"志正而后可治其意"，反对"无志而唯意之所为"。② 这同上面讲过的他对力与命的关系问题所作的比较正确的解决是相联系着的。可以说，王夫之既批判了理学家的精致的宿命论，也反对了泰州学派的唯意志论倾向。

"我"或意识主体是理智、意志、情感的统一体。关于情感问题，王夫之反对佛、老和理学唯心主义者的"无情"、"忘情"之说，他提出了"循情定性"的理论，说：

> 情者，性之端也。循情而可以定性也。③

王夫之讲"定性"，其实就是"成性"（所以根本不同于程颢（《定性

---

① 王夫之：《尚书引义·君陈》，《船山全书》第 2 册，第 406 页。
② 王夫之：《张子正蒙注·中正篇》，《船山全书》第 12 册，第 189 页。
③ 王夫之：《诗广传·齐风》，《船山全书》第 3 册，第 353 页。

阳二气之良能也；化生万物，元、亨、利、贞四德之良能也。……
二气四德者，未凝结之人也；人者，已凝结之二气四德也。①

这里，他说上帝"不可以图"，实际上是说上帝即天道，即内在于
"二气四德"万物之中。他把人看成是自然界的产物，但同时认为
自然界和人一样也有"二气四德之良能"，也有人性，自然界和人
的差别，只在于"二气四德"在自然界里是未凝结的，而在人则是
已凝成者。这是泛神论的"天人合一"说。颜元说：

须知我与天是一个理，是一个气、数；又要知这理与气、
数是活泼，而呼吸往来、灵应感通者也。②

在他看来，天地间一切都是灵应感通的，人和自然界是同一阴阳
之气、同一往来代谢之数、同一所以然之理。颜元认为："人则尤
为万物之粹。"③人之气"粹且灵"④，人之质"秀且备"⑤，所以不能像
宋儒那样区分"天命之性"和"气质之性"，把恶归之于"气质"。他
说："盖气即理之气，理即气之理，乌得谓理纯一善而气质偏有恶
哉！"⑥认为人之所以有恶，不是气质造成的，而是"外染"造成的，
就好像衣服上的脏迹，不是衣服的本色，而是被污泥尘土染上去

---

① 颜元：《性图》，《存性编》卷二，《颜元集》上册，第20—21页。
② 颜元：《齐家第三》，《颜习斋先生言行录》卷上，《颜元集》下册，第628页。
③ 颜元：《性图》，《存性编》卷二，《颜元集》上册，第21页。
④ 颜元：《性理评》，《存性编》卷一，《颜元集》上册，第15页。
⑤ 同上注。
⑥ 颜元：《驳气质性恶》，《存性编》卷一，《颜元集》上册，第1页。

的一样。这一关于"理气"关系的理论，没有提出什么新的见解，基本上和黄宗羲相似。

但是，颜元在"心物（知行）"之辩上，有较鲜明的唯物主义观点。他强调"习行"，比前人更鲜明地提出实践的观点（当然还不是马克思主义所说的社会实践），并考察了它在认识论中的意义。

首先，颜元在唯物主义前提下讲"致知"在于"行"。他说：

> "知"无体，以物为体。犹之目无体，以形色为体也。故人目虽明，非视黑视白，明无由用也。人心虽灵，非玩东玩西，灵无由施也。今之言"致知"者，不过读书、讲问、思辨已耳，不知致吾知者，皆不在此也。[①]

从王守仁讲"目无体，以万物之色为体"，到黄宗羲讲"知以物为体"，再到颜元此处的论述，我们可以看到唯物主义克服唯心主义有一个过程，唯心主义可以为唯物主义提供思想资料。颜元认为，如果不看黑白，那么人的眼睛再明亮也是看不到颜色的；如果不接触外物，那么人心再精灵也是无法获得认识的。"学"、"问"、"思"、"辨"、"行"五者之中，唯有"行"是"知"的源泉，因为只有通过"玩东玩西"，人心的"灵明"才能对外物（东西）施加作用。颜元说"知无体，以物为体"，和王夫之用"体用"关系说明"能所"有相似之处，都认为客观事物是人的认识作用的根据、基础，离开形色，人的眼睛就失去作用；而离开实在事物，人的"灵明"也就无法

———————————

① 颜元：《四书正误》卷一，《颜元集》上册，第159页。

发挥作用。颜元强调"致知"在于"行"，要获得认识，一定要通过实践。这就把唯物主义认识论讲得更为明确了。

颜元对"格物"作了新的解释。他说："'格'即手格猛兽之格，手格杀之之格。"①以为"格"就是亲自动手去做一番的意思。他举例说，比如一顶皮帽，虽然知道它是从东北来，但一定要亲手将它戴在头上，才知道它有保暖作用；萝卜菜蔬，虽然从其形色知其可食，但它的味道如何，也只有放到口里尝一尝才知道。

> 故曰："手格其物，而后知至。"②

颜元确实看到了认识对实践的依赖关系。所以他叫人只向"习行"上下工夫，而不可在语言、文字上出力。他着重批评程朱把知行"判为两途"，认为从表面上看，程朱似乎很强调"知"，而"行"则不及，"其实行不及，知亦不及"③。他还批评程朱老是讲古人如何如何，今人则没有古人的那些智慧，却"不思我行之即有矣"④。其实，只要我动手去做，就会有古人的认识。这就是说，"知"是从"行"中获得的。

其次，颜元讲"习行"，也有验证知识的意思。他在论述"致知在格物"时，举例说，研究礼乐虽然十分透彻，但如果不亲自去习礼，去吹打，那还不能说是知礼乐。又如学了医书千百卷，如果不

---

① 颜元：《四书正误》卷一，《颜元集》上册，第 159 页。
② 同上注。
③ 颜元：《性理评》，《存学编》卷三，《颜元集》上册，第 86 页。
④ 颜元：《性理评》，《存学编》卷四，《颜元集》上册，第 94 页。

能诊脉、制药、给人治病，又怎能算是懂得医道呢？陈亮曾经说过："人才以用而见其能否，安坐而能者不足恃也；兵食以用而见其盈虚，安坐而盈者不足恃也。"①颜元在引了陈亮的话之后说：

> 吾谓德性以用而见其醇驳，口笔之醇者不足恃；学问以用而见其得失，口笔之得者不足恃。②

他指出了一个人的德性和学问到底如何不能只看口说笔写，还须在"习行"中得到验证。

第三，颜元还认为人的知识、才能和德性都是随"习行"而发展的。他说：

> 孔子则只教人习事，迨见理于事，则已彻上彻下矣。③

是说要在"习事"中见理，在实践中掌握事物的客观规律性，认识才算完成。比如弹琴，开始时学习用指头拨弦，使它符合音调，这叫"学琴"；而后弹时能"手随心，音随手"，清浊快慢都合乎常规，就叫"习琴"；等到"弦器可手制"，"音律可耳审"、"心与手忘，手与弦忘"，才称之为"能琴"。④ 他认为，人的德性也有这样的一个形成过程。《论语》第一句讲"学而时习之"，可见孔子主张学了还要

---

① 陈亮：《上孝宗皇帝第一书》，《陈亮集》上册，第3页。
② 颜元：《颜习斋先生年谱》卷上，《颜元集》下册，第747页。
③ 颜元：《性理评》，《存学编》卷二，《颜元集》上册，第71页。
④ 见颜元：《性理评》，《存学编》卷三，《颜元集》上册，第78—79页。

"时习之"，仅仅习三两次还不能说所学者与我为一，一定要"时习之"，才能达到"习与性成"，形成自己的德性。① 颜元还认为，"习行"比"学"、"问"、"思"、"辨"有力得多，"心上思过，口上讲过，书上见过，都不得力，临事时依旧是所习者出"。② 所以，提高人的认识、才能的主要途径是通过"习行"。

颜元着重考察了"习行"、"践履"在人的认识过程中的作用，有合理因素。但是，他片面强调感性经验的作用，把人的认识、德性和才能对实践的依赖关系简单化，有经验论的倾向。所以，后来章太炎虽然很推崇颜元，但也批评他"概念抽象之用少"③，即忽视了理性思维的作用。这话可说是击中要害的。

第六节　戴震论"知"

戴震生活在清朝的全盛时期，即乾隆时期。

当时，清朝廷一方面加强武力镇压，大兴文字狱；另一方面又提倡程朱理学，大力宣扬纲常名教，并编修《四库全书》，以笼络知识分子。在这种情况下，许多学者转向训诂考据之学，形成"乾嘉学派"。"乾嘉学派"在整理古籍上做出了较大贡献，其方法也有科学性。他们推崇顾炎武为一代汉学的开山祖，但只继承了顾炎武的治学方法（如考证上的归纳法），而失去了顾炎武"经世致用"

---

① 见颜元：《学须第十三》，《颜习斋先生言行录》卷下，《颜元集》下册，第 668 页。
② 颜元：《学辨二》，《存学编》卷一，《颜元集》上册，第 54 页。
③ 章太炎：《訄书重订本·颜学第十一》，沈延国等点校：《章太炎全集》第 3 册，上海人民出版社 1984 年版，第 152 页。

的那种锐气。（顾炎武治经学是出于"明道救世"的目的，并强调实地调查，他作历史考察也是为了解决现实问题。）"乾嘉学派"中多数人有脱离实际的倾向，但其中也有一些人，如戴震，与程朱理学展开斗争，对哲学发展作出了贡献。戴震和颜李学派不同，颜元在反对理学时强调了"习行"，戴震则着重考察了"知"。

戴震（公元 1723 年—1777 年），字东原，安徽休宁人。出身小商家庭，年轻时做过生意，教过书。后中举人，但几次考进士均未中。修《四库全书》，被召为纂修官，在馆五年，病死。对天文、数学、历史、地理均有研究，对经学、语言学有重要贡献，堪称一代考据大师。哲学著作有《原善》、《孟子字义疏证》和《绪言》①。

戴震生活的时代，中国的资本主义的萌芽有了新的发展，但这种发展仍然是很艰难的。戴震对理学的批判，在一定程度上反映了市民阶层的要求，这首先表现在"理欲"之辩上。他尖锐地批评了"存天理，灭人欲"的口号，说：

> （程朱）辨乎理欲之分，谓"不出于理则出于欲，不出于欲则出于理"，虽视人之饥寒号呼，男女哀怨，以至垂死冀生，无非人欲，空指一绝情欲之感者为天理之本然，存之于心。……此理欲之辨，适成忍而残杀之具。②
>
> 尊者以理责卑，长者以理责幼，贵者以理责贱，虽失，谓

---

① 《原善》3 章，《孟子字义疏证》3 卷，均批判程朱理学，发挥唯物主义哲学思想。《绪言》和《孟子私淑录》是《孟子字义疏证》的初稿和修正稿。戴震著作后人编为《戴氏遗书》，收入《微波榭丛书》。后又改编为《戴东原先生全集》，收入《安徽丛书》。经韵楼本《戴东原集》12 卷，附有段玉裁《东原先生年谱》。1980 年上海古籍出版社出版有《戴震集》点校本。
② 戴震：《孟子字义疏证·权》，《戴震集》，上海古籍出版社 2009 年版，第 323—328 页。

之顺；卑者、幼者、贱者以理争之，虽得，谓之逆。于是下之人不能以天下之同情、天下所同欲达之于上；上以理责其下，而在下之罪，人人不胜指数。人死于法，犹有怜之者；死于理，其谁怜之？[①]

戴震和王夫之等的观点相似，以为"天下之同情、天下所同欲"就是"理"，所以不能把"理"和"欲"截然割裂开来。他以为程朱讲"理欲之分"，实际上是一方面把人们要求生存、免除饥寒、男女爱慕、成立家室等正常的欲望都一概斥之为邪恶的"人欲"；另一方面，他们所谓的"天理"，则又无非是尊者、长者、贵者用以责备卑者、幼者、贱者的工具。也就是说，道学家所宣扬的"理"，实际上是封建等级制度的抽象，是"在上者"治"在下者"之罪的理论根据。这样的"理欲"理论成了杀人不见血的软刀子。饥寒号呼之民、想再嫁的寡妇等等都被"理"所杀害了，这比之酷吏以"法"杀人还要残忍，因为若冤枉地被处刑，社会舆论会同情死者，而若冤枉地被"理"杀死，社会舆论还要加给他们种种罪名。这是戴震对清王朝奉行程朱理学的强烈抗议。

戴震还直接鞭挞了封建统治者的暴行，说"在位者肆其贪，不异寇取"[②]，他们对人民的掠夺，就同强盗一样。他认为社会上发生祸乱不能怪老百姓，而是由于统治者"贪暴以贼其民所致"[③]。

---

① 戴震：《孟子字义疏证·理》，《戴震集》，第 275 页。
② 戴震：《原善》卷上，《戴震集》，第 350 页。
③ 同上注。

所以他说："乱之本,鲜不成于上。"[①]这些都是大胆的言论,表现了唯物主义的战斗精神。

戴震是个科学家,他的唯物主义思想是和他的科学研究相联系的。不过,他对音韵学、地理、天文、数学等的研究,都和整理古籍有关。戴震的局限性在于他不仅没有走进实验室,而且也没有深入到社会中去。他在政治上提不出积极的改革方案,其著作没有理想的光芒,和清初的思想家相比,稍有逊色。我们当然不能苛求于他,因为这主要是封建专制的残酷统治所造成的。

戴震在"理气(道器)"之辩上,基本上继承和发展了张载以来的气一元论。他肯定张载的"由气化,有道之名"等语,并说:

> 道,犹行也;气化流行,生生不息,是故谓之道。……阴阳五行,道之实体也。[②]

指出阴阳之气是实体,阴阳五行的变化运动过程就是道。戴震还对"形而上"、"形而下"的说法从语法结构上加以分析,指出"之谓"与"谓之"有别,"一阴一阳之谓道"是说"道"即"一阴一阳"。而"形而上者谓之道,形而下者谓之器",乃以"道器"区别其"形而上"、"形而下"而已。他说:

> 形谓已成形质,形而上犹曰形以前,形而下犹曰形以后。

---

① 戴震:《原善》卷上,《戴震集》,第350页。
② 戴震:《孟子字义疏证·天道》,《戴震集》,第287页。

阴阳之未成形质,是谓形而上者也,非形而下明矣。[1]

"形而上"和"形而下"的区别,只不过是气的存在的不同形式,未成形质就是"形而上",已成形质就是"形而下"。这就批判和否定了程朱的在物质世界之外,在气之上还有"理"的精神实体存在的唯心主义观点。

戴震认为天地万物是流行不止、生生不息的运动过程,这个过程是有规律的。他说:

> 未有生生而不条理者。[2]
>
> 理者,察之而几微必区以别之名也,是故谓之分理;在物之质,曰肌理,曰腠理,曰文理;得其分则有条而不紊,谓之条理。[3]

这里所说的"条理"、"分理"是指事物的特殊规律,经过深入的分析,"察之几微",把握事物的内在本质,就可以区别各类事物的"分理"。戴震强调科学研究就是要把握事物的"条理",即特殊规律。他举例说,植物有植物的"条理":从根长出干,分为枝,生成叶,根在土中吸取营养以通地气,叶受阳光雨露以通天气,"地气必上接乎叶,天气必下返诸根,上下相贯,荣而不瘁者,循之于其

---

[1] 戴震:《孟子字义疏证·天道》,《戴震集》,第288页。
[2] 戴震:《读易系辞论性》,《戴震集》,第162页。
[3] 戴震:《孟子字义疏证·理》,《戴震集》,第265页。

理也。"①戴震以为植物、动物的生长发育，都是有条不紊地遵循其"分理"的。

> 因而推之，举凡天地、人物、事为，虚以明夫不易之则曰理。所谓则者，匪自我为之，求诸其物而已矣。②

就是说，天地间各类事物都有其"不易之则"，那是要靠抽象思维来把握的，并不是能凭主观臆造的。"理"依存于"物"，一定要"求诸物"才能获得。戴震批评理学家说：

> 后儒尊大之，不徒曰"天地、人物、事为之理"，而转其语曰"理无不在"，以与气分本末，视之如一物然，岂理也哉！③

这是说，理学家不去事物上求"分理"、"条理"，却要求一个无所不在之"理"，并视"理"（太极）为实体，把它说成是气之"本原"，这样就虚构出唯心主义的理论。戴震否定了程朱的"理在气先"的说法，着重指出要分别地研究"天地、人物、事为之理"，这是鲜明的唯物主义的科学态度。

戴震也用气禀来解释人物之性，说：

> 如飞潜动植，举凡品物之性，皆就其气类别之。人物分

---

① 戴震：《绪言》卷上，《戴震集》，第 357 页。
② 同上注。
③ 同上书，第 355 页。

于阴阳五行以成性,舍气类,更无性之名。①

他要求分别地研究品物之性,"精辨其气类之殊"②,即深入地分析各类事物的特殊本质,这是正确的。不过他以为"类之区别,千古如是也"③。又说:"器言乎一成而不变。"④这表明他不懂得"类"、"性"、规律是发展的,反映了形而上学倾向。就这一点来说,戴震不及王夫之。

　　戴震在哲学上的主要贡献,是对"心物(知行)"之辩作了唯物主义的解决,并着重考察了"知",提出了一些新的见解。这可以从下面几点来说明。

　　首先,在"心物"关系上,戴震明确主张物质是精神的本原。他说:

　　　　有血气,斯有心知。⑤

　　　　味也、声也、色也在物,而接于我之血气;理义在事,而接于我之心知。⑥

他指出:有肉体才有精神,有感性才有理性。认识非主观自生,而是由外物和主体接触才产生的。感觉是感官对外物的感受,是

---

① 戴震:《孟子字义疏证·性》,《戴震集》,第 302 页。
② 同上注。
③ 同上书,第 291 页。
④ 戴震:《孟子字义疏证·天道》,《戴震集》,第 288 页。
⑤ 戴震:《原善》卷上,《戴震集》,第 330 页。
⑥ 戴震:《孟子字义疏证·理》,《戴震集》,第 269 页。

"物至而迎而受之者也"①。"味与声色，在物不在我，接于我之血气，能辨之而悦之。"②是说感觉对象（味、声、色）是客观存在的，只有当它们和人的感官（血气）相接触，人才有感受并加以区别，喜爱那美好的东西。同样道理，"理义"也是在"事"上体现的。"理义在事情之条分缕析，接于我之心知，能辨之而悦之，其悦者，必其至是者也。"③是说事物和人的"心知"相接触，事物的"条理"、行为的准则就可以被分析辨别出来，为人们所掌握，而"心知"所肯定、爱悦的，必定是最正确的。

戴震又和《管子》、荀子一样，把感性器官和思维器官的关系比作君臣关系，说："耳目鼻口之官，臣道也；心之官，君道也，臣效其能而君正其可否。理义非他，可否之而当，是谓理义。"④认为理性能作出判断（"正其可否"），判断符合事物的法则就是合乎理，符合行动的准则就是合乎义。判断"非心出一意以可否之也"⑤，不是心里想出个意见来加以可否。可否之"当"，即正确性，在于它与客观相符合。就事物而言，非事物之外别有悬空存在的"理义"；就人心而言，也非"心具众理"于是从中拿出个"理"来去作判断。"理"本身就依存于事物，而为人们在接触事物的过程中经过分析而加以把握。这是唯物主义反映论的观点。

由此戴震指出，理学家把存在于事物中的"理"硬抽象出来当作无所不包的精神实体，把"理"看成是脱离事物而存在的，结果

---

① 戴震：《原善》卷中，《戴震集》，第 342 页。
② 戴震：《孟子字义疏证·理》，《戴震集》，第 269 页。
③ 同上注。
④ 同上书，第 272 页。
⑤ 同上注。

使学者皓首茫然而无所得,这其实是佛、道的翻版。戴震批评佛家、道家"别形神为二本",进而以神为天地之本:

> 在老、庄、释氏就一身分言之,有形体,有神识,而以神识为本。推而上之,以神为有天地之本,遂求诸无形无迹者为实有,而视有形有迹为幻。[1]

他又批评程朱理学"别理气为二本",进而以理为气之主宰:

> 其以理为气之主宰,如彼(指佛、道——引者注)以神为气之主宰也。以理能生气,如彼以神能生气也。以理坏于形气,无人欲之蔽则复其初,如彼以神受形而生,不以物欲累之则复其初也。[2]

在戴震看来,佛、道和理学唯心主义者的根本错误,在于割裂"血气"与"心知"、"形"与"神"、"气"与"理",进而把神(理)说成是世界的本原,他们的实质是一样的。戴震在这里相当深刻地揭露了唯心主义的认识论根源。

他认为天下没有"二本",只有一个物质世界。他说:

> 天下惟一本,无所外。有血气,则有心知;有心知,则学以进于神明,一本然也;有血气心知,则发乎血气心知之自然

① 戴震:《孟子字义疏证·天道》,《戴震集》,第 290 页。
② 同上书,第 291 页。

者,明之尽,使无几微之失,斯无往非仁义,一本然也。①

就是说,有形体则有精神,有感性则有理性,人们通过学习提高认识,就能由无知达到"神明"。而"发乎血气心知"的自然要求,由于理性能"正其可否",所以表现于行为便无丝毫过失而都合乎理义了。这是用唯物主义的一元论来说明人的认识过程。

其次,戴震比前人更明确地区分了意见和真理。他说:

> 心之所同然始谓之理,谓之义;则未至于同然,存乎其人之意见,非理也,非义也。凡一人以为然,天下万世皆曰"是不可易也",此之谓同然。举理,以见心能区分;举义,以见心能裁断。②

在戴震看来,所谓"理",是指事物的"不易之则",即客观规律,"心"能经过分析而把握它;所谓"义",是指规范人们行为的准则,"心"能依据它来作出裁断,肯定什么样的行为是正当的、合宜的。他从唯物主义观点出发,说"理义"是"心之所同然",认为真理一定是天下万世公认为不可易的,而个人的意见却往往掺杂主观的东西而不免有所蔽。所以必须把二者区别开来,不能执著意见当作真理。戴震说:

> 人莫患乎蔽而自智,任其意见,执之为理义。吾惧求理

---

① 戴震:《孟子字义疏证·理》,《戴震集》,第286页。
② 同上书,第267页。

　　义者以意见当之,孰知民受其祸之所终极也哉![1]

　　他强调指出,自以为是地执著主观意见当作真理,会对人民造成无穷的祸害。戴震以为,理学家以"理"为"如有物焉,得于天而具于心"[2],便必然导致以心之意见为真理的错误。因为他们认为天赋的"理"在心中本已具足,只需经过"存天理、灭人欲"的工夫"复其初",便可以物来顺应,以"理"处事了;其实,这样的以"理"处事,不过是"心出一意见以处之"[3]罢了。在戴震看来,正是这种理学唯心主义,助长了以一己之意见为理义的主观、专断的作风。那专横的统治者,凭权势来"处断一事,责诘一人"[4],也莫不以"理"作为借口。即使是廉洁自持的人,在待人处事时也往往"凭在己之意见,是其所是而非其所非,方自信严气正性,嫉恶如仇,而不知事情之难得,是非之易失于偏,往往人受其祸,己且终身不寤,或事后乃明,悔已无及"[5]。戴震这些揭露批判,不仅说明了"任其意见,执之为理义"的祸害,也触及了理学的专制主义特征,具有深刻的时代意义。

　　那么,怎样来克服和避免这种"以一己之意见为真理"的错误呢?针对"人莫患乎蔽而自智",戴震提出两条办法:一是"去私",二是"解蔽"。他说:

---

[1]　戴震:《孟子字义疏证·理》,《戴震集》,第 267 页。

[2]　同上注。

[3]　同上书,第 269 页。

[4]　同上书,第 268 页。

[5]　同上注。

> 去私莫如强恕，解蔽莫如学。[1]

他以为"私"是"欲"的过失，"蔽"是"知"的过失。要"去私"，就要努力实行"忠恕"之道，"以情絜情"，"己所不欲，勿施于人"。要"解蔽"，就要努力学习，不断提高自己的认识。这两条是互相联系的，做到"去私"和"解蔽"，就可以达到孔子说的"仁智"统一。"仁且智者，不私不蔽者也。"[2]戴震的这些思想，显然受到了荀子的影响。

　　第三，戴震认为人和禽兽不同，就在于人能通过学习获得智慧，取得自由。为了论证这一点，他提出了自然和必然这一对范畴。他说：

> 物循乎自然，人能明于必然，此人物之异。[3]
> 心知之自然，未有不悦理义者，未能尽得理合义耳。由血气之自然，而审察之以知其必然，是之谓理义；自然之与必然，非二事也。[4]

戴震讲的"必然"，和我们今天所说的有些不同。他是指"理"和"义"，包括客观规律和人的行动准则两个方面，亦即包括我们讲的"必然"和"当然"。他认为人类的任务就是要从自然中认识必

---

① 戴震：《原善》卷下，《戴震集》，第343页。
② 同上注。
③ 戴震：《绪言》卷上，《戴震集》，第368页。
④ 戴震：《孟子字义疏证·理》，《戴震集》，第285页。

然,从而使自然"归于必然"。这可以从认识的对象和主体两个角度加以分析。

就认识对象来说,戴震认为:

> 实体实事,罔非自然,而归于必然,天地、人物、事为之理得矣。[1]

是说,客观事物都是"自然"的,不以人的意志为转移的,但都有其必然规律。我们对复杂的天地万物进行分析,把握其"理"即规律,就可以运用于规范事物,如"圆者之中规,方者之中矩"。这样的规矩可以"推诸天下万世而准"[2],这便叫"归于必然"。

就认识主体来说,戴震认为:

> 欲者,血气之自然,其好是懿德也,心知之自然。……就其自然,明之尽而无几微之失焉,是其必然也。如是而后无憾,如是而后安,是乃自然之极则。[3]

他以为"血气"和"心知"都是"自然",对出于"自然"的情欲,心之官审察之而知其当然之则,使之"无几微之失",于是合理地满足了欲望,内心也感到无憾,这样达到"自然之极则",便是"归于必然"。

---

[1] 戴震:《孟子字义疏证·理》,《戴震集》,第 278 页。
[2] 同上注。
[3] 同上书,第 285 页。

由此可见，戴震讲"归于必然"，包括两层意思：一是要把握天地万物的规律指导行动，二是要以社会的当然准则为规范，合理满足人们的欲望。做到这两点，人就具有了德性。戴震说：

> 由天道而语于无憾，是谓天德；由性之欲而语于无失，是谓性之德。性之欲，其自然之符也；性之德，其归于必然也。归于必然适全其自然，此之谓自然之极致。[①]

是说，无憾地遵循天道而活动，便是"通乎天地之德"[②]；合理地满足自然的欲望，便是人的德性。戴震认为真正的德性是人性的圆满发展，所以说"归于必然，适全其自然"。"自然"是"必然"的本源，"必然"是"自然之极致"。不能离开"自然"谈"必然"，即不能离开事物来求"理"，不能离开人的自然情欲谈道德的善。而应该不断提高认识，由"自然"发展为"必然"，达到"自然之极致"。

戴震以为，"归于必然，适全其自然"是一个发展过程，不能把它了解为理学家的"复其初"。他说：

> 试以人之形体与人之德性比而论之，形体始乎幼小，终乎长大；德性始乎蒙昧，终乎圣智。其形体之长大也，资于饮食之养，乃长日加益，非"复其初"；德性资于学问，进而圣智，

---

① 戴震：《原善》卷上，《戴震集》，第 334 页。
② 同上书，第 332 页。

非"复其初"明矣。①

这是说,德性的培养是一个由无知到知、不断地用学问作营养来发展智慧的过程。学问是后天获得的,它使人由"蒙昧"变为"神明",所以不是"复其初"。但是,戴震又认为"自然之与必然,非二事也"②,所以也不能像告子那样持"义外"之说,把"义"(必然)看作是在人性之外的东西,因而"以义为非自然,转制其自然,使之强而相从"③。戴震同孟子一样,也以为"理义"是人心的自然要求,"人心之通于理义,与耳目鼻口之通于声色臭味,咸根于性而非后起"④。桃杏的性各存于桃仁、杏仁之中,所以把桃核、杏核种到土里,可以长成桃树、杏树;同样,人性存在于人的气禀,也可以经过教育而得到充分发展,使人成为仁且智者。戴震这样讲"自然"和"必然"的关系,触及了我们今天讲的"自在"和"自为"、"自发"和"自觉"的关系问题,有其合理因素。但他用禀气的纯粹来说明"人性善",仍然拖着一条先验论的尾巴。

第四,戴震讲"格物致知",也具有方法论的意义。他说:

"致知在格物",何也? 事物来乎前,虽以圣人当之,不审察,无以尽其实也,是非善恶未易决也;"格"之云者,于物情有得而无失,思之贯通,不遗毫末,夫然后在己则不惑,施及

---

① 戴震:《孟子字义疏证·理》,《戴震集》,第281页。
② 戴震:《绪言》卷上,《戴震集》,第367页。
③ 同上注。
④ 同上书,第365页。

天下国家则无憾，此之谓"致其知"。①

就方法论来讲，这里有两层意思：一是要"审察以尽其实"；二是要
"思之贯通"。

怎样才能做到"审察以尽其实"呢？戴震讲"审察"是要求对
事物作精密分析。他说："医家用药，在精辨其气类之殊，不别其
性，则能杀人。"②"事物之理，必就事物剖析至微而后理得。"③他还
说，"理解"一词的意义，就像庖丁解牛，是"寻其腠理而析之"④。
因此，戴震所说的"尽其实"，就是经过精密的分析研究，把握事物
的特殊法则、"条理"。

怎样才能"思之贯通"呢？戴震说：

> 所谓十分之见，必征之古而靡不条贯，合诸道而不留余
> 议，巨细毕究，本末兼察。若夫依于传闻以拟其是，择于众说
> 以裁其优，出于空言以定其论，据于孤证以信其通，虽溯流可
> 以知源，不目睹渊泉所导，循根可以达杪，不手披枝肆所歧，
> 皆未至十分之见也。以此治经，失不知为不知之意，而徒增
> 一惑，以滋识者之辨之也。⑤

这里讲的是考据方法。所谓"十分之见"，就是说要有足够的证

---

① 戴震：《原善》卷下，《戴震集》，第 346—347 页。
② 戴震：《绪言》卷上，《戴震集》，第 362 页。
③ 戴震：《孟子字义疏证·权》，《戴震集》，第 324 页。
④ 段玉裁：《戴东原先生年谱》，载戴震：《戴震集》，第 480 页。
⑤ 戴震：《与姚孝廉姬传书》，《戴震集》，第 185 页。

据，并且要互相"条贯"，和已经证明的道理相一致。这样便可信为定论。所谓"未至十分之见"，是指提出一个见解或假设，或者是依据传闻；或者是在几种不同的解释中挑选一种（也只是一种"意见"）；或者是出于空言，没有事实根据；或者只有一个证据（"孤证"）。凡此种种，从逻辑上讲或者是论据不足，或者是论证有误，因此是不可靠或不十分可靠的。所谓"溯流可以知源，循根可以达杪"，也就是"要得其条理，由合而分，由分而合"①的意思。若不认真"溯流知源"（"由分而合"）、"循根达杪"（"由合而分"），便不能求得理论上的贯通，也仍然是"未至十分之见"。用这样错误的或不完备的方法来治经，难免以不知为知，反而增加迷惑，使得后人须再作考证。这说明戴震讲的"格物致知"，既要求对事物要进行审察、分析，又要求严密的逻辑论证，以求贯通。这在方法论上是有科学精神的。

总之，戴震对"知"的考察，提出不少新的见解，是有贡献的。但也有较大的局限性。例如，他强调"先务于知"，"重行不先重知，非圣学也"②，这是针对理学家只讲"存天理、去私欲"而不讲"解蔽"、不求科学知识的错误倾向而提出的，有一定的积极意义，但却走向了另一个片面，即离开"行"谈"知"。他以为认识"如火光之照物"③，用"符节"作比喻来说明耳与声、目与色以至心与理义之间的关系④，认为主观和客观是直接符合的，认识是一次完成

① 段玉裁：《戴东原先生年谱》，载戴震：《戴震集》，第 489 页。
② 戴震：《孟子字义疏证·权》，《戴震集》，第 326—327 页。
③ 戴震：《孟子字义疏证·理》，《戴震集》，第 270 页。
④ 见戴震：《原善》卷中，《戴震集》，第 339—340 页。

的。这说明他不懂得认识对实践的依赖关系，是强调直观的反映论。又如，他虽然正确地区分了意见和真理，提出"解蔽"的主张，但只说"心之所同然始谓之理，谓之义"①，而并不懂得通过不同意见的争论和实践的检验而达到真理的辩证法。再如，他在批评宋儒空谈"理一分殊"时，强调了"条理"、"分理"，要求科学地认识各类事物的特殊本质，但又讲"器，言乎一成而不变"，"类之区别，千古如是也"，其心目中的物质世界是没有进化、没有发展的。可见，戴震的哲学思想中有较多的形而上学倾向。

---

① 戴震：《孟子字义疏证·理》，《戴震集》，第267页。

第二篇小结

以下我们对秦汉至清代（鸦片战争以前）的哲学的逻辑发展作一个小结。

一、以社会实践为根源来考察这一时期的哲学发展

哲学作为自然知识和社会知识的概括和总结，是根源于人类社会实践的。社会实践通过政治思想的斗争和科学反对宗教迷信的斗争推动了哲学的发展。我们用这样的观点来考察一下中国古代哲学这一段的发展历史。

我们不妨把中国封建社会划分为四个阶段：战国是早期，秦汉至唐代是前期，宋元明是后期，明代中叶以后至清代鸦片战争前是末期。在这四个阶段中，主要的阶级矛盾是农民阶级和地主阶级之间的矛盾。不过，在封建社会早期，还有没落奴隶主阶级和新兴地主阶级的尖锐斗争；在封建社会的末期，出现了资本主义萌芽，产生了市民阶层和封建势力的矛盾。

在先秦，政治思想斗争是围绕"古今"、"礼法"之争而展开的。到了汉代，儒法合流，地主阶级打着"独尊儒术"的旗号，实际上是用刑法和教化这两手来对付被统治阶级。占统治地位的意识形

态是纲常名教，而纲常名教的形而上学的根据是"天命"，于是就形成了封建主义的四种权力：政权、神权、族权、夫权。这四种权力是地主阶级套在农民脖子上的四条沉重的绳索。地主阶级始终不渝地加固这四条绳索。而农民起义军则提出"王侯将相，宁有种乎?!"和"等贵贱、均贫富"以及"均田、免粮"等口号，用越来越明确的语言来表达政治上要求平等，经济上要求平均，反对封建等级制的思想。这是地主阶级和农民阶级两种对立的世界观的斗争。这种斗争对哲学的演变确实有深刻的影响，但是，哲学斗争主要是在地主阶级内部进行的。中小地主阶层不满于大地主的压迫和欺凌，要求抑制兼并，在封建制的范围内作一些改革、调整。因此在"义利"、"理欲"之辩上，中小地主的思想代表往往主张功利主义，并揭露名教的虚伪性。这是使得他们倾向于唯物主义的一个重要条件，但并不是充足理由。只有到了明清之际，随着市民阶层的兴起，进步思想家才对封建专制主义作了实质性的批判（如黄宗羲、顾炎武、王夫之等），有力地促进了哲学向唯物主义的发展。

除了阶级矛盾通过政治思想斗争制约着哲学的发展之外，我们还必须注意爱国主义对哲学的深刻影响。中华民族早就在亚洲东方建成了伟大的国家，共同的生活方式和悠久的文化传统使中国人养成了共同的民族心理。保卫祖国和发展民族优良传统（同时要吸取外来优秀文化以营养自己），早就成了中国人民的政治和伦理的重要准则之一。爱国主义是推动中国哲学发展的重要动力，而哲学则是民族文化的精华，最集中地体现了民族思维方式的特点。

不过,在秦汉至清代(鸦片战争以前)这一段时间内,推动哲学前进的,首先是物质生产的发展和科学的进步。物质生产的发展通过科学反对迷信的斗争而制约哲学的发展,使得唯物主义一次又一次地在反对神学和唯心主义中获得胜利,哲学的发展就表现为经过若干次小的飞跃而最后完成一次质变。可从以下三点来具体说明这一时期的科学进步与哲学发展之间的关系。

第一,自秦汉以来,在中国获得较快发展的科学,首先是和农业生产密切相联系的科学,如天文历法、医学、药物学、农学等。这一事实使得中国唯物主义在长时期内以气一元论为主要形态,并往往和朴素辩证法相结合着;而以阴阳之气为物质实体的自然观,便成了上面讲的那些科学的哲学基础。先秦墨家曾经提出原子论思想,并建立了形式逻辑科学体系,而在秦汉以后这些理论却没有得到长足的发展。墨学衰微的原因之一,就是因为它同上述有关农业生产的科学的联系比较少。

第二,科学与哲学之间的关系是在变化着的。在中国古代只有一个笼统的"道术",后来一门门科学从哲学中分化出去,这是必然的趋势。哲学和科学的分化,对于两者本身都有好处。但是因而也就增加了哲学和科学相分离的可能。哲学和科学的相分离,必然会助长唯心主义。只有当哲学善于吸取和概括科学的成果,哲学才会沿着唯物主义的轨道发展,并给科学以正确的指导。这样,哲学就处于矛盾中:既要不断地让科学从哲学中分化出去,又要不断地从科学中吸取营养,并指导科学。只有在特定的历史条件下,某些杰出的思想家才能对这种矛盾作出正确的解决。在先秦以后,王充和张衡所处的时期,范缜和贾思勰所处的时期,张载和沈括所处的时期，黄宗羲、顾炎武和王夫之所处的时期，是具备了这种特定的历史条件的。这时，一定领域的科学经过长期积累，取得了划时代的成就，科学反对迷信的斗争取得了重大胜利，哲学和科学紧密结合，互相促进，便使唯物主义气一元论获得了重大发展，哲学史出现了阶段性的小飞跃。

第三，在人类认识史的各个阶段上，科学和神话总是互相斗争而又以不同比例互相联系着。神话借助想象以征服自然力和超脱现实世界，往往成为迷信，但也形象地表现了人的某种精神力量和要求。神话可以是零碎的，而宗教则是构成体系的神话，因而也成了人们在一定历史阶段上系统地掌握世界的方式。既然神话表现了人的某种精神力量，宗教家的神学便也可能在一定的历史条件下（不是所有历史时期）包含有人类认识运动的某个环节，而为哲学史家所不能忽视。汉代的儒家神学、魏晋南北朝隋唐时期的佛学和道教神学便是如此。当然，科学和宗教迷信不可调和，最终总要决裂。在我们所考察的这一段时期中，科学和迷信进行了反复的斗争，无神论和神学、唯物主义和唯心主义也进行了反复的斗争。同时还有神学和唯心主义的各派之间的矛盾斗争相交织着。随着科学的进步和迷信的不断被克服，唯心主义的形式由汉代儒家神学演变为魏晋玄学唯心主义，又由隋唐佛学和道教神学演变为宋明理学唯心主义，变得越来越精致了；而唯物主义也在斗争中不断壮大自己，既概括科学的新成就，也不忽视唯心主义者考察过的那些环节，经过若干阶段性的小飞跃，最后到明清之际，在中国封建社会达到自我批判阶段时，哲学在更高层次上再次实现朴素唯物主义和朴素辩证法的统一，完成了一次质变。

明清之际之所以是中国封建社会的自我批判阶段,是由社会经济条件和阶级关系的变化所决定的。中唐以后至宋初,中国封建社会经历了从前期到后期的演变,柳宗元、刘禹锡在哲学史上的重要地位,也首先是由这种社会历史条件决定的。我们把科学与哲学相互促进的历史同社会阶级斗争的演变结合起来,考察社会实践是如何推动哲学发展的,这样,就可以大体把握秦汉至清代(鸦片战争以前)的哲学史的发展进程。

二、这一时期哲学的主要论争与认识发展的环节

哲学史是围绕着哲学的根本问题而展开的认识的矛盾运动。按照黑格尔和列宁的说法,它是由一系列的圆圈构成的。列宁说:"每一种思想＝整个人类思想发展的大圆圈(螺旋)上的一个圆圈。"[①]我们可以把先秦以后到清代(即从荀子到王夫之)的哲学发展过程看作是一个大圆圈,而这个大圆圈又是由若干小圆圈构成的。如"或使"、"莫为"之争,到王充完成一个小圆圈;"形神"之辩,到范缜完成一个小圆圈;作为"天人"之辩的一个侧面的"力命"之争,到柳宗元、刘禹锡完成了一个小圆圈;"有无(动静)"之辩,到张载完成了一个小圆圈;从张载到王夫之,也可以说是一个小圆圈,这段时期围绕哲学的根本问题而展开的争论,归结为"理气(道器)"之辩和"心物(知行)"之辩,它们由王夫之作了总结。

---

① 列宁:《黑格尔〈哲学史讲演录〉一书摘要》,《列宁全集》第 55 卷,第 207 页。

显然，我们这里所说的一些圆圈或螺旋，大体是和上面讲的从社会实践的根源来考察哲学的阶段性变化相一致的。不过，圆圈只是一种形象化的比喻，决不可视为固定的图式；而从"每一种完成（相对地完成）的思想是一个圆圈"的观点来看，当然还可勾画出更多的小圆圈来。

我们总结这一段哲学的逻辑发展，可以看到有着和先秦哲学的相似之处，那就是：在围绕着哲学根本问题而展开的过程中，有经验论和先验论的对立、相对主义和独断论的对立、直观唯物论和唯心辩证法的对立，而唯物主义和唯心主义的斗争则贯串始终。

在汉代，哲学论争的中心转移到宇宙论领域以及"形神"之辩。董仲舒的神学目的论的"或使"说以及《易纬》、扬雄的象数之学都是先验论的，《淮南子》论证阴阳之气相动是机械作用，用的则是经验论的方法。而王充在批判各种"或使"说中，在唯物主义的前提下提出"不徒耳目，必开心意"，这是对感性和理性关系问题的比较正确的见解。

到了魏晋时期，围绕着"有无（动静）"之辩而展开本体论的探讨，王弼的"贵无"说和裴頠的"崇有"论各自强调一面，有独断论倾向。向秀、郭象的《庄子注》主张"有而无之"，则是用相对主义的"独化"说反对了形而上学的本体论。"独化"说向右发展，就是僧肇的"非有非无"的学说，是更极端的相对主义；向左发展，即发展了质用统一原理，在"形神"问题上结出了果实——范缜对"形神"之辩作了比较好的总结。在这之前，唯心论的先验论总是这样或那样地割裂"形神"关系，讲"形尽神不灭"，而唯物论则说形神"精粗一气",用烛火之喻这类经验论的方法进行论证。范缜说的"形质神用"、"形神相即",则是既唯物又辩证的思想。

魏晋南北朝以后,"心物"之辩代替"形神"问题而成了论争的中心。隋唐佛学各宗派在唯心主义形式下考察"有无(动静)"关系,法相宗与华严宗、天台宗的对立,是唯心主义内部分别强调经验、思维、内省的不同派别的对立。这些宗派都成了烦琐哲学。发展到了禅宗,提出"不立文字,直指本心",尽扫烦琐的教义,比庄子更尖锐地对逻辑思维提出责难,根本否认语言文字、概念判断能够把握真理,认为真理只能用"对法"来暗示。"对法"就是相对主义的方法。同时,自嵇康向宿命论挑战以来,"力命"之争作为"天人"之辩的一个侧面而受到考察。到唐代,在禅宗讲"任运"和李筌极端夸大主观意志力量之后,柳宗元、刘禹锡恢复唯物主义的权威,重新提出气一元论,并重新考察天与人的辩证关系,对"力命"之争作了批判的总结。到北宋,张载批判了禅宗的"对法",对"有无(动静)"之辩作了比较正确的解决,在气一元论的基础上阐发了对立统一原理。

自这以后,哲学论争的中心便发展为"理气(道器)"之辩与"心物(知行)"之辩。这个时期的哲学家,如程朱理学讲"理在气先"、"知先于行",是先验论;陈亮、叶适讲"事功之学",讲"理在事中",强调"行",强调主观能动性,则有经验论倾向。陆王心学讲"心即理"、"知行合一",也是先验论,但不同于程朱,特别夸大了主观能动性。王学向左发展,产生了李贽的异端思想,他用相对主义反对独断论。最后王夫之对"理气(道器)"之辩和"心物(知行)"之辩作了批判的总结,达到了朴素唯物主义和朴素辩证法的统一，使气一元论体系取得完成的形态。而就在此同时，黄宗羲对宋明理学的总结具有唯心辩证法的色彩；顾炎武的总结有直观唯物论的倾向，而戴震的直观唯物论倾向就更明显了。

在考察了这些对立的哲学体系之间的斗争之后，我们可以看到哲学史上存在着某种重复现象，但不是简单地重复，而是螺旋式的发展。我们克服、打碎了这些体系，就看到了感性和理性、绝对和相对、客观规律性和主观能动性这些人类认识过程中的必要环节。从荀子、《易传》到张载这个"圆圈"中就包含着这些环节，其中相对和绝对的矛盾发展得比较充分。从张载到王夫之这个"圆圈"中也包含着这些环节，其中主观能动性与客观规律性这对矛盾发展得比较充分。

为要考察中国哲学史中以辩证法为对象的认识运动是怎样展开的，除了上述环节之外，我们还须注意：历史上的哲学家们如何通过"类"、"故"、"理"这些逻辑范畴（也以它们作为环节）来揭示"性"和"天道"，经历了由自发到自觉、由较少自觉到更多自觉的发展过程。

在先秦，随着"名实"之辩的展开，比较突出地展开了对"类"的争论，"故"和"理"也被提了出来，并且已经形成墨家的形式逻辑体系和荀子、《易传》的辩证逻辑比较法。

到汉代，墨学衰微，而辩证逻辑的比类方法，不论是侧重于"取重"还是侧重于"运数"，在具体科学中都发挥了作用。但是，对这种比类方法如果主观地加以应用，就不可避免地变为牵强附会的比附，得出荒唐的结论。董仲舒说"以类合之，天人一也"，他用人的有目的活动比附自然现象，鼓吹"天人感应"论。王充对儒家神学展开全面批判,用"莫为"说反对"或使"说。"或使"、"莫为"之争,不仅是关于"类"的争论,也是关于"故"的争论。王充强调了形式逻辑的"异类不比"的原则,批判了外因论,肯定"气自变"、"物自动",即物质是自己运动的。这种自己运动的观念,也是当时天文学家张衡的主张。

魏晋时期,随着辨析名理思潮的发展,"言意"之辩突出了,哲学家深入到关于"体用"的考察。"体用不二",就是说实体以自身为原因,运动是实体的作用和表现,这就把王充的"气自变"的思想推进了一步。虽然后来各派哲学都讲"体用不二",但唯心主义者以"虚静"为第一原理,实际上是割裂了"体用"。而唯物主义者则运用"体用不二"的原则作为科学方法,如范缜用质用统一原理来阐明形神关系,贾思勰用性能统一的原理作为科学分类的根据。这是他们在哲学和科学上的突出贡献。

自汉到唐,哲学家们考察了许多关于"故"的范畴:"目的因"、"质料因"和"形式因","体"与"用","自因"与普遍联系等。逻辑思维还要求进一步探索:"自因",即自己运动源泉(根本原因)是什么?柳宗元、刘禹锡提出物质本身的矛盾是运动源泉的思想(其实这也是向一个古老的观念复归)。到北宋,张载、王安石更明确地指出,物质的运动变化是对立统一的过程。张载运用"体用不二"和对立统一的原理作为方法论,对魏晋以来的"有无(动静)"之辩作了批判的总结。沈括则在《梦溪笔谈》中出色地运用了矛盾分析的方法,在众多的科学领域中作出了创造性贡献。

沈括强调科学研究要"原其理",要给人揭示"此理必然"。虽然"理"范畴也早已提出,但宋明时期哲学家对"理"作了更深入、更多方面的探讨，对理和气，道和器（理和事），理和势，必然、当然和自由，一般规律和特殊规律等关系展开了争论，随之对"两"和"一"、"分"与"合"的考察也深化了。朱熹虽持"理一分殊"，却强调要"严密理会，铢分毫析"；王守仁虽强调"合一"，但以为"一理"展开为历史过程与发育过程。王夫之在作全面的批判总结时，差不多考察了前人提出来的所有的逻辑范畴，把它们融会贯通，成为"汇象成易，举易皆象"的体系。而顾炎武则吸取朱熹"格物穷理"的分析精神，提出了科学的治学方法；黄宗羲则吸取王守仁以本体为过程的思想，在哲学史、学术史的研究中，创立了历史主义的方法论。

总起来看，中国古代哲学通过"名实"、"言意"、"象道"关系问题的讨论，对逻辑范畴的掌握和运用经历了一个由简单到复杂和逐步提高自觉性的发展过程。虽然"类"、"故"、"理"三个范畴在先秦已被完整地提出来，但秦汉以后又揭示出越来越多的范畴，对它们的认识也越来越深刻。正是通过这些范畴作为环节、运用它们作为方法，对"天道"（世界统一原理和发展原理）的认识越来越提高了，对"人道"（历史观和人生观）的认识也越来越深入了。

三、这一时期哲学发展的积极成果

经过上面说的这些哲学论争和认识的环节，从秦汉到清代（鸦片战争以前）这一时期的哲学发展为我们提供了哪些主要的积极成果呢？

首先，认识论。在先秦已得成就的基础上，这时期哲学家们进一步概括出了一些唯物主义的认识论原理和认识过程的辩证法。不仅从王充、嵇康到颜元、戴震的许多唯物主义者作出了贡献，而且一些唯心主义者如王弼、佛学各派、李筌、程朱、陆王等，也考察了认识过程的某些环节。从"心物"之辩来说，范缜用"体用不二"原理解决"形神"关系，王夫之也用"体用不二"原理解决"能所"关系，都是杰出的贡献。（当然，他们离开人的社会实践和历史发展来考察"形神"、"能所"关系问题，还不能达到真正科学的解决。）宋以后对"知行"、"格物致知"的争辩，加深了对认识过程辩证法的研究。在"知行"之辩上，王夫之提出"行第一"和"知行相资以为用"的思想。关于"格物致知"问题，王夫之认为"格物"是在博学的基础上进行"穷理"，"致知"是虚心地进行逻辑思维。他把"格物"和"致知"看作是人们认识过程中的两个互相促进、不可分割的阶段。当然，荀子早已指出认识是一个感性和理性、知和行的对立统一运动，但王夫之无疑是大大发展了荀子的学说。同时，哲学家们也发展了荀子"解蔽"和《易传》"百虑一致"的思想，王夫之和黄宗羲都认为"道非一家之私"，诸子百家"莫非道之所可而成乎性之偏"，所以只有通过不同意见的争论，才能克服片面性，达到全面的真理。他们都有"真理展开为过程"的思想。戴震进而明确地区分意见和真理，他强调了不能以主观意见作为客观真理的唯物主义观点。从王充、柳宗元、刘禹锡、张载到王夫之、颜元、戴震等，唯物主义者在论争、批判中越来越深入地揭露唯心主义的认识论根源。在考察人的自由问题上，王夫之提出"天之天"不断转化为"人之天"的论点，颜元讲人的德性、才能都是随"习行"发展而达到自由，戴震讲"归于必然适全其自然"。他们都在一定程度上触及了人类从"自在"到"自为"、从必然王国进入自由王国的飞跃问题。这些都是认识论上的合理因素，是很丰富的。但是中国古代哲学家都没有社会实践的观点，没有真正懂得相对真理和绝对真理的辩证关系；没有唯物史观，当然也不可能科学地阐明人类由自在而自为的螺旋式的前进运动。

其次，逻辑学。不仅是哲学家中的唯物主义者和辩证论者，而且刘徽、贾思勰、沈括等科学家，在这一方面也都有重要贡献。张载、沈括、王夫之、黄宗羲、顾炎武大致代表了这个时期的逻辑和方法论上取得的成就。张载肯定运用对立统一的范畴（象）和论断（辞）足以拟议变化之道，对禅宗提出的责难作了答复。沈括一方面重视调查和实验，另一方面又要求按事物的性能进行分类，运用一般和个别相结合的方法和矛盾分析的方法以求概括出一般原理。他的科学方法对宋元时期的科学发展起了积极推动作用。王夫之揭示了"名、辞、推"的某些辩证性质，提出"言、象、意、道"统一的学说，批判了先天象数之学、玄学、佛学和理学唯心主义的方法论，正面提出了"比类相观"、"象数相倚"，要求从"物物相依"、"变化日新"中去把握实体，强调了分析和综合的结合，"穷理而不失和顺"，从而比前人更深刻地阐明了"类"、"故"、"理"的逻辑范畴。黄宗羲着重讲了哲学史的方法论，具有逻辑的方法和历史的方法相结合的思想的萌芽。顾炎武从经世致用出发提出了科学的归纳法，后来为乾嘉学派所发展，然而是一种片面的发展。中国古代的哲学家和科学家对辩证逻辑和科学方法有很大贡献，但也有不足之处。形式逻辑在先秦的《墨经》之后没有大的进展，到明清之际，未能像西方那样制订出近代实验科学方法。

第三，天道观。天道观就是关于世界的统一原理和发展原理的学说。王充、柳宗元、刘禹锡、王安石、张载、王夫之等对气一元论都有所发挥。特别是张载对"有无(动静)"之辩作了总结,而后王夫之对"理气(道器)"之辩作了总结,对天道观作出了杰出贡献。王夫之用具体科学的材料论证了物质不灭,提出了"无其器则无其道"的思想,指出实有是绝对的,虚无是相对的,运动是绝对的,静止是相对的。从张载讲的变和化到王夫之讲的动和静,初步揭示出物质绝对运动与相对静止的关系。王夫之还提出事物矛盾的转化有"极其至而后反"和"或错或综,疾相往复"(即在保持动态平衡中实现转化)这两种形式,并从普遍规律和特殊规律的结合上阐明事物的变化发展都是对立统一的原理。从刘禹锡讲"矛盾"到张载讲"一物两体"、王安石讲"耦中有耦",再到王夫之,对于作为物质运动(气化)过程的对立统一原理作了相当多方面的考察,这是中国哲学史上重大的成就之一。中国古代哲学不仅提供了主观逻辑的辩证法,而且提供了客观逻辑的辩证法。当然,由于历史条件的限制,许多命题是以思辨形式提出来的,缺乏近代科学的论证。

第四,人道观。中国古代哲学所说的"人道",包括社会发展和个体发育两方面。在社会历史领域,先是柳宗元讲"势",提出了历史发展有其必然趋势的观点,叶适继续作了发挥,到了王夫之发展为"理势合一"的历史观。"理势合一",意味着有了逻辑与历史的统一的思想的萌芽,黄宗羲的学术史著作正体现了这一点。当然,这还不是唯物史观。但是从荀子到王夫之、黄宗羲,都坚持从历史本身的演变来探讨历史的规律,反对向上帝或自然界现象去寻求历史的动因,这无疑是正确的方向。关于人的"个体

发育"之"道"，指人们如何从"天性"（通过"习行"、教育）培养德性
而形成理想人格的道路，这是关于人性论和人生观的问题。这一
时期的进步思想家，从嵇康到柳宗元、刘禹锡，在"力命"之争中反
对了宿命论；从王安石到王廷相、王夫之、戴震，在"性习"之辩中
反对了"复性"说。在反对宿命论与"复性"说的斗争中，伦理学上
的自觉原则与自愿原则相结合的思想得到了进一步阐明。而王
夫之提出"性日生而日成"的理论，虽然还是抽象的人性论，但把
人性了解为过程，在当时是杰出的。在美学方面，在六朝奠定了
艺术意境理论后，韩愈对"言志"说又有所发展，王夫之、黄宗羲对
美和崇高的本质作了探讨，都提出了创造性见解。

四、两个重要的理论思维教训

从总体来看，当时的中国社会还处于封建社会，哲学还是处
于朴素唯物论和朴素辩证法的阶段。但是在颜元、戴震的身上可
以看到，朴素辩证法的光辉已趋于暗淡，显出了一些形而上学唯
物论的特色。戴震强调"分理"、"条理"，"必就事物剖析至微而后
理得"，非常注重把握事物的特殊规律。恩格斯指出："把自然界
分解为各个部分，把各种自然过程和自然对象分成一定的门类，
对有机体的内部按其多种多样的解剖形态进行研究，这是最近
400 年来在认识自然界方面获得巨大进展的基本条件。但是，这
种做法也给我们留下了一种习惯……即形而上学的思维方式。"[1]

---

[1]　恩格斯：《反杜林论》，《马克思恩格斯选集》第 3 卷，人民出版社 1995 年版，第 359—360
页。

把自然界分解开来进行研究,把各个细节从总的联系中抽出来进行考察,这对科学是个进步,对哲学也是个进步,但这会酿成一种形而上学的思想方法。从戴震的形而上学倾向中,我们可以看到,中国哲学发展的下一阶段将是形而上学,如同中国封建社会要发展到资本主义社会一样,朴素唯物论和朴素辩证法的阶段,将要发展为机械唯物主义的阶段(实际上后来是进化论阶段)。

但是,明清之际的大思想家在对宋明理学的批判中提出的对近代具有启蒙意义的思想,并没有像西方文艺复兴时代"重新觉醒的哲学"①那样获得迅速的发展。在中国,资本主义的生产方式难产,近代哲学和近代实验科学也难产。强大的封建专制统治像大石头一样,压在刚处萌芽状态的资本主义身上,社会未能给工业和科学的发展提供强大的动力。与欧洲相比较,中国人在社会发展方面落后了,在科学和哲学发展方面也落后了。这里我们不去全面探讨落后的原因,只讲两个理论思维方面的重要教训。(每个学派、每个哲学体系都提供了理论思维的教训。这里讲两个重要教训,是对中国古代哲学作了总体上的考察而提出来的。)

第一,与封建专制主义的统治相适应,儒学唯心主义阻碍了社会的进步,束缚了科学的发展。汉代儒学独尊,而自宋以后,理学唯心主义长期处于支配地位,严重地禁锢了人们的头脑。朱熹本人虽有一点科学精神,但他的哲学被统治者利用,早已成了压抑科学发展的桎梏。王阳明学派则更流于空疏,唯心主义的象数之学还鼓吹种种神学迷信。到明清之际,王夫之、黄宗羲、顾炎武

---

① 恩格斯:《路德维希·费尔巴哈和德国古典哲学的终结》,《马克思恩格斯选集》第 4 卷,第 254 页。

都认识到首先要批判理学，否则科学就不能进步，社会就不能进步。但是，理论上对理学作了批判，并不等于理学在社会上的支配地位被推倒了。为了加强封建专制统治，清王朝统治集团继续大力提倡程朱理学。因此颜李、戴震也还是把批判的矛头对着程朱。这种批判到近代仍然一直继续着。

第二，中国在明清之际未能像西方那样制订出近代实验科学方法。这是一个必须加以正视的弱点。就中国古代科学方法的发展来看，沈括已重视实验手段，注意对资料进行数学处理。虽然这还算不上近代实验科学方法，但已经接近于近代实验科学方法。在明代后期，西方传教士来中国，他们带来了一些科学知识，却没有介绍哥白尼学说。但当时徐光启接触到一点西方文化，凭他敏锐的眼光，看到了数学方法和实验手段的重要性。他用望远镜观察天体，只比伽利略迟 20 年左右[1]。他翻译《几何原本》，把欧几里得几何学介绍到中国，还批评当时人们不重视数学的倾向，认为这有两个原因：“其一为名理之儒土苴天下之实事；其一为妖妄之术谬言数有神理。”[2]是说，理学家鄙视现实问题的研究，而唯心主义的象数之学把数神秘化，搞迷信，结果造成“神者无一效，而实者亡一存”[3]。他指出，数学好比工人手中的斧头、尺子这样的工具，不但能应用于历法、音律，而且可以旁及万事；应该将

---

[1] 伽利略使用天文望远镜的时间是 1609 年。徐光启于 1631 年写的《日食用仪器测验疏》一文中云：“又于密室中斜开一隙，置窥筒眼镜(注：即天文望远镜)以测亏复，画日体分数图板，以定食分。”《徐光启全集》第 9 册，第 215 页）二者距时 22 年。

[2] 徐光启：《刻同文算指序》，朱维铮等主编：《徐光启全集》第 9 册，上海古籍出版社 2010 年版，第 284 页。

[3] 同上注。

数学方法运用到各门科学中去，就好比工人用斧头、尺子那样的工具来建造宫室器用一样。到了明清之际，方以智著《物理小识》，对我国传统自然科学和当时西方传入的科学作了记述考辨，提出了"质测"的新观念，表现了务实求证的科学精神。而顾炎武所倡导的科学的归纳法，要求在调查研究的基础上，形成假设，进行论证，则更明显地和近代实证科学方法的基本原理相一致。这时中国的先进人士，已从不同的方面接近了近代自然科学的殿堂。

但是，即使顾炎武的归纳法，也未能发展成为实验科学方法。这是什么原因呢？胡适归之于使用的"材料"不好[①]，那是皮毛之谈。最根本的原因还是社会没有提供强大的动力促使人们去研究自然，发展生产力；其次是理学唯心主义束缚科学的发展；第三，也很可能同形式逻辑在中国古代没有得到长足发展有关。

前两个原因上面已讲了，以下再分析一下第三个原因。

拿西方同中国比较：西方有悠久的形式逻辑的传统，亚里士多德演绎逻辑首先体现在欧几里得几何学中，斯多噶学派和中世纪经院哲学继续作了许多研究。但中国人自汉以后却把《墨经》丢在一边。玄奘介绍印度因明，后来藏传因明虽有发展，但汉传因明却被丢掉了。徐光启译《几何原本》，意识到了形式逻辑的重

---

① 胡适说："顾炎武、阎若璩规定了中国三百年的学术局面；葛利略、解白勒、波耳、牛敦规定了西洋三百年的学术局面。他们的方法是相同的，不过他们的材料完全不同。顾氏、阎氏的材料全是文字的，葛利略一班人的材料全是实物的。……我们的考证方法……始终不曾走上实验的大路上去。"(胡适：《治学的方法与材料》，季羡林主编：《胡适全集》第 3 卷，安徽教育出版社 2003 年版，第 137、140 页)

要性,但《几何原本》和《名理探》在中国都没起多大的作用。中国古代的科学,当然也都遵守形式逻辑。但由于各门科学主要是从朴素的辩证逻辑取得方法论的指导,所以哲学家和科学家对形式逻辑的研究都不够重视。近代实验科学方法不能离开数学方法。中国古代的数学理论很注意揭示数学的逻辑思维中的辩证法因素,从刘徽、祖冲之、沈括到宋元之际的大数学家都是如此,这是优点,说明形数统一的观念在中国早就有了,微积分思想早已萌芽。但也带来一个弱点,即在逻辑的系统性方面较西方有逊色,没有建立像欧几里得几何学那样的公理系统。近代实验科学的发展是从力学开始的,力学主要研究机械运动,特别需要形式逻辑的方法。所以,忽视形式逻辑,很可能是妨碍中国人在明清之际制订出实验科学方法的一个重要原因。

五、研究中国古代哲学的现实意义

研究历史是为了现实。以上所说的中国古代哲学的积极成果和理论思维的教训,对我们今天建设社会主义精神文明,都有其重要的现实意义。

中国古代哲学主要是封建时代的哲学,它当然包含有许多封建性的糟粕。同封建专制主义互相联系的"居阴而为阳"的统治术,是很顽固的东西;理学唯心主义的"顺命"、"复性"的学说,至今还有迷惑人的作用。对诸如此类的封建主义残余,必须继续进行批判。

不过,哲学是民族文化的精华,中国古代哲学在中国文化以至人类文化的宝库中有其不容忽视的地位,这是一份十分珍贵的文化遗产,对于我们建设具有中国特色的社会主义,无疑会有重要的帮助。这主要可以从下面几点来说明。

首先,我们建设社会主义精神文明,要以科学的共产主义为指导,而科学的共产主义的哲学基础是辩证唯物主义。中国古代有着悠久的和持续发展的朴素唯物主义和朴素辩证法的传统,因此中国古代哲学的逻辑发展(本书用粗线条勾画了一个轮廓)能比较典型地体现人类在一定历史阶段上的基于实践的辩证唯物主义的认识运动。从辩证唯物主义的观点来看,它是可以用来说明"哲学是哲学史的总结,哲学史是哲学的展开"的一个好例子,因此,它可以被利用来对人们进行辩证唯物主义的教育。当然,这只是在经过了批判总结的意义上说的。中国古代的唯物主义和辩证法具有朴素的性质,并不能现成地应用于现代生活和现代科学;对它不重视形式逻辑而带来的弱点(如概念不够清晰,理论缺乏形式上的系统性等),尤须克服。

第二,民族文化是一个有机整体。中国古代哲学的辩证思维的传统,同当时的科学、艺术有机地联系着。我们从《内经》、《月令》,到沈括的《梦溪笔谈》等文献中,清楚地看到了辩证逻辑运用于科学而取得的成就。而从陆机的《文赋》、刘勰的《文心雕龙》和谢赫的"六法"等关于艺术意境创作过程的理论中,则可以看到丰富的形象思维的辩证法,这和当时哲学家们热衷于"形神"之辩、"言意"之辩、"有无(动静)"之辩是相联系着的。从韩愈提出"不平则鸣",到黄宗羲讲"豪杰之精神"表现于"风雷之文",也都可说是用辩证法观点对文学艺术作了哲学(美学)的解释。我们今天

要发展社会主义文化事业,特别要注意民族的思维方式的特点;
而这种特点是只有把中国古代哲学和科学、艺术等联系起来考
察,才能加以把握。而真正自觉地、深入地从中国古代哲学和古
代文化把握了思维方式的民族特点,当然对发展有中国特色的社
会主义文化会起积极推动作用。

第三,中国古代哲学的优秀传统又是和那些大哲学家的高尚
的人格分不开的。"孔席不暇煖,墨突不得黔"《淮南子·修务训》),
孔墨栖栖遑遑,热心救世,为后人作出了榜样。当然,历史上也曾
产生只知钻故纸堆、寻行数墨的陋儒,只知闭门修养、寻求个人
"受用"的"境界"的道学家,但是中国哲学的优秀传统不体现在他
们身上。黄宗羲批评那些"刊注四书,衍辑语录,天崩地坼,无落
吾事"[1]的儒者为"道学之乡愿"。顾炎武强调天下兴亡,匹夫有
责。他们都具有非常强烈的爱国心,对中国("天下")的前途抱有
始终不渝的责任感。他们不顾个人安危,把维护民族的传统看作
是自己毕生的使命。他们具有高度的民族自豪感。王夫之说:
"中国财足自亿也,兵足自强也,智足自名也。"[2]他以为中国人只
要克服那种专制统治的弊端("濯秦愚,刷宋耻"[3]),就足以"取威
万方","保延千祀"[4]。正是这种民族自豪感以及把个人命运和民
族、祖国命运紧密相连的思想感情,给中国古代哲学以巨大的原
动力,推动它持久地发展。

---

[1] 黄宗羲:《孟子师说》卷七,《黄宗羲全集》第 1 册,第 154 页。
[2] 王夫之:《黄书》,《船山全书》第 12 册,第 519 页。
[3] 同上注。
[4] 同上注。

中国古代大哲学家的高尚人格,还表现在他们言行一致地坚持真理。只有当哲学家身体力行,真正做到言行一致、一以贯之,使理论变为自己的德性,他们的哲学才能说服人、教育人。在中国哲学史上,产生过许多"富贵不能淫,贫贱不能移,威武不能屈"的大无畏的人物,他们坚持真理,毫不动摇,在行动中贯彻了战斗的唯物主义精神。嵇康说:"若志之所之,则口与心誓,守死无贰。"①他就是一个守死无贰、以身殉道的人。范缜发表了《神灭论》这篇战斗檄文,在皇帝、大臣、僧徒的围攻下,他毫无惧色,"辩摧众口,日服千人"②;而当当权者想利用高官厚禄来收买他时,他一笑置之,表示决不"卖论取官"。嵇康、范缜以至明清之际的大思想家们,都是很有骨气的人物。正是这些具有高尚人格的贤哲和他们的理论创造,形成了中华民族的优秀的哲学传统。

中国古代哲学的优秀传统,在近代史上已起了重要影响。在我们的民族处于灾难深重的时候,灌注在中国传统哲学中的非常深厚的爱国热忱和不屈不挠地为真理而战斗的精神,激发了无数志士仁人前赴后继地去寻求救国救民的真理。而中国人之所以能比较快地找到马克思主义,并把马克思主义的普遍真理同中国革命的具体实践相结合,正确地解决了中国革命的道路问题,也是同中国富有朴素唯物主义和朴素辩证法的优秀传统有关的。

---

① 嵇康:《家诫》,戴明扬校注:《嵇康集校注》下册,中华书局 2014 年版,第 544 页。
② 萧琛:《难神灭论》,载僧佑:《弘明集》卷九,李小荣校笺:《弘明集校笺》,上海古籍出版社 2013 年版,第 458 页。

所以，完全可以预计，中国古代哲学的优秀传统还将在今后继续发挥重要作用。不仅古代哲学家的爱国主义精神和言行一致地坚持真理的品格对我们今天培养社会主义的新人仍然有教育意义，而且他们所留下的这份珍贵的理论遗产（经过批判），仍然包含有许多富有生命力的东西，因而必将会在建设社会主义精神文明过程中继续得到发扬。

后　记

　　看完了下册清样，不免有些感慨。《中国古代哲学的逻辑发展》是我早就计划要写的书。在50年代，我已勾画了它的轮廓；到60年代初，我在大量资料工作的基础上系统地作了笔记，写成了若干草稿。但是书和人一起，经历了十年浩劫。我的家几次被查抄，数百万字的手稿(包括本书草稿在内)、更多的写作准备资料，连同青年时的习作、亲友来往信件、日记等等，被一扫而空，而且从此下落不明。有一个时期，我确实感到困惑和心情黯然：数十年心血毁于一旦，原来计划写的几部书，就这样被扼杀了吗？司马迁发愤著书，可以"藏之名山，副在京师"；我没有他幸运，稿子无处可藏。但后来我认识到，脑袋毕竟是一个可以藏思想的仓库；而不管处境如何，始终保持心灵自由思考，则是"爱智"者的本色。在"四人帮"被粉碎后，迎来了党的十一届三中全会。我同许多知识分子一样，从劫灰中复活过来，获得了新的生命力。于是我决心使我的书也复活过来，便结合研究生的教学，对过去已初具规模的著作进行系统的回忆，先写出比较粗糙的讲稿，课后整理出讲课记录稿，然后再加工琢磨，修改成书。《中国古代哲学的逻辑发展》就是这样一部从劫灰中复活过来的著作。

　　当然，"复活"不是复原。对理论思维的"回忆"，不外乎重新系统地掌握资料来唤醒过去已经获得的一些论点，并重新进行严密的逻辑分析和论证，用确凿的事实材料进行检验。所以，这实际上是一次再创作。我年已古稀，深感思维不及青壮年时敏锐，二三十年前在获得这个那个思想时的激动人心的"灵感"，是再也追不回来了。我的著作缺乏青春的色泽，这是无可讳言的。不过老年人更有深思熟虑的习惯，对某些问题的探讨，现在的见解可能比从前深入了些。而且我现在重写这部书，已尽我的可能来扫除 60 年代初草稿中的"左"的思想影响，这是我自己感到最满意的一点。

本书在整理过程中得到了许多同志的帮助。几位研究生在 1978—1979 年帮我整理了"记录稿"。华东师范大学和上海社会科学院哲学研究所许多同行对这份打印的"记录稿"提出了很多宝贵的意见；外地还有不少同志来信给我种种鼓励并提出如何修改的建议。从 1982 年起，我花了两年多时间修改定稿，又得到了丁祯彦、李志林、陈卫平和其他同志的协助。丁祯彦同志通读了全书，随时有所切磋。李、陈两位同志自始至终协助我核对资料，为本书增写了哲学家的简要生平，并作了大量注释。最后，他们编了"人名索引"、"名词索引"和"著作索引"作为本书附录，以便利读者查阅。上海人民出版社为本书的出版提供了有利条件，夏绍裘同志等为编审本书做了十分细致的工作，也向作者提出了不少修改意见。本书之所以能如此顺利诞生，同上述许多同志的帮助是分不开的。在此谨志谢忱。

至于本书主旨及基本观点，已具于"绪论"及两篇"小结"中，无庸赘述。我在一开头便说，本书试图在前辈和时贤已做了大量工作的基础上，用粗线条来描绘中国古代哲学思想合乎逻辑地发展的轨迹，但书中对前辈和时贤的工作成绩，却未能一一注明，掠美之处，在所难免。这是我深感抱歉的。而上下数千年，涉及者甚广，书中资料或有错讹，论断或有纰缪，敬希专家和读者不吝指正！

本书限于中国古代。尚有一续篇，书名《中国近代哲学的革命进程》，整理出版，俟诸异日。

作者

一九八五年一月

本卷征引文献要目

（先秦诸子典籍的点校通行本较为普及，这里不再列出）

《马克思恩格斯选集》，北京：人民出版社，1995年。

《列宁全集》第55卷，北京：人民出版社，1990年。

嵇康著，戴明扬校注：《嵇康集校注》，北京：中华书局，2014年。

王弼著，楼宇烈校释：《王弼集校释》，北京：中华书局，2012年。

僧佑编撰，李小荣校笺：《弘明集校笺》，上海：上海古籍出版社，2013年。

邵雍著，郭彧点校：《邵雍集》，北京：中华书局，2010年。

周敦颐著，陈志明点校：《周敦颐集》，北京：中华书局，2009年。

司马光著，李文泽等校点：《司马光集》，成都：四川大学出版社，2010年。

张载著，章锡琛点校：《张载集》，北京：中华书局，2006年。

程颢、程颐著，王孝鱼点校：《二程集》，北京：中华书局，2004年。

王安石著，容肇祖辑：《王安石老子注辑本》，北京：中华书局，1979年。

王安石著，秦克、巩军标点：《王安石全集》，上海：上海古籍出版社，1999年。

王安石著，魏晓红解评：《王安石集》，太原：山西古籍出版社，

2004 年。

王安石著,张宗祥辑录,曹锦炎点校:《王安石〈字说〉辑》,福州:福建人民出版社,2005 年。

沈括著,《梦溪笔谈》选注组:《梦溪笔谈选注》,上海:上海古籍出版社,1978 年。

沈括著,杨渭生编:《沈括全集》,杭州:浙江大学出版社,2011 年。

吕大临等撰,陈俊民辑校:《蓝田吕氏遗著辑校》,北京:中华书局,1993 年。

朱震:《汉上易传》,北京:九州出版社,2012 年。

郑樵:《通志》,北京:中华书局,1987 年。

李焘:《续资治通鉴长编》,北京:中华书局,2004 年。

朱熹著,朱杰人等主编:《朱子全书》,上海:上海古籍出版社、合肥:安徽教育出版社,2002 年。

陆九渊著,钟哲点校:《陆九渊集》,北京:中华书局,2008 年。

陈亮著,邓广铭点校:《陈亮集》,北京:中华书局,1987 年。

叶适:《习学记言序目》,北京:中华书局,2009 年。

叶适著,刘公纯等点校:《叶适集》,北京:中华书局,2010 年。

严羽著,张健校笺:《沧浪诗话校笺》,上海:上海古籍出版社,2012 年。

脱脱等:《宋史》,北京:中华书局,1977 年。

胡广等纂修,周群等校注:《四书大全校注》,武汉:武汉大学出版社,2009 年。

王守仁著,吴光等编校:《王阳明全集》,上海:上海古籍出版社,2011 年。

罗钦顺著，阎韬点校：《困知记》，北京：中华书局，2013 年。

王廷相著，王孝鱼点校：《王廷相集》，北京：中华书局，2009 年。

王艮著，陈祝生等校点：《王心斋全集》，南京：江苏教育出版社，2001 年。

李贽著，张建业主编：《李贽全集注》，北京：社会科学文献出版社，2010 年。

徐光启著，朱维铮等主编：《徐光启全集》，上海：上海古籍出版社，2010 年。

黄宗羲著，吴光主编：《黄宗羲全集》，杭州：浙江古籍出版社，2012 年。

顾炎武著，黄珅等主编：《顾炎武全集》，上海：上海古籍出版社，2011 年。

王夫之著，《船山全书》编辑委员会编：《船山全书》，长沙：岳麓书社，2011 年。

朱彝尊著，林庆彰等编：《经义考新校》，上海：上海古籍出版社，2010 年。

颜元著，王星贤点校：《颜元集》，北京：中华书局，2012 年。

全祖望著，朱铸禹汇校集注：《全祖望集汇校集注》，上海：上海古籍出版社，2000 年。

戴震：《戴震集》，上海：上海古籍出版社，2009 年。

章学诚著，叶瑛校注：《文史通义校注》，北京：中华书局，1985 年。

毕沅编著：《续资治通鉴》，北京：中华书局，2006 年。

梁启超著，林志钧编：《饮冰室合集》，北京：中华书局，1989 年。

章太炎著，沈延国等点校：《章太炎全集》，上海：上海人民出版社，

1982—1994 年。

胡适著,季羡林主编:《胡适全集》,合肥:安徽教育出版社,2003 年。

黑格尔著,杨一之译:《逻辑学》,北京:商务印书馆,1976 年。

索 引

（按汉语拼音顺序排列，外国人名按中译名）

初版整理后记

本书初版于 1985 年 4 月(上海人民出版社)。收入《冯契文集》时,对原书的内容未作任何改动,只校正了书中的引文差错和错别字。另外,中国古代哲学的逻辑发展上、中、下三册合一个"索引",现考虑到《冯契文集》体例上的一致以及读者查阅的方便,每卷都设一个索引。本卷"提要"由陈卫平撰写。

冯契先生遗著编辑整理工作小组
1996 年 4 月

增订版整理后记

《冯契文集》(10卷)出版于 1996—1998 年。近 20 年来,冯契的哲学思想越来越受到国内外学术界的关注。为了给学术界研究冯契哲学思想提供更好、更完备的文本,华东师范大学哲学系发起并承担了《冯契文集》增订版的编辑整理工作。这项工作得到了华东师范大学出版社的大力支持。

此次增订工作主要有以下几项:1. 搜集、整理了原先没有编入文集的有关作品,编为《冯契文集》第十一卷;2. 订正了原书字句上的一些错漏;3. 对于先秦以后的典籍引文,尽可能参照近些年出版的整理点校本,加注了页码、出版社、出版年份(详见"本卷征引文献要目");4. 重新编制了人名、名词索引。

负责、参与各卷增订的教师,分别是:第一卷,郁振华;第二卷,晋荣东;第三卷,杨国荣;第四、五、六、七卷,陈卫平;第八卷,刘梁剑;第九卷,贡华南;第十卷,方旭东;第十一卷,刘晓虹。协助上列教师的研究生有:安谧、韩菲、胡建萍、胡若飞、黄家光、黄兆慧、蒋军志、刘翔、王海、王泽春、张靖杰、张瑞元、张腾宇、张盈盈、周量航。

刘晓虹负责第十一卷的文献搜集以及整理,相对其他各卷,工作更为繁重。这卷同时是他承担的上海市哲社项目"冯契文献整理"的部分成果。同时，本增订版是国家社科基金重大项目"冯契哲学文献整理及思想研究"的阶段性成果。本文集的项目编辑朱华华尽心尽责，对于确保增订版的质量起到了重要作用。

出版《冯契文集》增订版，是纪念冯契百年诞辰系列学术活动的重要内容。整个纪念冯契百年诞辰的学术活动，得到上海社会科学界联合会和上海社会科学院的资助，我们在此致以衷心的感谢！

冯契先生遗著编辑整理工作小组
2015 年 12 月

图书在版编目(CIP)数据

中国古代哲学的逻辑发展. 下/冯契著. —增订本. —上海：华东师范大学出版社，2015.5
（冯契文集；6）
ISBN 978 - 7 - 5675 - 3654 - 8

Ⅰ.①中… Ⅱ.①冯… Ⅲ.①哲学史－中国－古代 Ⅳ.①B21

中国版本图书馆 CIP 数据核字(2015)第 123792 号

本书由上海文化发展基金会图书出版专项基金资助出版

冯契文集(增订版)·第六卷
中国古代哲学的逻辑发展(下)

著　者　冯　契
策划编辑　王　焰
项目编辑　朱华华
特约审读　俞　跃
责任校对　邱红穗
装帧设计　卢晓红　高　山

出版发行　华东师范大学出版社
社　　址　上海市中山北路 3663 号　邮编 200062
网　　址　www.ecnupress.com.cn
电　　话　021 - 60821666　行政传真 021 - 62572105
客服电话　021 - 62865537　门市(邮购)电话 021 - 62869887
地　　址　上海市中山北路 3663 号华东师范大学校内先锋路口
网　　店　http://hdsdcbs.tmall.com

印刷者　上海中华商务联合印刷有限公司
开　　本　890×1240　32 开
印　　张　13.25
插　　页　4
字　　数　280 千字
版　　次　2016 年 1 月第 1 版
印　　次　2025 年 3 月第 4 次
书　　号　ISBN 978 - 7 - 5675 - 3654 - 8/B·949
定　　价　68.00 元

出版人　王　焰